W0366309

»Allein, *adj.* – In schlechter Gesellschaft.«

Ambrose Bierce, »Des Teufels Wörterbuch«,
in: ders., *Die gesammelten Geschichten und Des Teufels Wörterbuch,* hrsg. von Gisbert Haefs,
übers. von Jan-Wellem van Diekmes et al.,
Frankfurt am Main 1999, S. 957–1083, hier S. 963.

»... wo aber keine Gemeinschaft ist, da kann auch keine Freundschaft sein.«

Platon, »Gorgias«, in: ders., *Sämtliche Werke,* Bd. 1,
neu hrsg. von Ursula Wolf, übers. von Friedrich
Schleiermacher, Hamburg 1994, S. 337–452, hier S. 427.

© Entertainment Pictures / Alamy Stock Photo

Superheldinnen und -helden sind keine geselligen Lebewesen. Aufgrund ihrer besonderen Kräfte und Fähigkeiten besitzen sie ein stark ausgeprägtes Ego, das der Anbahnung und Pflege persönlicher Nahbeziehungen nicht eben förderlich ist. Doch in ihren opferreichen und mit hohen Sachschäden verbundenen Kämpfen gegen die mächtigen Handlanger des Bösen erfahren selbst die hochgradig individuellen Verteidiger des Guten neben dem Nutzen früher oder später auch den Wert der Freundschaft. Während einige ihre Beziehungen dennoch eher sporadisch pflegen, schließen andere sich zu Freundesgruppen zusammen und werden unzertrennlich. Vereine und Organisationen bilden sie allerdings nie.

Stefan Kühl / Janosch Schobin

Freundschaften und Gruppen

Plädoyer für eine Zusammenführung zweier Forschungsstränge

Einleitung: Ignoranz und konvergierende Entwicklungen

Für die Analyse von Freundschaftsgruppen fühlen sich mit der Gruppensoziologie und der Freundschaftssoziologie zwei Forschungsstränge zuständig, die einander überraschend wenig wahrgenommen haben. Ein Grund für die weitgehende gegenseitige Ignoranz dürfte darin liegen, dass beide Forschungsstränge unter erheblichen definitorischen Unschärfen hinsichtlich ihres Gegenstandsbereichs leiden.[1]

Die Gruppensoziologie hat das Problem, dass der Begriff der Gruppe sehr unterschiedlich definiert wird.[2] Mal wird Gruppe als eine Kategorie verwendet, um eine Menge von Personen mit ähnlichen Merkmalen zu bestimmen,[3] mal als Synonym für jede Form von Beziehungen, in denen Menschen miteinander »verknotet« sind.[4] In anderen Fällen werden komplette Organisationen unter dem Begriff der Gruppe zusammengefasst, manchmal nur Subeinheiten wie Abteilungen oder Teams.[5] Manchmal wird unter Gruppe jede Face-to-Face-Interaktion verstanden, in der Personen sich ge-

1 Für eine kurze ideengeschichtliche Rekonstruktion der Gruppen- und der Freundschaftssoziologie siehe den Beitrag von Mascha Nolte in diesem Heft.

2 Zur Unterschiedlichkeit in der Bestimmung von Gruppen siehe beispielhaft Wilhelm Bernsdorf, »Gruppe«, in: ders. (Hg.), *Wörterbuch der Soziologie,* 2., neubearb. u. erw. Aufl., Stuttgart 1969, S. 384–401, hier S. 384 f.; Raymond Boudon / François Bourricaud, *A Critical Dictionary of Sociology*, London 1989, S. 186; Thomas Etzemüller, »Die Gruppe. Zwischen schwerer und kybernetischer Moderne«, in: *Mittelweg 36* 28/29 (2019/2020), 6/1, S. 22–43, hier S. 23; Jan Skrobanek, »Gruppe«, in: Albert Scherr (Hg.), *Soziologische Basics,* 2., erw. u. aktual. Aufl., Wiesbaden 2013, S. 91–100, hier S. 91 f. Zur Tendenz, Freundschaft als Residualbegriff zu definieren, siehe etwa Graham Allan, *Friendship.* Developing a Sociological Perspective, New York u. a. 1989; Ursula Nötzoldt-Linden, *Freundschaft.* Zur Thematisierung einer vernachlässigten soziologischen Kategorie, Wiesbaden 1994; Andreas Schinkel, *Freundschaft.* Von der gemeinsamen Selbstverwirklichung zum Beziehungsmanagement – die Verwandlungen einer sozialen Ordnung, Freiburg 2003; Janosch Schobin, *Freundschaft und Fürsorge.* Bericht über eine Sozialform im Wandel, Hamburg 2013; Harry Blatterer, *Everyday Friendships.* Intimacy as Freedom in a Complex World, New York 2015; Francesco Alberoni, *Friendship,* Leiden u. a. 2016.

3 So bspw. bei José Marques / Dominic Abrams / Rui G. Serôdio, »Being Better by Being Right. Subjective Group Dynamics and Derogation of In-Group Deviants when Generic Norms Are Undermined«, in: *Journal of Personality and Social Psychology* 81 (2001), 3, S. 436–447, hier S. 436.

4 So bspw. bei Henry Clay Lindgren, *Einführung in die Sozialpsychologie,* übers. von Martin G. Strempel, 2. Aufl., Weinheim/Basel 1974, S. 347.

5 Siehe dazu Dieter Claessens, *Gruppen und Gruppenverbände.* Systematische Einführung in die Folgen der Vergesellschaftung, Darmstadt 1977.

genseitig wahrnehmen und aufeinander reagieren,[6] mal wird von Gruppen nur gesprochen, wenn die sich treffenden Personen eine gemeinsame Geschichte haben.[7]

Die Freundschaftssoziologie hat das Problem, dass Freundschaft häufig nur als Residualkategorie verstanden wird.[8] Freundschaften werden konzeptuell zumeist als »der Rest« gefasst, der übrigbleibt, wenn alle anderen Nahbeziehungskategorien, wie Kleinfamilie oder Liebesbeziehung, erschöpft sind.[9] Dabei werden Freundschaften ganz in der Tradition Michel de Montaignes zumeist auf eine Beziehung zwischen zwei Personen reduziert.[10] Freundschaften sind dann lediglich Zweierbeziehungen, die sich mühsam im Schatten von Kleinfamilien oder Liebesbeziehungen halten. Anders als die Gruppensoziologie, die ihren Gegenstand zu weit ausdehnt, schränkt die Freundschaftssoziologie ihn durch den Fokus auf Dyaden zu sehr ein. Die eine will zu viel, die andere zu wenig. Aus diesem Grund ist die Forschung über Freundschaften nie mehr als eine Randerscheinung innerhalb der Sozial- und Geisteswissenschaften gewesen.

6 So im Mainstream der experimentellen Sozialpsychologie; siehe die Kritik z. B. von Linda L. Putnam / Cynthia Stohl, »Bona Fide Groups. A Reconceptualization of Groups in Context«, in: *Communication Studies* 41 (1990), 3, S. 248–265, hier S. 262; Stephenson John Beck / Renee Bourdeaux / Nancy DiTunnariello / Emily A. Paskewitz, »A Review and Technological Consideration of the Bona Fide Group Perspective«, in: *Small Group Research* 47 (2016), 6, S. 665–691, hier S. 666 f.

7 So einschlägig bspw. George C. Homans, *Theorie der sozialen Gruppe*, übers. von Rolf Gruner, Köln/Opladen 1960.

8 Siehe dazu klassisch Claude S. Fischer, »What Do We Mean by ›Friend‹? An Inductive Study«, in: *Social Networks* 3 (1982), 4, S. 287–306. Prominenter Ausgangspunkt für den deutschsprachigen Raum: Friedrich H. Tenbruck, »Freundschaft. Ein Beitrag zu einer Soziologie der persönlichen Beziehung«, in: *Kölner Zeitschrift für Soziologie und Sozialpsychologie* 16 (1964), 3, S. 431–456; für den englischsprachigen Raum Shmuel N. Eisenstadt, »Friendship and the Structure of Trust and Solidarity in Society«, in: Elliot Leyton (Hg.), *The Compact.* Selected Dimensions of Friendship, Newfoundland 1974, S. 138–146. Einen schnellen Überblick über die deutschsprachige Forschung bietet Janosch Schobin / Vincenz Leuschner / Sabine Flick / Erika Alleweldt / Eric Anton Heuser / Agnes Brandt (Hg.), *Freundschaft heute.* Eine Einführung in die Freundschaftssoziologie, Bielefeld 2016.

9 In der Familiensoziologie äußert sich das etwa in »kreativen« Residualbegriffsschöpfungen wie dem »sekundären Unterstützungsnetzwerk« als Umschreibung für Freundschaften. Siehe dazu Janosch Schobin, »Pflege durch (nicht-verwandte) Freunde? Theoretische und empirische Betrachtungen eines vernachlässigten Phänomens am Beispiel der Daten des Sozio-oekonomischen Panels«, in: *Zeitschrift für Sozialreform 66* (2020), 1, S. 35–68.

10 Siehe dazu prominent Karl Lenz, *Soziologie der Zweierbeziehung.* Eine Einführung [1998], Wiesbaden 2009. Das Erbe Montaignes wiegt schwer und führt mitunter zu einer impliziten ›Desoziologisierung‹ des Freundschaftsthemas, das aufgrund der wechselseitigen Orientierung der Freunde auf die besondere Person des jeweils anderen in den Gegenstandsbereich der Sozialpsychologie abgeschoben wird. Siehe dazu Michael Eve, »Is Friendship a Sociological Topic?«, in: *European Journal of Sociology* 43 (2002), 3, S. 386–409.

Unser Ziel ist es, die Forschungsstränge der Freundschaftssoziologie und der Gruppensoziologie enger zusammenzuführen. Wir gehen dabei von der Beobachtung aus, dass die Freundschafts- und die Gruppensoziologie die gleichen sozialen Phänomene ins Auge fassen, sie lediglich unter unterschiedlichen Gesichtspunkten beschreiben. Zwei aktuelle theoretische Entwicklungen ermöglichen es uns, die beiden Forschungsstränge erstmals explizit zusammenlaufen zu lassen.

In der Gruppensoziologie zeichnet sich immer deutlicher ab, dass der Gruppenbegriff als soziologische Kategorie nur zu retten ist, wenn er restriktiv und präzise verwendet wird. In Abgrenzung zu einer lange Zeit üblichen inflationären Verwendung wird Gruppe dabei über die personale Orientierung in der Kommunikation der Gruppenmitglieder bestimmt.[11] Dabei werden Überlegungen aus der frühen Gruppensoziologie aufgegriffen, die auf die Ausbildung eines »Gemeinschaftsgefühls«, eines »Wir-Gefühls«, einer »starken emotionalen Beziehung« oder eines »sich ähnlich oder gleich Fühlens« verweisen, und in eine konsistente theoretische Form gebracht.[12] Die personenbezogene Erwartungsbildung, die bisher ein Hindernis für die soziologische Thematisierung der Freundschaft war, wird dabei zu dem zentralen Kriterium, das Gruppen von anderen sozialen Systemen wie Organisationen oder Bewegungen abgrenzt.[13]

In der Freundschaftssoziologie bildet sich immer stärker ein Interesse aus, Freundschaften jenseits der gut untersuchten Freundschaftsdyaden in den Fokus zu nehmen.[14] Damit kommt die ganze Breite der Freundschaft als soziale Beziehung wieder in den Blick. Auch wenn es unbestreitbar ist, dass Freundschaften häufig dyadische Formen annehmen, wird in der Freundschaftssoziologie doch zunehmend die Aufmerksamkeit darauf gerichtet,

11 So Friedhelm Neidhardt, »Themen und Thesen zur Gruppensoziologie«, in: ders. (Hg.), *Gruppensoziologie.* Perspektiven und Materialien (= Sonderheft der *Kölner Zeitschrift für Soziologie und Sozialpsychologie*), Opladen 1983, S. 12–34, hier S. 14; Stefan Kühl, »Gruppe. Eine systemtheoretische Bestimmung«, in: *Kölner Zeitschrift für Soziologie und Sozialpsychologie* 73 (2021), 1, S. 25–58, hier S. 32 ff.

12 Zur Bedeutung von Emotionen in Gruppen siehe den Beitrag von Charlotte Renda in diesem Heft. Zu »Gemeinschaftsgefühl« siehe Charles H. Cooley, *Social Organization*, New York 1909, S. 23 f.; zum »Wir-Gefühl« siehe Theodor Geiger, »Die Gruppe und die Kategorien Gemeinschaft und Gesellschaft«, in: *Archiv für Sozialwissenschaft und Sozialpolitik* 58 (1927), 2, S. 338–372, hier S. 341; zu »starken emotionalen Beziehungen« Dexter C. Dunphy, *The Primary Group.* A Handbook for Analysis and Research, New York 1972, S. 5; und zu »ähnlich oder gleich Fühlen« Hans Proesler / Karl Beer, *Die Gruppe – The Group – Le Groupe.* Ein Beitrag zur Systematisierung soziologischer Grundbegriffe, Berlin 1955, S. 34.

13 So Stefan Kühl, »Gruppen, Organisationen, Familien und Bewegungen. Zur Soziologie mitgliedschaftsbasierter Systeme zwischen Interaktion und Gesellschaft«, in: Bettina Heintz / Hartmann Tyrell (Hg.), *Interaktion – Organisation – Gesellschaft revisited.* Anwendungen, Erweiterungen, Alternativen (= Sonderheft der *Zeitschrift für Soziologie*), Stuttgart 2015, S. 65–85, hier S. 68 ff.

14 Zur Bedeutung der Dyadenförmigkeit von Freundschaften siehe den Beitrag von Harry Blatterer in diesem Heft.

dass Freundschaften auch drei oder mehr Personen umfassen können, die nicht unbedingt dem modernen Idealtypus einer engen, zweckbefreiten ›Busenfreundschaft‹ entsprechen. Dringende Fragen der Freundschaftsforschung betreffen aktuell Phänomene, die sich auf der Ebene von Zweierbeziehungen weder zutreffend beschreiben noch erklären lassen. Hierzu gehört etwa die Frage, warum Freunde dazu tendieren, über die Zeit einander ähnlicher zu werden. Eine enge, auf Freundespaare beschränkte Perspektive bemerkt nicht einmal, dass es sich hierbei um ein Phänomen handelt, das nicht einzelne Beziehungen, sondern ganze Beziehungsgefüge betrifft.

Der Clou der konvergierenden Entwicklungen in der Gruppen- und der Freundschaftssoziologie besteht darin, personale Erwartungsbildung als zentralen Stabilisierungsmechanismus kooperativer sozialer Interaktion zu begreifen.[15] Für beide reicht es jedoch nicht aus, allein das Phänomen der personalen Erwartungsbildung zu konstatieren. Die Orientierung der Erwartungsbildung an Personen findet im Alltag andauernd statt, wird in der Regel aber durch ausdifferenzierte Rollen gerahmt. Eine Universitätsprofessorin lernt die personenspezifischen Eigenarten ihrer einzelnen Studenten kennen und kann sich in Lehrinteraktionen darauf beziehen. Ein Barbetreiber kennt die Trinkgewohnheiten einer Stammkundin und stellt ihr irgendwann ungefragt ihren Drink hin. Eine Politikerin kennt die Zuverlässigkeit anderer Politiker und richtet ihre Verhandlungsstrategien daraufhin aus. Von einer Freundesgruppe kann man sowohl aus einer gruppen- als auch einer freundschaftssoziologischen Perspektive erst dann sprechen, wenn die Systembildung über personale Erwartungsbildung stattfindet, und wenn darüber hinaus die personale Erwartungsbildung systematisch so strukturiert ist, dass sie auf die Stabilisierung von interpersonellem Vertrauen und sozialer Kooperation zuläuft.[16]

Wenn man den Gruppenbegriff in diesem engen Sinn auffasst, dann behandeln die Freundschaftssoziologie und Gruppensoziologie weitgehend das gleiche Thema. Wer Mitglied in einer Gruppe ist, hat mehr oder minder stark ausgeprägte freundschaftliche Verhältnisse zu ihren Mitgliedern. Wer eine Freundschaft eingeht, bildet – so die Konsequenz unserer Überlegungen – zwangsläufig eine Gruppe, die aus zwei, drei oder auch mehreren Mitgliedern bestehen kann.

Die Fruchtbarkeit unseres *integrativen Ansatzes* wollen wir beispielhaft an vier Themen behandeln, die sowohl in der Gruppen- als auch in der Freundschaftssoziologie eine wichtige Rolle spielen. Der folgende Abschnitt behandelt die Frage, wie sich Freundesgruppen stabilisieren. Der zweite Abschnitt beschäftigt sich mit den quantitativen Grenzen von Freundesgruppen. Dabei

15 Siehe dazu Stefan Kühl, »Soziologie der Gruppen. Zu den Möglichkeiten und Grenzen einer theoretischen und empirischen Gruppenforschung«, in: *Soziologie* 50 (2021), 1, S. 26–47, hier S. 40 ff.

16 Ebd., S. 34 f.

geht es nicht nur um Freundschaftsdyaden als kleine Form des Zusammenschlusses, sondern auch um Obergrenzen von Freundesgruppen. Der dritte Abschnitt nimmt das spannungsgeladene Verhältnis von Freundesgruppen und sozialen Netzwerken in den Blick. Der vierte Abschnitt behandelt die historische Ausdifferenzierung der sozialen Funktion von Freundesgruppen. Im abschließenden fünften Abschnitt wird der Vorschlag in Abgrenzung zu anderen Konzepten zum Verhältnis von Gruppen und Freundschaften diskutiert.

Das Problem der dynamischen Stabilisierung von Freundesgruppen

Gruppen, aber auch Freundschaften sind mehr als nur Bündel wiederholter Interaktion zwischen Personen, die sich persönlich kennen. Regelmäßige Interaktionen einander bekannter Personen können zur Ausbildung einer Freundesgruppe führen, das muss aber nicht der Fall sein.[17] Über die wiederholte Interaktion mit den gleichen Personen hinaus bedarf es, darin besteht in der Freundschafts- und Gruppensoziologie inzwischen weitgehende Einigkeit, der Ausbildung von Erwartungen, dass alle sich als Person darstellen und alle die Darstellung der anderen als Person unterstützen.[18] Sowohl die aktuelle Gruppen- als auch die Freundschaftssoziologie gehen bei der Erörterung des Bestandsproblems von Gruppen und Freundschaften von dieser notwendigen Bedingung aus. Sie beziehen den – über die wiederkehrende Interaktion hinausreichenden – Personenbezug auf die Frage, wie es Gruppen und Freundschaften gelingt, sich durch personenbezogene Kommunikation und Interaktion selbst zu reproduzieren.

Die Gruppensoziologie hatte lange damit zu kämpfen, dass besonders in der US-amerikanischen Diskussion der Begriff der Gruppe und der Begriff der Interaktion eng zusammengeführt wurden. Das Interesse an Kleingruppen war weitgehend ein Interesse an Interaktionen.[19] Dieser Konzeptionsfehler zeigt sich immer noch in vielen sozialpsychologischen Experimenten, bei denen Forscher meinen, aus einstündigen Laborexperimenten unter Unbekannten Schlussfolgerungen über die Funktionsweise von Gruppen

17 Siehe dazu Stephan Fuchs, *Against Essentialism.* A Theory of Culture and Society, Cambridge, MA 2001, S. 211 f.

18 Gary A. Fine / Tim Hallett, *Group Life.* An Invitation to Local Sociology, Cambridge u. a. 2023, S. 172.

19 Siehe prominent bei Robert F. Bales, »A Set of Categories for the Analysis of Small Group Interaction«, in: *American Sociological Review* 15 (1950), 2, S. 146–159; ders., *Interaction Process Analysis.* A Method for the Study of Small Groups, Cambridge 1950; siehe dazu Hartmann Tyrell, »Zwischen Interaktion und Organisation I. Gruppe als Systemtyp«, in: Neidhardt (Hg.), *Gruppensoziologie*, S. 75–87, hier S. 81.

ziehen zu können.[20] Erst mit der Ausbildung eines Verständnisses von Interaktion als eigenständiger Kategorie, die sich auf die systematischen Mechanismen der Kommunikation unter Anwesenden bezieht, gelang es der Gruppensoziologie, die Differenz zwischen Interaktion und Gruppe genau in den Blick zu nehmen.[21]

In der Freundschaftssoziologie wiederum wurde Wert darauf gelegt, zwischen geselliger und freundschaftlicher Interaktion zu unterscheiden. Eine gesellige Interaktion zwischen Unbekannten ähnelt auf den ersten Blick einer geselligen Interaktion zwischen Freunden. In beiden Fällen werden Informationen über die eigene Person preisgegeben und die persönlichen Selbstdarstellungen der jeweils anderen unterstützt. Aber es ist aus Sicht der Freundschaftssoziologie ein Fehler, wenn man aufgrund dieser Ähnlichkeit nicht grundlegende Unterschiede zwischen geselliger Interaktion unter Unbekannten und freundschaftlichen Interaktionen erkennen würde. Anders als gesellige Interaktionen verbrauchen sich Freundschaften nicht in einzelnen Begegnungen und Kontakten, sondern überdauern diese. Daraus ergibt sich die Frage, was Freundschaften über die vertrauensvolle Interaktion unter Anwesenden hinaus auszeichnet.

Es wäre jedoch falsch, die gemeinsame Bezugnahme der Freundschafts- und der Gruppensoziologie auf personale Erwartungsbildung als Frage nach einem statischen Merkmal aufzufassen, welches wiederholte Interaktion braucht, um mehr als nur Interaktion zu sein. Vielmehr sollte sie prozessual aufgefasst werden: Wie gelingt es Freundesgruppen, dynamische Kooperation und Vertrauen durch personenbezogene Kommunikation und Interaktion zu stabilisieren?

Aus der Perspektive der Freundschaftssoziologie stellt sich diese Frage besonders hinsichtlich des für Freundschaften charakteristischen Geheimnistauschs. Dieser ist für das Aufbauen von Vertrauen in einer Beziehung

20 Siehe eine frühe Kritik bei George C. Homans, »Groups. The Study of Groups«, in: David L. Sills (Hg.), *International Encyclopedia of the Social Sciences,* Bd. 6, New York 1968, S. 259–264, hier S. 259; René König, »Die analytisch praktische Doppelbedeutung des Gruppentheorems. Ein Blick in die Hintergründe«, in: Neidhardt (Hg.), *Gruppensoziologie,* S. 36–64, hier S. 46. Die Vorliebe der sozialpsychologischen Forschung führte zu fast paradoxen Begriffen wie »stripped group« (siehe dazu Gary A. Fine, »Group Culture and the Interaction Order. Local Sociology on the Meso-Level«, in: *Annual Review of Sociology* 38 (2012), S. 159–179, hier S. 161) oder »zero-history-groups« (siehe dazu John Gastil, *The Group in Society,* Los Angeles, CA u. a. 2010, S. 7).

21 Einschlägig ist hier natürlich Erving Goffman, »On Face Work«, in: *Psychiatry* 18 (1955), 3, S. 213–231; ders., »Alienation from Interaction«, in: *Human Relations* 10 (1957), 1, S. 47–59; und insbes. ders., *The Presentation of Self in Everyday Life,* Garden City 1959; für systemtheoretische Anschlüsse siehe prominent Niklas Luhmann, »Einfache Sozialsysteme«, in: *Zeitschrift für Soziologie* 1 (1972), 1, S. 51–65; ders., »Interaktion, Organisation, Gesellschaft«, in: ders. (Hg.), *Soziologische Aufklärung* 2, Opladen 1975, S. 9–20; und in Fortsetzung André Kieserling, *Kommunikation unter Anwesenden,* Frankfurt am Main 1999.

zentral,[22] und bereits an ihm zeigt sich der Ertrag der Gruppenperspektive. Zu einem Geheimnis werden private Informationen erst, wenn sie der Person schaden könnten, sollten sie in einem sozialen Kontext zirkulieren. Erst dann handelt es sich bei dem Austausch privater Information um Geheimniskommunikation im engeren Sinn.[23] Der Entstehungsprozess von Freundschaften durch Geheimniskommunikation setzt daher eine soziale Umwelt voraus, die wiederholte Interaktion mit demselben Satz Personen wahrscheinlich macht. Der Begriff der Gruppe liegt hier mehr als nahe.

Die Beantwortung der Frage, wie es Freundesgruppen gelingt, Vertrauen zu stabilisieren, wird durch den Umstand erschwert, dass Freundesgruppen durch ein hohes Maß an Dynamik und Diffusität gekennzeichnet sind.[24] Häufig ist unklar, ab wann man überhaupt von einer Freundesgruppe sprechen kann, was genau der Charakter der Beziehung zwischen ihren Mitgliedern ist, welche Normen in ihr herrschen und ab wann sie zu bestehen aufhört. In der Entstehungsphase von Freundesgruppen ist den beteiligten Personen häufig gar nicht bewusst, dass sie gerade an der Ausbildung einer Gruppe mitwirken. Nachbarn unterhalten sich regelmäßig im Hof miteinander, deren Kinder fangen an, miteinander zu spielen, und allmählich bilden sich persönliche Beziehungen aus. Kollegen eines Teams treffen sich häufiger in der Kantine, die Themen werden dabei immer persönlicher und man beginnt, sich privat nach der Arbeitszeit zu verabreden oder einzuladen. Weil in modernen Gesellschaften Übergangsrituale wie Freundschaftsschwüre kaum eine Rolle spielen,[25] fehlt es an klaren Markierungen, die das ›Davor‹ einer freundschaftsfähigen Kandidatenbeziehung und das ›Da-

22 Siehe zu Zonen der Vertraulichkeit in Freundesgruppen den Beitrag von Harms Herbert in diesem Heft.

23 Siehe dazu Georg Simmel, *Gesamtausgabe*, hrsg. von Otthein Rammstedt, Bd. 11: *Soziologie.* Untersuchungen über die Formen der Vergesellschaftung [1908], Frankfurt am Main 1992, S. 395.

24 Siehe dazu Friedhelm Neidhardt, »Das innere System sozialer Gruppen«, in: *Kölner Zeitschrift für Soziologie und Sozialpsychologie* 31 (1979), 4, S. 639–660, hier S. 642.

25 Auch wenn der Blutschwur zum Sozialimaginären der Freundschaft gehört, war und ist diese Praxis in westlichen Gesellschaften historisch eher selten vorzufinden. Siehe dazu Klaus Oschema, »Das Motiv der Blutsbrüderschaft. Ein Ritual zwischen Mittelalter und Gegenwart«, in: Sven Bretfeld / Klaus Oschema / Edgar Bierende (Hg.), *Riten, Gesten, Zeremonien.* Gesellschaftliche Symbolik in Mittelalter und Früher Neuzeit, Berlin / New York 2008, S. 41–71. Dennoch ist unverkennbar, dass sich in westlichen Gesellschaften vor der Moderne eine ganze Reihe von funktional äquivalenten Schwurritualen finden lassen, durch die der Übergang von einer Kandidatenbeziehung zur Freundschaft markiert wurde. Siehe hierzu etwa Lars Hermanson, *Friendship, Love, and Brotherhood in Medieval Northern Europe, c. 1000–1200*, Boston, MA 2019, S. 119–139. Insgesamt ist es für eine Soziologie der Freundschaft, die von einem prozessualen Freundschaftsverständnis ausgeht, daher sinnvoll, schwache Formen der Freundschaft (Bekanntschaften) in ihren Gegenstand einzubeziehen, da die Übergänge von Freundschaftskandidatenbeziehungen zu Freundschaften in vielen Fällen fließend sein dürften und selbst als historisch variables Phänomen erforscht gehören.

nach‹ einer Freundschaft auszeichnen.[26] In der Regel wird den Mitgliedern einer Freundesgruppe erst schrittweise klar, dass sie freundschaftlich verbunden sind, sodass sich in der Selbstbeschreibung Bezeichnungen als Freundeskreis, Freundesgruppe oder Freundschaftsclique durchsetzen.

Ähnlich dynamisch und diffus ist der Auflösungsprozess von Freundesgruppen. Sowohl aus der Freundschafts- als auch aus der Gruppensoziologie ist darauf aufmerksam gemacht worden, dass Freundesgruppen immer in ihrer Existenz bedroht sind.[27] Oft reicht es aus, wenn sich Freunde aufgrund von Ortswechseln, familiärer Verpflichtungen oder des Eingehens von Liebesbeziehungen nicht mehr regelmäßig sehen, um den Erosionsprozess einer Gruppe in Gang zu setzen;[28] oder dass sich Personen aufgrund von Jobwechseln nicht mehr regelmäßig in einem Unternehmen treffen, der gewohnte Sporttermin wegfällt oder das Interesse an einem gemeinsamen Hobby nachlässt.

In der Regel enden Freundesgruppen in modernen Gesellschaften nicht abrupt, vielmehr kommt es zu einem langsamen Versickern.[29] Das spiegelt gewissermaßen das fehlende Übergangsritual in der Freundschaftsgründung. Plötzlich endet eine Freundesgruppe vorrangig dann, wenn Konflikte eskalieren und dies von der Freundesgruppe nicht mehr aufgefangen werden kann. Je kleiner die Freundesgruppe, desto größer ist die Wahrscheinlichkeit, dass es aufgrund eines Konflikts zur Auflösung kommt.[30] Häufiger jedoch löst sich eine Freundschaftsgruppe langsam auf, ohne dass diese Auflösung in ihr offen thematisiert wird. Man trifft sich seltener, die Bereitschaft, einander zu unterstützen, wird geringer und das persönliche Vertrauen nimmt ab, bis die Mitglieder – oft nur für sich selbst – feststellen, dass diese sozialen Beziehungen nicht mehr den Begriff der Freundesgruppe verdienen.

Durch eine Fusion der Gruppensoziologie mit der Freundschaftssoziologie können die Prozesse der Entstehung, Stabilisierung und Auflösung von

26 Vincenz Leuschner / Janosch Schobin, »Methoden der Freundschaftsforschung«, in: Schobin et al. (Hg.), *Freundschaft heute*, S. 55–78, hier S. 56. Interessant zur Trennung von Freundschaft und Sexualität ist Johannes F. K. Schmidt, »Die Differenzierung persönlicher Beziehungen. Das Verhältnis von Liebe, Freundschaft und Partnerschaft«, in: Kornelia Hahn / Günter Burkart (Hg.), *Grenzen und Grenzüberschreitungen der Liebe.* Studien zur Soziologie intimer Beziehungen II, Opladen 2000, S. 73–100, hier S. 84 f.

27 Siehe dazu Eisenstadt, »Friendship and the Structure of Trust and Solidarity in Society«, S. 141 f.

28 Siehe dazu Roland Eckert, »Sind anomische Prozesse institutionalisierbar? Gedanken zu einigen Voraussetzungen, Funktionen und Folgen von Selbsthilfegruppen«, in: Neidhardt (Hg.), *Gruppensoziologie*, S. 144–155, hier S. 150.

29 Siehe dazu Richard L. Moreland, »The Formation of Small Groups«, in: Clyde A. Hendrick (Hg.), *Group Processes*, Newbury Park 1987, S. 80–110.

30 Siehe dazu Leslie A. Baxter, »Accomplishing Relationship Disengagement«, in: Steve Duck / Daniel Perlman (Hg.), *Understanding Personal Relationships.* An Interdisciplinary Approach, London 1988, S. 243–265; für eine empirische Studie Leslie A. Baxter / Jeff Philpott, »Attribution-Based Strategies for Initiating and Terminating Friendships«, in: *Communication Quarterly* 30 (1982), 3, S. 217–224.

Gruppen neu gefasst und beschrieben werden. So ließe sich besser charakterisieren, was die Auslöser der Genese und des Zerfalls von Freundesgruppen sind. Hier besteht etwa die Chance, die Life-Course-Perspektive der Entwicklung von Freundschaften mit der Prozessdynamik von Kleingruppen zu verschalten.[31] Außerdem ergeben sich unter Umständen ganz neue Potenziale, um zu verstehen, wie lebensphasenspezifische Identitätsentwürfe in modernen Gesellschaften stabilisiert werden, aber auch, wie und weshalb Freundesgruppen so häufig ›koordiniert‹ an Lebensabschnitten enden.

Sowohl die Soziologie der Gruppe als auch die Freundschaftssoziologie sind auf sehr ähnliche Weise mit dem Problem der dynamischen Stabilisierung von Freundesgruppen beschäftigt. Erkenntnisse aus beiden Forschungsrichtungen deuten darauf hin, dass sich die spezifische Leistung der Reproduktion von Freundesgruppen in vielen Fällen nicht ohne den Rekurs auf ein strukturiertes soziales Außen in Form von räumlicher Nähe, gemeinsamer Organisationsmitgliedschaft, einem geteilten Aktivitätsfokus oder ohne Rekurs auf spezifische Mechanismen der kollektiven Normgenese im Inneren erklären lassen.

Zur quantitativen Bestimmung von Freundesgruppen

Spätestens seit Georgs Simmels Überlegungen zur quantitativen Bestimmung von Gruppen gibt es in der Soziologie eine Sensibilität dafür, dass soziale Gebilde je nach Anzahl ihrer Mitglieder unterschiedlich funktionieren.[32] Schon ein Mitglied mehr oder weniger kann, so die Überzeugung, den Charakter einer Gruppe grundlegend verändern. Sowohl die Gruppensoziologie als auch die Freundschaftssoziologie hat die Frage nach Unter- und Obergrenzen von Freundesgruppen umgetrieben. Anders als beispielsweise Organisationen oder Bewegungen haben Freundesgruppen, so der übereinstimmende Tenor in der Forschung, nicht nur eine Mindest-, sondern auch eine Höchstzahl von Mitgliedern.

In Bezug auf die Untergrenze gab es in der Gruppensoziologie eine breite Debatte, ob Gruppen systematisch eine Sozialfigur des Dritten inkorporieren müssen, um sie von dyadisch konzipierten Beziehungen wie exklusiven Partnerschaften oder intimen Freundschaften unterscheiden zu können.[33] In der frühen, an einem weiten Gruppenbegriff orientierten Grup-

31 Siehe zur Life-Course-Perspektive in der Freundschaftsforschung einschlägig Willard W. Hartup / Nan Stevens, »Friendships and Adaptation in the Life Course«, in: *Psychological Bulletin* 121 (1997), 3, S. 355–370; Robert Crosnoe, »Friendships in Childhood and Adolescence. The Life Course and New Directions«, in: *Social Psychology Quarterly* 63 (2000), 4, S. 377–391.

32 Einschlägig natürlich Georg Simmel, *Soziologie.* Untersuchungen über die Formen der Vergesellschaftung, Leipzig 1908, S. 47–133.

33 Siehe dazu König, »Die analytisch praktische Doppelbedeutung des Gruppentheorems«, S. 36.

pensoziologie dominierte die Auffassung, dass man erst ab drei Mitgliedern von einer Gruppe sprechen kann.[34] Zunehmend setzte sich jedoch die Auffassung durch, dass es empirisch fruchtbarer ist, Dyaden als kleinste Form der Gruppe zu betrachten. Die meisten Definitionen von Gruppen vertreten deswegen die Auffassung, dass Gruppen soziale Gebilde sind, die aus zwei oder mehr Personen bestehen.[35]

Im Kontrast zur frühen Gruppensoziologie dominierte in der Soziologie der Freundschaft eine Fixierung auf Dyaden. So wurden unter Freundschaften vorrangig personale Beziehungen verstanden, die durch die »wechselseitige Wahl von in der Regel zwei Personen zustande kommen«.[36] Man erkennt hier deutlich den Einfluss der antiken, pythagoreisch inspirierten Freundschaftstheorie, in der die Untergrenze praktisch auch immer die Obergrenze der Anzahl der Freunde war.[37] Aufgrund der Überlegung, dass Freundschaftsbeziehungen anders als Liebesbeziehungen nicht der Exklusivitätsnorm unterworfen sind und deswegen über die Dyade hinaus erweiterungsfähig sind,[38] entwickelte die Forschung über Freundschaften jedoch eine wachsende Sensibilität für Freundschaftssysteme, die mehr als zwei Personen umfassen. Diese Perspektive konnte sich in Abgrenzung zur pythagoreischen Freundschaftstheorie auf schon in der Antike vorhandene Ansätze beziehen, die Freundschaft eher als eine nicht exklusive Kollektivbeziehung denn als eine exklusive dyadische Individualbeziehung begriffen.[39]

34 Siehe B. Aubrey Fisher, *Small Group Decision Making.* Communication and the Group Process, New York 1974, S. 7. Siehe aber neuerdings aus sozialpsychologischer Perspektive Richard L. Moreland, »Are Dyads Really Groups?«, in: *Small Group Research* 41 (2010), 2, S. 251–267, hier S. 252.

35 So früh zum Beispiel Homans, *Theorie der sozialen Gruppe*, S. 34; Morton Deutsch, »Group Behavior«, in: Sills (Hg.), *International Encyclopedia of the Social Sciences*, Bd. 6, S. 264–276, hier S. 265; aktueller Gary A. Fine, *Tiny Publics.* A Theory of Group Action and Culture, New York 2012, S. 22.

36 Tenbruck, »Freundschaft«, S. 432.

37 Besonders plastisch wird das etwa in Lukians »Toxaris«: »Es besteht aber das Gesetz bei uns, daß höchstens ihrer Drei miteinander ein solches Bündniß schließen dürfen. Denn wer mehrere Freunde hat, kommt uns wie die verbuhlten Weiber vor, deren Besitz gemeinsam ist. Unmöglich kann, wie wir glauben, eine Freundschaft stark seyn, die sich unter Viele theilt.« Lukian von Samosata, »Toxaris oder die Freundschaft«, in: ders., *Lucian's Werke*, Bd. 8, übers. von August Pauly, Stuttgart 1828, S. 989–1040, hier S. 1019 f. Dabei ist zu beachten, dass diese Vorstellung über die notwendige zahlenmäßige Beschränkung der Freundschaft einem Barbaren in den Mund gelegt wird. Sie ist daher eher ambivalent als eine Mischung aus normativer Präskription und befremdlichem Exotismus zu lesen.

38 Siehe dazu Schmidt, »Die Differenzierung persönlicher Beziehungen«, S. 85.

39 Klassisch ist hier das zehnte Kapitel im neunten Buch der *Nikomachischen Ethik* von Aristoteles. Siehe Aristoteles, »Nikomachische Ethik«, in: Christoph Rapp (Hg.), *Aristoteles.* Werke in deutscher Übersetzung, Bd. 6, 1. Hlbd., Berlin u. a. 2020, S. 1–198, hier S. 174 ff. Im Anschluss an die Freundschaftstheorie des Aristoteles galt Freundschaft als eine der grundlegenden Tugenden, die notwendig waren, damit freie Bürger sich gemeinsam auf die Verwirklichung eines Gutes beziehen können. Aristoteles argumentiert in der *Nikomachischen Ethik* nicht nur normativ, sondern auch immer empirisch.

Auch die Frage nach Obergrenzen wurde sowohl in der Gruppensoziologie als auch in der Freundschaftssoziologie diskutiert. Es erschien plausibel, dass eine auf persönlicher Kommunikation basierende Systembildung notgedrungen Beschränkungen in Bezug auf die Anzahl von Mitgliedern habe.

Ausgehend von einem weiten, sogar Merkmalsgruppen umfassenden Gruppenbegriff hat sich die Gruppensoziologie zunehmend zu einer Kleingruppensoziologie entwickelt und sich dabei immer stärker als eine Soziologie verstanden, die sich mit sozialen Gebilden befasst, die nicht viel mehr als zwei Dutzend Mitglieder haben.[40]

In der Freundschaftssoziologie hat sich die Diskussion über Obergrenzen eher an der Frage orientiert, wie viele Freunde eine Person haben kann. Im Zentrum des Interesses standen die Größenschwellen bei den Kontakten einzelner Personen.[41] Auch hier gab es Anschlüsse an philosophische Diskussionen der Antike darüber, wie viele Personen durch Freundschaft miteinander verbunden sein können.[42] Es deutete sich dabei an, dass ein einzelner Mensch in der Regel schwerlich in der Lage ist, Beziehungen zu mehr als hundert oder hundertfünfzig Personen mit personenbezogenen Erwartungen anzureichern und deutlich weniger als ein Dutzend Personen als Freunde bezeichnet werden können. Zeit- und Ressourcenbeschränkungen scheinen die maximale Anzahl von Freunden noch viel stärker zu limitieren als die kognitive Kapazität des menschlichen Gehirns, personale Erwartungsbildung zu handhaben. Es fällt auf, dass die Forschung zu Freundschaft stark auf eine Individualperspektive eingeengt wurde. Im Mittelpunkt stand die Frage, wie viele Freunde – oder auch nur freundschaftliche Beziehun-

Dieses Ideal würde zwar diskursiv häufig durch die Darstellung exemplarischer Zweierbeziehungen expliziert, aber erschöpfte sich darin nicht. Nicht zuletzt im wirkmächtigsten Traktat der antiken Freundschaftstheorie bestand eine Spannung zwischen einer pythagoreischen Freundschaftstheorie, die von einer freundschaftsbündischen Beziehung zwischen zwei außergewöhnlichen, tugendhaften Männern ausging, und einer eher empirischen Konzeption der Freundschaft, die zwar die pythagoreische Form als höchste Art der Freundschaft anerkannte, aber aufgrund der breiten Verwendung des Begriffs *philía* ebenso eher gruppenförmige Freundschaften einschloss.

40 Siehe zum Beispiel Cornelia Edding / Karl Schattenhofer, »Einführung«, in: dies. (Hg.), *Handbuch Alles über Gruppen.* Theorie, Anwendung, Praxis, 2., überarb. u. erw. Aufl., Weinheim/Basel 2015, S. 9–12, hier S. 10.

41 Siehe prominent Robin I. M. Dunbar, »Coevolution of Neocortical Size, Group Size and Language in Humans«, in: *Behavioral and Brain Sciences* 16 (1993), 4, S. 681–735; vorher für Primaten ders., »Neocortex Size as a Constraint on Group Size in Primates«, in: *Journal of Human Evolution* 22 (1992), 6, S. 469–493.

42 Auch diese Überlegung findet sich bereits im zehnten Kapitels des neunten Buches in der *Nikomachischen Ethik* von Aristoteles, hier S. 175: Auch die Menge von Freunden ist also begrenzt und besteht wohl in der größten Anzahl, mit denen man zusammenleben könnte, denn dies hat sich als das wichtigste Merkmal der Freundschaft erwiesen.

gen – eine einzelne Person haben kann, und nicht wie viele Freunde in einer Freundesgruppe zusammenkommen können.[43]

Die Zusammenführung von Freundschafts- und Gruppensoziologie ermöglicht es, Wachstums- und Schrumpfungseffekte von Freundesgruppen in den Blick zu bekommen. Statt davon auszugehen, dass man beim Wechsel zwischen Dyade, Triade, Tetrade oder Pentade immer gleich einen grundlegend neuen Systemtypus beobachtet, wird davon ausgegangen, dass es sich um häufig fließende, in vielen Fällen nicht offen thematisierte Größenvariationen von Freundesgruppen handelt.

Diese Vorgehensweise soll die Bedeutung von unterschiedlichen Mitgliedszahlen von Freundesgruppen nicht relativieren – im Gegenteil. Es ist klar, dass dyadische Freundschaftsbeziehungen sich auflösen, wenn eine Person die Freundschaft beendet, dass Konflikte in Dyaden anders ablaufen als in Triaden, dass bei Tetraden oder Pentaden eher Spaltungstendenzen drohen und dass Gruppen mit mehr als vier oder fünf Mitgliedern stärker auf einen gemeinsamen Aktivitätsfokus, räumliche Nähe oder regelmäßiges Wiedersehen aufgrund von Organisationsmitgliedschaften angewiesen sind.[44]

Die durch Wachsen oder Schrumpfen produzierten Effekte müssen sich aber nicht in einem grundlegenden Formenwechsel äußern. Das Hinzukommen einer dritten Person kann zu Ungleichgewichten in einem Freundeskreis führen, das Anwachsen um ein weiteres Gruppenmitglied kann Spaltungstendenzen nach sich ziehen und die Erweiterung um neue Mitglieder kann die Folge haben, dass sich die Freundesgruppe immer mehr auf eine gemeinsame Aktivität fokussiert. Diese Veränderungen bedeuten aber – jedenfalls im Fokus der Gruppe – nicht zwangsläufig, dass aus der Gruppe etwas völlig anderes geworden ist.

Freundesgruppen und Netzwerke

Sowohl die Freundschaftssoziologie als auch die Gruppensoziologie haben ein spannungsgeladenes Verhältnis zur Theorie sozialer Netzwerke. Auf den ersten Blick bekommt man mit der Netzwerktheorie ähnliche Phänomene wie die Gruppen- und die Freundschaftssoziologie ins Blickfeld. Es wird ein Homophilie-Effekt konstatiert, der darin besteht, dass sich vornehmlich Personen mit ähnlichen Merkmalen miteinander anfreunden.[45] Es wird auf

43 Charakteristisch Russell A. Hill / Robin I. M. Dunbar, »Social Network Size in Humans«, in: *Human Nature* 14 (2003), 1, S. 53–72.

44 Zum ersten und letzten Punkt aufschlussreich Dorothy Jerrome, »Good Company. The Sociological Implications of Friendship«, in: *Sociological Review* 32 (1984), 4, S. 696–718.

45 Siehe bspw. Tom Snijders / Christian Steglich / Michael Schweinberger, »Modeling the Coevolution of Networks and Behavior«, in: Kees van Montfort / Johan Oud / Albert Satorra (Hg.), *Longitudinal Models in the Behavioral and Related Sciences*, London 2006, S. 41–71.

Reziprozitätsmechanismen verwiesen, die dadurch zu erkennen sind, dass auf Freundschaftsangebote statistisch überdurchschnittlich positiv reagiert wird. Es wird ein Matthäus-Effekt beobachtet, nach dem Personen, die viele Freundschaften haben, überproportional viele Freundschaftsangebote bekommen. Es werden triadische Schließungstendenzen beobachtet, indem Freunde von Freunden zu eigenen Freunden werden. Und es werden Beeinflussungseffekte nachgewiesen, die darin bestehen, dass sich Freunde in Bezug auf ihre Vorlieben und ihr Verhalten annähern. Auf den zweiten Blick wird jedoch deutlich, dass, bei aller Ähnlichkeit in der Beschreibung, die Beziehung der Ansätze zueinander ungeklärt ist.

In der Gruppensoziologie ist der Netzwerkbegriff zu einem Konkurrenzbegriff aufgebaut worden. Zugespitzt lautet die These der Netzwerkforscher, dass der Gruppenbegriff zur Selbstbeschreibung moderner Gesellschaften nicht mehr hinreicht und durch den komplexeren und flexibleren Netzwerkbegriff substituiert werden kann und muss.[46] Aus dieser Sicht sind Gruppen nur eine der vielen sozialen Formationen, die in sozialen Netzwerken persönlicher Beziehungen auftreten können. Sie lassen sich durch lokale Netzwerkeigenschaften wie etwa eine hohe Beziehungsdichte und eine im Gegensatz zur Netzwerkumwelt deutlich erhöhte Homogenität sozialer Einstellungen und sozialer Praktiken charakterisieren.[47] Die Notwendigkeit für eine eigene Gruppentheorie besteht aus dieser Perspektive demnach nicht. Bestenfalls führt der Fokus auf Gruppen den Status einer Hilfstheorie, die zu erklären versucht, wie Netzwerke aus der Subjektperspektive gedeutet werden.

Die Freundschaftssoziologie wird aus Sicht der Netzwerktheorie ähnlich beurteilt. Überspitzt ausgedrückt ist die Freundschaft so etwas wie die Drosophila der akteurszentrierten Netzwerkforschung: ein einfacher »Modellorganismus«, an dem sich die allgemeinen Dynamiken selbstorganisierender Sozialität studieren lassen. Die kulturelle und historische Plastizität von Freundschaften spielt für akteurszentrierte Netzwerktheorien praktisch keine Rolle. Sie ist höchstens eine Art von Störvariable, die den Modellorganismus kontaminiert. Sie verstehen Freundschaften vor allem als lebensweltliches Korrelat einer idealtypischen Form freier Sozialität, die es den Einzelnen gestattet, frei Beziehungen anzubieten, zu erwidern und zu beenden. Die freie Freundschaftswahl ist dabei durch einige Regeln eingeengt, und das Interesse der Netzwerkforschung gilt der Rekonstruktion dieser Regeln und nicht den Beziehungsprozessen, die in Freundschaften stattfinden.

46 Siehe dazu Hanna Engelmeier / David Kuchenbuch / Timo Luks, »Epistemologie der Gruppe. Forschungsperspektiven 1920–2000«, in: *Mittelweg 36* 28/29 (2019/2020), 6/1, S. 3–21.

47 In dem Sinne Jan A. Fuhse, »Gruppe und Netzwerk. Eine begriffsgeschichtliche Rekonstruktion«, in: *Berliner Journal für Soziologie* 16 (2006), 2, S. 245–263; und neuerdings ders., *Social Networks of Meaning and Communication*, Oxford u. a. 2021, S. 88 ff.

Die Spannung der Netzwerkforschung sowohl zur Gruppensoziologie als auch zur Freundschaftssoziologie lässt sich vor allem auf die in der Netzwerkforschung dominierende Akteurszentrierung zurückführen. Akteurszentrierte Netzwerktheorien folgen dem Weber'schen Programm, dem »spukenden Betrieb« der Kollektiventitäten ein Ende zu bereiten.[48] Ihr Projekt ist demnach inhärent reduktionistisch. Empirische Widersprüche zur Theorie, wie etwa der Umstand, dass in praktisch allen Freundschaftsnetzwerkdaten mehr wechselseitige Beziehungen auftreten, als sich durch akteurszentrierte Modelle vorhersagen lassen, die einen Reziprozitätsmechanismus unterstellen, gelten deswegen primär als Artefakte einer unterkomplexen Modellierung und nicht als Anlass, die strikte Akteurszentrierung der Theorie zu überdenken.[49]

Strukturalistischer orientierte Netzwerktheorien verfolgen dagegen kein Programm, das versucht, kollektive Entitäten wie Freundesgruppen komplett auf die Logik der Aggregation individuellen Akteurshandelns zurückzuführen. Sie teilen demnach sowohl mit der Gruppensoziologie als auch mit der Freundschaftsforschung die Durkheim'sche These, dass es sich bei Freundesgruppen um Realitäten sui generis handelt, die das soziale Feld persönlicher Beziehungen zumindest mitstrukturieren. Beziehungswahlen und -inhalte erklären sich in diesem Zusammenhang daher wenigstens zum Teil aus den normativen Anforderungen und der Relationierungslogik von Freundesgruppen und nicht allein aus individuellem, durch inkorporierte Präferenzen zu erklärendem Wahlverhalten. Damit weisen strukturalistisch argumentierende Netzwerktheorien Parallelen zu einer Gruppensoziologie der Freundschaft auf: Sie unterstellen, dass individuelle Beziehungswahlen in relationalen Gefügen persönlicher Beziehungen zumindest in Teilen auf latente Gruppierungen zurückgeführt werden müssen. Außerdem vermuten sie, dass die lokale Homogenität von Praktiken und Gewohnheiten in Netzwerken persönlicher Beziehung zumindest teilweise durch die latenten Eigenschaften von Gruppen und nicht durch die Präferenzen Einzelner erklärt werden müssen.

Insgesamt löst sich die Inkompatibilität der Netzwerktheorie und der Gruppen- und Freundschaftssoziologie daher durch einen Durkheim'schen Twist auf. Und darin ist eine Chance zu sehen. Wenn Freundesgruppen – also im kleinsten Fall Freundschaftsdyaden – und nicht einzelne Personen

48 Siehe auch Heike Delitz, »›There Is No Such Thing …‹. Zur Kritik an Kollektivbegriffen in der Soziologie«, in: *Mittelweg 36* 28/29 (2019/2020), 6/1, S. 160–183, hier S. 173 f. Siehe zum »spukenden Betrieb« Max Weber, *Max-Weber-Gesamtausgabe,* Band II/10,2: *Briefe 1918–1920*, hrsg. von Gerd Krumeich / M. Rainer Lepsius, in Zusammenarb. mit Uta Hinz / Sybille Oßwald-Bargende / Manfred Schön, Tübingen 2019, S. 946.

49 Vgl. hierzu etwa Christian Steglich, »Die Augen der Soziologie. Was mathematische Modelle sichtbar machen – Christian Steglich im Gespräch mit Janosch Schobin über Netzwerkanalytische Simulationsmodelle der letzten Generation«, in: *Soziopolis*, 19. 5. 2016; online unter: https://www.soziopolis.de/die-augen-der-soziologie-was-mathematische-modelle-sichtbar-machen.html.

zur Ausgangsentität von Netzwerktheorien der Gruppen genommen werden, potenzieren sich die Möglichkeiten der Netzwerktheorie und der Theorie der Freundschaftsgruppen: Für die Gruppenforschung entsteht die Möglichkeit, die selektiven Logiken, die dazu führen, dass Freundesgruppen sich auflösen, anwachsen, teilen oder verschmelzen, durch das komplexe Beobachtungs- und Modellrepertoire der Netzwerktheorie zu beobachten.[50] Hier entsteht aktuell in der Netzwerkforschung eine ganze Klasse neuer statistischer Modelle, deren empirisches Potenzial bisher nicht ansatzweise ausgeschöpft wird.[51] Für die Netzwerktheorie ergibt sich die Möglichkeit, die Relationierungslogik von Freundesgruppen durch eine eigene Menge historisch variabler generativer Regeln in den Blick zu bekommen. Die Gesellschaftsgeschichte der Gruppen kann so möglicherweise neu geschrieben werden, weil die Möglichkeit entsteht, die historischen Veränderungen der latenten Relationierungslogik von Freundesgruppen unter- und zueinander durch die Geschichte und in unterschiedlichen Gesellschaftsformen zu untersuchen.

Die historische Ausdifferenzierung von Freundesgruppen

Der Fokus auf die Größe von Gruppen mit ihrer an der Person ausgerichteten gegenseitigen Wahrnehmung kann dazu verleiten, Gruppen als eine historische Universalie wahrzunehmen. Aus dieser Perspektive scheint eine Sippe in einer Stammesgesellschaft oder eine kleine ländliche Gemeinschaft in einer Feudalgesellschaft Ähnlichkeit mit Freundesgruppen in der modernen Gesellschaft zu haben.

Gerade die frühe Gruppensoziologie hat versucht, soziale Gebilde in ganz unterschiedlichen Gesellschaftsformationen mit dem Begriff der Gruppe zu fassen. Salopp ausgedrückt: Für die frühe Gruppensoziologie gab es Gruppen immer und überall. Erst mit der weiteren Präzisierung des Gruppenbegriffs auf sich über persönliche Kommunikation reproduzierende soziale Gebilde wurde es möglich, die historischen Bedingungen für die Ausdifferenzierung von Gruppen zu erfassen.

An diesem Punkt war ein freundschaftssoziologisch geschulter Blick deutlich schärfer. Für die Freundschaftssoziologie waren Freundesgruppen immer schon ein Phänomen, das nur unter sehr spezifischen Bedingungen möglich ist.[52] Auch wenn die Freundschaftssoziologie die Ausbildung von

50 Für einen Überblick siehe Bomin Kim / Kevin H. Lee / Lingzhou Xue / Xiaoyue Niu, »A Review of Dynamic Network Models with Latent Variables«, in: *Statistics Surveys* 12 (2018), S. 105–135.

51 In der Netzwerkforschung fallen Theoriebildung und Modellbildung stark zusammen. Modelle können daher als hochabstrahierte Theorien gelesen werden.

52 Das könnte auch helfen, zu verstehen, weshalb in der Soziologie seit den 1970er-Jahren

Freundschaften vor allem in Stammesgesellschaften, im antiken Griechenland und der Frühen Neuzeit untersuchte,[53] war sie hauptsächlich an der Veränderung der dominanten Freundschaftsform im Übergang zur Moderne interessiert. Besonders Georg Simmel verwies darauf, dass erst die Freundschaftsbeziehung die Erfahrbarkeit der Einheit der Person in modernen Gesellschaften sicherstellt.[54]

Sowohl eine auf persönliche Kommunikation fokussierte Gruppensoziologie als auch eine an historischen Veränderungen interessierte Freundschaftssoziologie verorten die Ausdifferenzierung von Freundesgruppen im Zeitraum des Übergangs zur modernen Gesellschaft.[55] Die Freundesgruppen sind dabei in Abgrenzung zu vormodernen Varianten durch einen hohen Grad relationaler Autonomie und inhaltlicher Diffusität gekennzeichnet.[56] Die Wahl der Freunde, die Intensität wie die Inhalte der Freundschaft, auch das Fortführen oder Unterbrechen einmal begonnener Freundschaften stehen dabei im Belieben des Einzelnen. Die vormoderne Form ist dagegen durch eine im Vergleich niedrige relationale Autonomie und hohe inhaltliche Spezifik gekennzeichnet. Verwandtschaftsbünde oder Stammesstrukturen gaben vor, wer als Freund infrage kam. Was Gegenstand der Freundschaft ist, war in konventionellen Schwüren festgelegt. War eine Freundschaft einmal eingegangen, konnte sie kaum mehr aufgelöst werden. Die Zahl der Freunde war durch soziale Normen stark beschränkt und auch der Inhalt der Freundschaften war rituell vorgegeben.

Eine mit einem engen Gruppenbegriff arbeitende Gruppensoziologie geht ebenso wie eine historisch sensible Freundschaftssoziologie von einer graduellen Verschiebung der Freundschaftspraxis im Rahmen gesellschaftlicher Modernisierungsprozesse aus. So lässt sich etwa beobachten, dass sich der ›Kandidatenpool‹ für Freunde im Übergang zur modernen Gesellschaft immer mehr erweiterte. Es wurde zulässiger, Freunde außerhalb

nach und nach der Gruppenbegriff zugunsten des Netzwerkbegriffs aufgegeben wurde. Mitunter werden aus diesem bekannten Theorietrend ganze Zeitdiagnosen gestrickt. Das Netzwerk gilt dann als eine Art organisatorischer Evolution der Gruppe, die der Struktur hyperdifferenzierter moderner Gesellschaften besser angepasst sei. Kühl, »Gruppe«, S. 28.

53 Siehe dazu Tenbruck, »Freundschaft«, S. 452 f.; Niklas Luhmann, »Wie ist soziale Ordnung möglich?«, in: ders. (Hg.), *Gesellschaftsstruktur und Semantik.* Studien zur Wissenssoziologie der modernen Gesellschaft, Bd. 2, Frankfurt am Main 1981, S. 195–282, hier S. 213.

54 Max Weber beließ es in einigen verstreuten Anmerkungen letztlich bei der Feststellung, Freundschaften seien ursprünglich künstliche Formen der Verwandtschaft gewesen, die in vormodernen Gesellschaften als protokontraktuelle Institution der Garantie subjektiver Rechte dienten. Implizit wurde diese Diskrepanz in den Klassikern als These eines Hiatus zwischen moderner und vormoderner Freundschaft gelesen.

55 Siehe dazu einschlägig Schmidt, »Die Differenzierung persönlicher Beziehungen«.

56 Siehe dazu Harry Blatterer, »Friendship and the Therapeutic Persuasion. Intimacy as Normative Freedom«, in: Kornelia Hahn / Cornelia Koppetsch (Hg.), *Soziologie des Privaten*, Wiesbaden 2011, S. 253–274, hier S. 257.

der Verwandtschaft zu wählen. Immer mehr Menschen kamen als Freunde infrage.

Die wechselseitige Zuschreibung von persönlichen Beziehungen wird dabei immer weniger abhängig von der Zustimmung Dritter. In der modernen Gesellschaft sind Dritte – Eltern, Verwandte, Nachbarn – immer weniger legitimiert, zu bestimmen, wer mit wem persönlich kommunizieren darf. Damit fehlt Freundschaften aber zunehmend eine offizielle Schwelle, ab der sie jenseits der subjektiven Zuschreibung der Freunde als existent betrachtet werden.[57]

Durch die Zusammenführung einer historisch interessierten Freundschaftssoziologie mit einer an Systembildung über persönliche Kommunikation interessierten Gruppensoziologie werden die historischen Verschiebungen deutlich. Eher ritualisierte und kollektivierte Formen personenbezogener Beziehungen wurden durch Beziehungen ersetzt, die auf die persönliche Besonderheit des Gegenübers abzielten und darin die Basis für die Freundschaft sahen. Michel de Montaignes berühmte Maxime »Weil er er und ich ich war« mag zu seiner Lebzeit noch eine außergewöhnliche Sicht auf Freundschaft gewesen sein, setzte sich in der Moderne jedoch durch.[58] Dies ging mit einer Verschiebung von Normen in Freundschaftsgruppen einher. Früher übliche ›harte‹ Freundschaftspflichten wie materieller Beistand und Schutz vor Gewalt wurden ersetzt durch eher ›weiche‹ Freundschaftspflichten wie affektive Unterstützung oder gepflegte Geselligkeit.

Aus der Beobachtung, dass die Normen von Freundesgruppen flexibler werden, lässt sich die These ableiten, dass auch ihre Grenzen diffuser werden. Aus einer gruppensoziologischen Perspektive lässt sich dies jedoch anders beschreiben: Dass Freundschaften weniger durch legitime Dritte Personen zugeschrieben werden können, kann auch als Zeichen dafür gelesen werden, dass multiple Gruppenzugehörigkeiten üblicher werden. Die Simmel'sche Vermutung der Emergenz der »differenzierten Freundschaften« kann als verändertes Organisationsprinzip von Freundesgruppen gedeutet werden: Weil sich die sozialen Funktionen von Freundschaften ausdifferenzieren,[59] sind Überlagerungen von Freundesgruppen, die sich zum Teil das gleiche ›Personal‹ teilen, in modernen Gesellschaften weit verbreitet.

Virulent wird aus dieser Perspektive die Frage nach der Rolle, die organisierte, sich in der Moderne schnell ausdifferenzierende soziale Kontexte für die Stabilisierung von Freundesgruppen spielen. Häufig bildet räumliche Nähe, zum Beispiel durch Wohnen in einer Nachbarschaft, Zusammenziehen in eine Wohngemeinschaft oder gemeinsames Abhängen auf Plätzen,

57 Janosch Schobin, »Sechs Farben und drei Rotationsachsen. Versuch über Verpflichtungen in Freundschaften«, in: *Mittelweg 36* 17 (2008), 3, S. 17–41, hier S. 17.

58 Michel de Montaigne, »Über die Freundschaft«, übers. von Hans Stilett, in: Klaus-Dieter Eichler (Hg.), *Philosophie der Freundschaft*, Leipzig 2000, S. 83–97, hier S. 91.

59 Zum Begriff der »differenzierten Freundschaften« siehe Simmel, *Soziologie*, S. 353 f.

Anlässe zur Ausbildung von Freundesgruppen.[60] Eine ähnliche Bedeutung können Organisationen haben, die nicht nur regelmäßige, risikolose Annäherungen ermöglichen, sondern auch Anlässe für wiederholte Interaktionen bieten.[61] Aber auch gemeinsame Aktivitätsfokusse wie Poker spielen, Pilze sammeln oder Proteste organisieren können eine Freundesgruppe stabilisieren.[62]

Konsequenzen einer Engführung von Gruppen- und Freundschaftssoziologie

Unser Vorschlag eines über den Idealtypus der Freundesgruppe bestimmten *integrativen Ansatzes* läuft auf eine Fusion der Gruppen- und Freundschaftssoziologie hinaus. Eine präzisere Fassung sowohl von Gruppe als auch von Freundschaft ermöglicht es, so unser hier vorgestelltes Argument, zwei bisher parallellaufende Diskussionsstränge zusammenzuführen. Letztlich würde sich aus dieser Perspektive ein freundschaftssoziologischer Zugriff von einem gruppensoziologischen Zugang vor allem dadurch unterscheiden, dass die gleichen sozialen Phänomene aus zwei unterschiedlich ausgerichteten Perspektiven betrachtet werden.

Wegen der Tiefe des Eingriffs in die konzeptionellen Grundlagen sowohl der Gruppensoziologie als auch der Freundschaftssoziologie gehen

60 Zur Bedeutung des Zusammenwohnens für terroristische Gruppen bzw. zur Bedeutung von Wohngemeinschaften siehe den Beitrag von Madlen Böert bzw. Felix Bathon in diesem Heft. Zur Bedeutung räumlicher Nähe siehe auch Gary A. Fine, »The Manson Family. The Folklore Traditions of a Small Group«, in: *Journal of the Folklore Institute* 19 (1982), 1, S. 47–60, hier S. 47; Johann A. Schülein, »Konstitution und Dynamik ›offener‹ Primärgruppen. Zur Situation von Wohngemeinschaften«, in: Neidhardt (Hg.), *Gruppensoziologie*, S. 391–419.

61 Siehe dazu Toni C. Antonucci / Kira S. Birditt / Hiroko Akiyama, »Convoys of Social Relations. An Interdisciplinary Approach«, in: Vern L. Bengtson (Hg.), *Handbook of Theories of Aging*, 2., überarb. Aufl., New York 2009, S. 247–260; aber auch neuerdings Harms Herbert, *Freundschaftsanbahnungen in Organisationen.* Ein Kommunikationsproblem, Wiesbaden 2023. Diese ›Organisationsabhängigkeit‹ moderner Freundesgruppen könnte umgekehrt aber auch als ›Freundschaftsgruppenabhängigkeit‹ moderner Organisationsformen gelesen werden. Eine Zusammenführung von Freundschafts- und Gruppensoziologie hätte demnach auch das Potenzial, historische Prozesse in der Organisations- und Arbeitssoziologie neu zu ordnen und zu beschreiben. Siehe zum Konzept der »Unvollständigkeit der Arbeitsverträge« in der Industrie- und Arbeitssoziologie Kira Marrs, »Kontrolle von Arbeit. Herrschaft und Kontrolle in der Arbeit«, in: Fritz Böhle / G. Günter Voß / Günther Wachtler (Hg.), *Handbuch Arbeitssoziologie*, Wiesbaden 2010, S. 331–356, hier S. 332. Zum Begriff der Teamideologie siehe Amanda Sinclair, »The Tyranny of a Team Ideology«, in: *Organization Studies* 13 (1992), 4, S. 611–626.

62 Siehe dazu beispielhaft Louis A. Zurcher, »The ›Friendly‹ Poker Game. A Study of an Ephemeral Role«, in: *Social Forces* 49 (1970), 2, S. 173–186; Gary A. Fine, *Morel Tales.* The Culture of Mushrooming, Urbana, IL 2003; Francesca Poletta, *Freedom Is an Endless Meeting.* Democracy in American Social Movements, Chicago, IL 2002.

wir davon aus, dass unser Vorschlag nicht unwidersprochen bleiben wird. Auch wenn die Engführung des Gruppenbegriffs in der Gruppensoziologie und die Aufhebung der Begrenzung auf Dyaden der Freundschaftssoziologie auf eine solche Fusion hinauslaufen, erwarten wir Widerspruch von Soziologinnen und Soziologen, die an einem weiter gezogenen Gruppenbegriff festhalten wollen, einen auf Dyaden fokussierten Freundschaftsbegriff bevorzugen oder persönliche Beziehungen als Kategorie für Freundesgruppen, Liebesbeziehungen und Kleinfamilien favorisieren.

Von Vertretern eines *expansiven Ansatzes* in der Gruppensoziologie ist der Einwand zu erwarten, dass durch unseren integrativen Ansatz die Vielfalt der untersuchten Gebilde aus dem Blickfeld gerät. Durch unseren Fokus auf Freundschaftsgruppen würden, so die zu erwartende Kritik, zentrale soziale Phänomene wie Arbeitsgruppen in Unternehmen, Teams in Sportvereinen oder Zweckwohngemeinschaften aus dem Forschungsfokus der Gruppensoziologie geraten. In Kontrast dazu sehen wir in der Begrenzung der Gruppe auf soziale Gebilde, die sich durch persönliche Kommunikation reproduzieren, einen zentralen Vorteil unseres Konzepts. Erst dadurch ist es möglich, nicht jede Arbeitsgruppe, jedes Team oder jede Wohngemeinschaft als Gruppe zu behandeln, sondern vielmehr zu analysieren, inwiefern in Arbeitsgruppen, Sportteams oder Wohngemeinschaften eine Systembildung über persönliche Kommunikation stattfindet. Auffallen wird dann, dass in diesen sozialen Gebilden zwar mehr oder minder große Freundesgruppen entstehen können, es aber eher die Ausnahme ist, dass sich ganze Arbeitsgruppen, Sportteams oder Wohngemeinschaften als Freundesgruppen verstehen. Über ein enges, auf persönliche Kommunikation zentriertes Verständnis von Gruppe bekommt man über den hier vorgestellten integrativen Ansatz also Phänomene in den Blick, deren Unterschiede in der Vergangenheit über einen häufig unpräzise bestimmten Begriff der Gruppe verwischt wurden.

Von Vertretern eines *separatistischen Ansatzes* ist der Einwand zu erwarten, dass mit der Fusion von Freundschaft und Gruppe im Konzept der Freundschaftsgruppe die Bedeutung der unterschiedlichen Größen von Gruppen nicht systematisch erfasst werden könnte. Die Kritik ist sowohl von den Freundschaftssoziologen zu erwarten, die Freundschaften auf dyadische Beziehungen konzentrieren wollen, als auch von den Gruppensoziologen, die von Gruppen erst ab drei Mitgliedern sprechen würden. Wir lösen das Problem in unserem integrativen Ansatz dadurch, dass wir in Übereinstimmung mit einem bedeutenden Strang der Gruppensoziologie auch Dyaden als Gruppen begreifen. Damit sind wir in der Lage, die bei Freundschaften bedeutenden Zweierbeziehungen mit in die Analyse einzubeziehen. Das bedeutet nicht, unterschiedliche Größen von Freundesgruppen zu ignorieren – im Gegenteil. Erst durch die Fassung von Gruppen als sich durch persönliche Kommunikation reproduzierende Gebilde wird die Aufmerksamkeit auf Erweiterungsmöglichkeiten, Wachstumsschwellen und Schrumpfungsprozesse gelenkt. Ohne einen grundlegenden Formwechsel zu unterstellen, wird es unter dem Begriff der Gruppe möglich, zu erkennen, was geschieht, wenn zu einer Freundschaftsdyade eine weitere Person dazustößt, wenn zwei Freundesgruppen fusionieren oder wenn es zu Spaltungen innerhalb von Freundesgruppen kommt.

Von Vertretern eines *holistischen Ansatzes* ist die Kritik zu erwarten, dass auch Kleinfamilien und Liebesbeziehungen unter dem Begriff der Gruppe zu fassen sind. In der Gruppensoziologie hat es immer eine Tendenz gegeben, besonders Kleinfamilien, aber auch Liebesbeziehungen als eine Form von Gruppenbildung zu betrachten.[63] Wir plädieren hingegen dafür, Freundesgruppen, Kleinfamilien und Liebesbeziehungen als unterschiedliche Typen persönlicher Beziehungen zu begreifen.[64] In Kleinfamilien ist die Beziehung der Eltern zueinander zwar auflösbar, aber die Beziehungen zwischen Eltern und Kindern haben einen Zwangscharakter. Dadurch unterscheiden sich Kommunikationsformen in Freundesgruppen und Kleinfamilien grundlegend. Liebesbeziehungen sind ähnlich wie Freundesgruppen durch persönliche Kommunikation gekennzeichnet, hier herrscht jedoch die weitergehende Form der intimen Kommunikation – also der Bereitschaft, über alle anderen Rollen Auskunft zu geben. Unser integrierender Zugriff ermöglicht uns nicht nur, Übergänge zwischen Freundesgruppen, Liebesbeziehungen und Kleinfamilien zu beobachten, sondern diese verschiedenen Beziehungsformen auch als funktionale Äquivalente für das Bedürfnis zu begreifen, in einer funktional differenzierten Gesellschaft einen Ort zu haben, an dem man als ganze Person adressiert wird und sich als ganze Person darstellen kann.

Die Zusammenführung einer gruppensoziologischen mit einer freundschaftssoziologischen Perspektive ermöglicht eine ganze Reihe von neuen Zugriffen auf eingeschliffene Debatten. So kann mit dem integrativen Ansatz gezeigt werden, welche Rolle Freundesgruppen in Organisationen oder Bewegungen spielen. Es wird dabei deutlich, dass es einen großen Unterschied bedeutet, ob wir es in Organisationen oder Bewegungen mit Teams zu tun haben oder Gruppen mit stark auf personenbezogene Kommunikation ausgerichteten Interessen. Auch ist es mit dem integrativen Ansatz möglich, Verschiebungen im Systemcharakter zu beobachten. Man bekommt ins

63 Siehe dazu prominent Hartmann Tyrell, »Zwischen Interaktion und Organisation II. Die Familie als Gruppe«, in: Neidhardt (Hg.), *Gruppensoziologie*, S. 362–390; Fine, *Tiny Publics*, S. 160.

64 Siehe für erste Übersichtsbände Steve Duck (Hg.), *Handbook of Personal Relationships*. Theory, Research and Interventions, Chichester 1989; Karl Lenz / Frank Nestmann (Hg.), *Handbuch persönliche Beziehungen*, Weinheim 2009; Kenneth H. Rubin / William M. Bukowski / Brett Paul Laursen (Hg.), *Handbook of Peer Interactions, Relationships, and Groups*, New York 2009; Anita L. Vangelisti / Daniel Perlman (Hg.), *The Cambridge Handbook of Personal Relationships*, Cambridge 2006.

Blickfeld, wie sich zum Beispiel im Fall von Sportgruppen, Terrorvereinigungen oder Rockerclubs Verorganisierungsprozesse ausbilden können, die letztlich auf einen Formenwandel von einer Gruppe zu einer Organisation hinauslaufen, in denen dann aber wiederum persönlich verdichtete Beziehungen entstehen.

Stefan Kühl ist Professor für Organisationssoziologie
an der Universität Bielefeld.
stefan.kuehl@uni-bielefeld.de

Janosch Schobin ist wissenschaftlicher Mitarbeiter
im Kompetenznetz Einsamkeit des Instituts für Sozialarbeit
und Sozialpädagogik e.V.
janosch.schobin@iss-ffm.de

Mascha Nolte

Von ähnlichen Perspektiven und verpassten Anschlüssen

Themenfelder und Entwicklungslinien der Gruppen- und Freundschaftssoziologie

Gesellschaftliche Relevanz und soziologische Reflexion

Freundesgruppen sind ein omnipräsentes Phänomen. Obwohl die Mitgliedschaft in einem oder mehreren Freundeskreisen, auch über das Kindheits- und Jugendalter hinaus, zu den typischen Erfahrungen gehört, gibt es auffällig wenige soziologische Analysen zu diesem bedeutenden sozialen Phänomen.[1] Der vorliegende Aufsatz fragt nach den Ursachen des soziologischen Desinteresses an Freundesgruppen.

Ein möglicher Grund für die weitgehende soziologische Nichtbeachtung von Freundesgruppen mag die lange randständige Bedeutung der Kategorien Freundschaft und Gruppe in der soziologischen Theoriegeschichte sein. Weder die Freundschafts- noch die Gruppensoziologie konnte sich zu einer bedeutsamen Bindestrichsoziologie entwickeln. Friedrich H. Tenbruck bescheinigte in den 1960er-Jahren der Forschung über Freundschaft, dass sie ein soziologisches »Kümmerdasein«[2] führe, und auch ein halbes Jahrhundert später gilt sie immer noch als »Liebhaberthema«.[3] Ähnliche Diagnosen finden sich für die Gruppensoziologie. So stellte Friedhelm Neidhardt 1983 fest, dass die Soziologie weitgehend ohne Gruppensoziologen stattfinde.[4]

1 Siehe für Ausnahmen bspw. R. S. Shrivastava, »Formation and Functioning of Friendship Groups. A Sociological Study among Prison Inmates«, in: *Sociological Bulletin* 22 (1973), 1, S. 98–111; Dorothy Jerrome, »Good Company. The Sociological Implications of Friendship«, in: *The Sociological Review* 32 (1984), 4, S. 696–718; Anthony Lising Antonio, »Diversity and the Influence of Friendship Groups in College«, in: *The Review of Higher Education* 25 (2001), 1, S. 63–89; Mark Tarrant / Liam MacKenzie / Lisa A. Hewitt, »Friendship Group Identification, Multidimensional Self-Concept, and Experience of Developmental Tasks in Adolescence«, in: *Journal of Adolescence* 29 (2006), 4, S. 627–640; Mareike Hartmann, »Scherzkommunikation und Geschlecht. Mikroanalysen zu Gesprächen in einer weiblichen und einer männlichen Freundesgruppe«, in: Halyna Leontiy (Hg.), *Komik im Kontext von Kultur, Gender und Macht*, Münster 2013, S. 300–322.

2 Friedrich H. Tenbruck, »Freundschaft. Ein Beitrag zu einer Soziologie der persönlichen Beziehungen«, in: *Kölner Zeitschrift für Soziologie und Sozialpsychologie* 16 (1964), S. 431–456.

3 Janosch Schobin / Vincenz Leuschner / Sabine Flick / Erika Alleweldt / Eric Anton Heuser / Agnes Brandt (Hg.), *Freundschaft heute*. Eine Einführung in die Freundschaftssoziologie, Bielefeld 2016.

4 Friedhelm Neidhardt, »Themen und Thesen zur Gruppensoziologie«, in: ders. (Hg.), *Gruppensoziologie*. Perspektiven und Materialien (= Sonderheft der *Kölner Zeitschrift für Soziologie und Sozialpsychologie*), Opladen 1983, S. 12–34.

Nachdem der Gruppenkategorie in der Konsolidierungsphase der Soziologie hohe Bedeutung zugekommen war und sie in der Mitte des 20. Jahrhunderts vor allem durch die US-amerikanische Kleingruppensoziologie noch einmal eine Hochkonjunktur erfahren hatte, verlor sie danach allmählich an Attraktivität. Seit den 1980er-Jahren lässt sich ein weitgehender Stillstand der theoretischen und empirischen Diskussionen um die Gruppe als soziologische Kategorie konstatieren.[5]

Verschärft wurde der klägliche Zustand der Freundschafts- und Gruppensoziologie dadurch, dass sie sich gegenseitig nur sehr begrenzt wahrgenommen haben. Mit Blick auf die moderne Freundschaftssoziologie fällt auf, dass sie Freundschaft zumeist als Beziehungen zwischen zwei Menschen konzeptualisiert. Teilweise wird diese dyadische Form sogar zum Definitionsmerkmal von Freundschaft erhoben[6] oder es werden ausschließlich derartige Konstellationen betrachtet, was den Eindruck verschärft, dass es sich bei Freundschaft einzig um eine Angelegenheit zwischen zweien handle.[7] Freundschaftskonstellationen, die über dyadische Beziehungen hinausgehen, stehen nicht im Mittelpunkt der Forschung.

Das Begriffsverständnis von Gruppe wurde im Laufe des 20. Jahrhunderts sukzessive verengt, sodass darunter schließlich vor allem Kleingruppen verstanden wurden, welche sich durch eine gewisse Dauerhaftigkeit, diffuse Mitgliederbeziehungen und Face-to-Face-Kommunikation auszeichnen.[8] Unter diese Definition ließen sich auch Freundesgruppen subsumieren. Gruppensoziologische Untersuchungen, die sich dezidiert mit ihnen beschäftigen, sind jedoch rar. Zwar werden Freundesgruppen in gruppensozio-

5 So auch die Diagnose von Rudolf Wimmer, »Die Gruppe – ein eigenständiger Grundtypus sozialer Systembildung? Ein Plädoyer für die Wiederaufnahme einer alten Kontroverse«, in: Jens Aderhold / Olaf Kranz (Hg.), *Intention und Funktion*. Probleme der Vermittlung psychischer und sozialer Systeme, Wiesbaden 2007, S. 270–289; Hanna Engelmeier / David Kuchenbuch / Timo Luks, »Epistemologie der Gruppe«, in: *Mittelweg 36* 28/29 (2019/2020), 6/1, S. 3–21.

6 Vgl. Robert Paine, »In Search of Friendship. An Exploratory Analysis in ›Middle-Class‹ Culture«, in: *Man* 4 (1969), 4, S. 505–524; Ursula Nötzoldt-Linden, *Freundschaft*. Zur Thematisierung einer vernachlässigten soziologischen Kategorie, Opladen 1994; Steve Stiehler, »Freundschaften unter Erwachsenen«, in: Karl Lenz / Frank Nestmann (Hg.), *Handbuch persönliche Beziehungen*, Weinheim 2009, S. 383–401.

7 Lois M. Verbrugge, »The Structure of Adult Friendship Choices«, in: *Social Forces* 56 (1977), 2, S. 576–597; Graham A. Allan, *A Sociology of Friendship and Kinship*, London 1979; Ann E. Auhagen, *Freundschaft im Alltag*. Eine Untersuchung mit dem Doppeltagebuch, Bern/Stuttgart/Toronto 1991; Scott Feld / William C. Carter, »Foci of Activity as Changing Contexts for Friendship«, in: Rebecca G. Adams / Graham A. Allan (Hg.), *Placing Friendship in Context*, Cambridge 1999, S. 136–152; Erika Alleweldt, *Die differenzierten Welten der Frauenfreundschaften*. Eine Berliner Fallstudie, Weilerswist 2013; Julia Hahmann, *Freundschaftstypen älterer Menschen*. Von der individuellen Konstruktion der Freundschaftsrolle zum Unterstützungsnetzwerk, Wiesbaden 2013.

8 Friedhelm Neidhardt, »Das innere System sozialer Gruppen«, in: *Kölner Zeitschrift für Soziologie und Sozialpsychologie* 31 (1979), 4, S. 639–660.

logischen Texten immer wieder als paradigmatisches Beispiel von Gruppen überhaupt angeführt, jedoch dient dies zumeist der Plausibilisierung theoretischer Argumente, deren empirische Fundierung noch aussteht.

Dass die Freundschaftssoziologie sich kaum für gruppenförmige Freundschaft und die Gruppensoziologie sich kaum für freundschaftliche Gruppen interessiert hat, lässt sich auf die weitgehend getrennt voneinander verlaufenden Entwicklungen der Freundschafts- und Gruppensoziologe zurückführen. Im Folgenden will ich zentrale Entwicklungslinien der beiden Forschungsstränge nachzeichnen. Dadurch soll zum einen aufgezeigt werden, welche theoriegeschichtlichen Ursachen ein gruppenbezogenes Freundschaftsverständnis erschwert haben, und zum anderen, an welchen Stellen gruppenförmige Freundschaft bereits gesehen, breitere Anschlüsse zwischen den beiden Forschungsgebieten jedoch verpasst wurden.

Freundschaft und Gruppen in der Anfangsphase der Soziologie

Um die bis heute weitgehend getrennt voneinander verlaufende Entwicklung von Freundschafts- und Gruppensoziologie nachzuvollziehen, lohnt sich ein Blick auf die Anfangsphase der deutschen Soziologie, das frühe 20. Jahrhundert. Mit seinen Ausführungen über die Formen der Vergesellschaftung hat in dieser Zeit vor allem Georg Simmel wichtige Impulse sowohl für die Freundschafts- als auch für die Gruppensoziologie gegeben.[9] Simmel identifizierte etwa die wesentlichen Merkmale moderner Freundschaften, welche sich, anders als ihre antiken Vorläufer, nicht mehr auf die gesamte Individualität der Beteiligten, sondern nur noch auf Teilaspekte dieser bezögen.[10] Hierbei prägte er den Begriff der »differenzierten Freundschaften«,[11] welcher in der Freundschaftssoziologie bis heute großen Widerhall findet.[12] Die Gruppensoziologie hat mitunter an Simmels Überlegungen zur Bedeu-

9 Georg Simmel, *Soziologie*. Untersuchungen über die Formen der Vergesellschaftung [1908], Berlin 2013.

10 Für Simmel können differenzierte Freundschaften jedoch »in dieselbe Gemütstiefe und zu derselben Opferwilligkeit, wie undifferenziertere Epochen und Personen sie nur mit einer Gemeinsamkeit der gesamten Lebensperipherie verbinden«, führen. Ebd., S. 280. Alleweldt, die Simmels Begriff der »differenzierten Freundschaft« aufgreift, vertritt hingegen die These einer »Profanisierung der Freundschaft« im 21. Jahrhundert. Alleweldt, *Die differenzierten Welten der Frauenfreundschaften,* S. 17. Sie führt dies insbesondere auf gesellschaftliche Anforderungslagen an das Individuum zurück. Ähnlich Jost Hermand, *Freundschaft*. Zur Geschichte einer sozialen Bindung, Köln/Weimar/Wien 2006, S. 3 ff.

11 Simmel, *Soziologie*, S. 280.

12 Vgl. Alleweldt, *Die differenzierten Welten der Frauenfreundschaften*; Stiehler, »Freundschaften unter Erwachsenen«; Nötzoldt-Linden, *Freundschaft*; Tenbruck, »Freundschaft«.

tung von Geheimnissen für die Entstehung und Abschottung sozialer Kreise angeschlossen.[13]

Für die Freundschafts- und Gruppensoziologie gleichermaßen anschlussfähig war insbesondere Simmels klassisch gewordener Aufsatz über »Die quantitative Bestimmtheit der Gruppe«, in dem er der Frage nachging, welche Auswirkungen die Anzahl der Personen auf die Formen des Zusammenlebens und das Verhalten der Einzelnen in einer Gruppe hat.[14] Tritt ein Dritter zu einer Zweierbindung hinzu, so ändert sich Simmel zufolge das Verhältnis der Personen zueinander grundlegend. Nur die »Verhältnisse[] zu zweien«, zu welchen er neben Liebe und Ehe auch die Freundschaft zählt, könnten durch das »personale Aufeinander-Angewiesensein« eine »Basis der ›Intimität‹« ausbilden.[15] Zwar sei die Involviertheit in verschiedene Freundschaftsverhältnisse nebeneinander möglich, jedoch schließt Simmel aus, dass ein vergleichbar inniges Verhältnis zwischen drei oder mehr Personen bestehen könne.[16] Für den zu einer solchen Bindung hinzutretenden Dritten scheint für Simmel lediglich die Rolle eines neutralen Vermittlers oder eines spaltenden Eindringlings denkbar.[17] Dies hat zur Kritik geführt, dass Simmel jene Fälle, in denen der Dritte weder Vermittler noch Spalter, »sondern unentbehrliches Element einer Gruppe« ist, nicht ausreichend berücksichtigt habe.[18] Diese Nichtberücksichtigung war eine folgenreiche Weichenstellung, nach der die soziologische Reflexion über Freundschaft und die zur Gruppe fortan getrennte Wege gingen.

Ein Blick auf die an Simmel anschließende Soziologie der 1920er-Jahre bestätigt diese Vermutung. In der Absicht, Simmels formale Soziologie fortzuführen, beschäftigten sich etwa Alfred Vierkandt und Theodor Geiger auch mit den Kategorien von Freundschaft und Gruppe.[19] Während beide der Gruppe große Aufmerksamkeit schenkten, finden sich zur Freundschaft bei ihnen nur sehr knapp gehaltene Ausführungen. Die Simmel'sche Denktradition, Freundschaften und Gruppen kategorisch zu trennen, setzte sich hier fort.

13 Vgl. Neidhardt, »Das innere System sozialer Gruppen«; Bonnie H. Erickson, »Secret Societies and Social Structure«, in: *Social Forces* 60 (1981), 1, S. 188–210; Gary Alan Fine / Lori Holyfield, »Secrecy, Trust, and Dangerous Leisure. Generating Group Cohesion in Voluntary Organizations«, in: *Social Psychology Quarterly* 59 (1969), 1, S. 22–38.

14 Simmel, *Soziologie*, S. 42 ff.

15 Ebd., S. 71.

16 Ebd., S. 78.

17 Sighard Neckel / Ana Mijić / Christan von Scheve / Monica Titton (Hg.), *Sternstunden der Soziologie*. Wegweisende Theoriemodelle des soziologischen Denkens, Frankfurt am Main / New York 2010, S. 29 ff.

18 Julian Freund, »Der Dritte in Simmels Soziologie. Aus der Diskussion«, in: Hannes Böhringer / Karlfried Gründer (Hg.), *Ästhetik und Soziologie um die Jahrhundertwende*. Georg Simmel, Frankfurt am Main 1976, S. 90–104, hier S. 97.

19 Alfred Vierkandt, *Gesellschaftslehre*. Hauptprobleme der philosophischen Soziologie [1922], Stuttgart 1928; Theodor Geiger, *Die Gestalten der Gesellung*, Karlsruhe 1928.

Geiger grenzt das »Paar«, welches auf Liebe oder Freundschaft gründe, als Formtypus von der »Gruppe« ab.[20] Die für die Paarbindung charakteristische »Formel *Ich-Du*« kann auch nach Geiger immer nur zwischen zwei Menschen bestehen. Da diese Art von Paarverbindung, welche die Persönlichkeiten als »Wert an sich« betrachte, ein historisch seltenes Phänomen sei,[21] kommt ihr in der von Geiger entworfenen Typologie ein deutlich geringerer Stellenwert zu als der historisch-universalen Form der Gruppe. Zwar findet sich in Geigers ausführlicher Auseinandersetzung mit der Gruppe an einer Stelle bereits der Begriff »Freundeskreis«,[22] jedoch geht er auf gruppenförmige Freundschaft dann nicht weiter ein.

Bei Vierkandt findet sich eine ähnliche Rangfolge in der Ausarbeitung einer Formentypologie.[23] Während seine Beschäftigung mit dem noch weitgefassten Gruppenbegriff den zentralen Teil seiner *Gesellschaftslehre* ausmacht, erfährt die Freundschaft keine systematische Aufmerksamkeit. Sie wird nur stellenweise erwähnt und eher beiläufig zu den »typischen Gemeinschaftsverhältnissen« gezählt.[24] Dabei stimmt er mit Ferdinand Tönnies, dem Begründer der Gemeinschaft-Gesellschafts-Dichotomie, überein, welcher Freundschaft in einem späteren Werk als Form eines »gemeinschaftlichen Verhältnisses« charakterisiert.[25] Auch Tönnies' Ausführungen über die Freundschaft, welche er neben »Brüderlichkeit«, »Kampfgenossenschaft« und »Kameradschaft« und anderen zu den »genossenschaftlichen Verhältnissen« zählt,[26] fallen knapp aus. Über die sozialen Verhältnisse allgemein, zu denen er auch die Freundschaft zählt, schreibt er, dass diese »am einfachsten verstehbar als dualistische« seien, sich aber auch erweitern und in »soziale Kreise« übergehen können.[27] Nach weiterführenden Überlegungen zu Freundschafts*kreisen* sucht man bei Tönnies indes ebenfalls vergeblich.

Dass den Kategorien der Freundschaft und der Gruppe in der weiteren Entwicklung der Soziologie ein je geringer Stellenwert zukam, wurde später auch mit deren Subsumtion unter Gemeinschaft erklärt.[28] Durch diese Ver-

20 Geiger, *Die Gestalten der Gesellung*, S. 14.

21 Ebd., S. 89. So führt Geiger aus, dass diese Art von Bindung lediglich in zwei Kulturepochen bekannt sei: in »der antiken griechisch-römischen und der modern-abendländischen«, was seinen Grund darin habe, »daß die Persönlichkeit als eigengültiger Wert nur in diesen beiden Kulturkreisen entwickelt und anerkannt ist«. Ebd., S. 90.

22 Ebd., S. 78.

23 Vierkandt, *Gesellschaftslehre*.

24 Ebd., S. 215.

25 Ferdinand Tönnies, *Einführung in die Soziologie* [1931], Nachdr. mit einer Einf. von Rudolf Heberle, Stuttgart 1965, S. 49.

26 Ebd., S. 48 ff.

27 Ebd., S. 19.

28 Michael Eve, »Is Friendship a Sociological Topic?«, in: *European Journal of Sociology* 43 (2002), 3, S. 386–409; Steven Brint, »*Gemeinschaft* Revisited. A Critique and Reconstruction of the Community Concept«, in: *Sociological Theory* 19 (2001), 1, S. 1–23; Bernhard Schäfers, »Entwicklung der Gruppensoziologie und Eigenständigkeit der Gruppe als Sozialgebilde«,

ortung erschienen Freundschaften wie Gruppen als traditionale Relikte, und das primäre Interesse der Soziologie verlagerte sich auf abstraktere Gebilde, an denen sich die Eigenschaften moderner Gesellschaften (vermeintlich) besser studieren ließen.[29]

Während die angeführten Autoren Freundschaft und Gruppe noch als soziologisch relevante Kategorien ins Visier nahmen, lässt sich für die weitere Entwicklung des Fachs ein zunehmendes Desinteresse an beiden konstatieren. In den Fokus rückten fortan für gesellschaftlich relevanter erachtete Phänomene wie »Herrschaft, Schichtung, Wirtschaft«.[30] Ausnahmen waren die frühen freundschaftssoziologischen Arbeiten von Siegfried Kracauer und Albert Salomon.[31] In diesen finden sich Anhaltspunkte dafür, dass Freundschaft weiterhin ausschließlich dyadisch gefasst wurde. So definiert Kracauer Freundschaft in ihrer idealtypischen Form als »das Sich-Finden *zweier* Menschen, ihrem ganzen im Ich-Bewußtsein zusammengefassten Wesen nach«.[32] Das Verhältnis von Freundschaft und Liebe, die sich in ihrer vollkommenen Form einander notwendigerweise ergänzen müssten,[33] behandelt Kracauer ausführlich; zu gruppenförmiger Freundschaft hingegen findet sich in seinen Essays nichts. In der Folgezeit wurden die freundschaftssoziologischen Überlegungen Kracauers und Salomons kaum aufgegriffen.

Die anfangs fast konturenlose Kategorie der Gruppe, die als Überbegriff für nahezu sämtliche sozialen Verhältnisse diente, verlor in Deutschland nach den 1920er-Jahren an Prominenz, das Begriffsverständnis wurde sukzessive enger. Auch für diese Kategorie lässt sich eine Entwicklung hin zu eher randständiger soziologischer Bedeutung nachzeichnen. Verstanden als Kleingruppe, erfährt sie bei den großen Denkvätern der Disziplin – Marx, Durkheim und Weber – keine systematische Berücksichtigung.[34] Sieht man von der sich eigens ausdifferenzierenden Familiensoziologie ab, entwickelt sich im 20. Jahrhundert keine breite »Soziologie der Kleingruppe«.[35] Jedoch lässt sich für die Kleingruppensoziologie kein derartiges »Kümmer-

in: ders. (Hg.), *Einführung in die Gruppensoziologie*. Geschichte – Theorien – Analysen, 3., korr. Aufl., Wiesbaden 1999, S. 19–34; Nötzoldt-Linden, *Freundschaft*; Edward Albert Shils, »The Study of the Primary Group«, in: Harold D. Lasswell / Daniel Lerner (Hg.), *The Policy Sciences*. Recent Developments in Scope and Methods, Palo Alto, CA 1951, S. 44–69.

29 George C. Homans, *Theorie der sozialen Gruppe*, übers. von Rolf Gruner, Köln/Opladen 1960, S. 29.

30 Tenbruck, »Freundschaft«.

31 Siegfried Kracauer, *Über die Freundschaft*. Essays [1917], Frankfurt am Main 1971; Albert Salomon, »Der Freundschaftskult des 18. Jahrhunderts in Deutschland. Versuch zur Soziologie einer Lebensform [1921]«, in: *Zeitschrift für Soziologie* 8 (1979), 3, S. 279–308.

32 Kracauer, *Über die Freundschaft*, S. 38 (meine Hervorh., M.N.).

33 Ebd., S. 42.

34 Vgl. Neidhardt, »Das innere System sozialer Gruppen«, S. 639.

35 Vgl. Neidhardt, »Themen und Thesen zur Gruppensoziologie«, S. 12.

dasein« diagnostizieren, wie es der Soziologie der Freundschaft attestiert wurde.[36] Vielmehr wurde die Kleingruppe im Amerika der 1930er- und 1940er-Jahre als relevante soziologische Kategorie wiederentdeckt und erfuhr dort insbesondere in der Nachkriegszeit eine Renaissance. Bei Durchsicht der für die Kleingruppenforschung inzwischen klassischen Studien aus dieser Zeit und späterer Versuche, deren Ergebnisse theoretisch zu konsolidieren, lassen sich Indizien dafür finden, dass diese – mehr implizit als systematisch – neben Gruppen- bereits auch Freundschaftsphänomene im Blick hatten.

Implizite Behandlung von Freundschaft in Schlüsselwerken der Kleingruppensoziologie

Neuen Aufwind erfuhr die soziologische Beschäftigung mit Gruppen insbesondere durch die US-amerikanische Betriebs- und Industriesoziologie der 1920er- und 1930er-Jahre. Sie brachte das Begriffspaar »formelle und informelle Gruppe« hervor.[37] Im Zuge der Hawthorne-Studien[38] entdeckten Fritz J. Roethlisberger und William J. Dickson die zentrale Bedeutung informeller Gruppen im Industriebetrieb.[39] Während der Untersuchungen im Relay Assembly Test Room und Bank Wiring Observation Room hatte man beobachtet, dass sich unter den dort beschäftigten Arbeiterinnen und Arbeitern Normen entwickelten, die sich nicht durch die formalen Vorgaben der Organisation, sondern vielmehr durch Gruppenstrukturen und -prozesse erklären ließen. Bedeutsam war die Erkenntnis, dass man diese Gruppenphänomene in Rechnung stellen muss, um ein umfängliches Verständnis der sie umgebenden Organisation zu erlangen. Zur Untersuchung der internen Gruppenorganisation in diesen Räumen fertigten Roethlisberger und Dickson Soziogrammen ähnelnde Abbildungen an, welche die interpersonalen Beziehungen der Arbeiter veranschaulichten. In einem eigenen Unterkapitel zeigten sie anhand dieser Methode auch die »Freundschaften und Antagonismen« unter den Arbeitern des Bank Wiring Observation Room auf, jedoch ohne zu definieren, was unter diesen Begriffen zu verstehen sei.[40] Für die

36 Tenbruck, »Freundschaft«, S. 434.

37 Vgl. Hermann L. Gukenbiehl, »Formelle und informelle Gruppe als Grundformen sozialer Strukturbildung«, in: Schäfers (Hg.), *Einführung in die Gruppensoziologie*, S. 80–96, hier S. 81.

38 Bei den Hawthorne-Studien handelt es sich um eine Reihe von Studien, die in den 1920er- und 1930er-Jahren im Werk der Western Electric in Hawthorne, USA, durchgeführt wurden. Ursprüngliches Ziel der Hawthorne-Experimente war es, den Einfluss von Umweltfaktoren, zum Beispiel Lichtverhältnissen, auf die Produktivität der im Werk angestellten Arbeiter zu untersuchen.

39 Fritz J. Roethlisberger / William J. Dickson, *Management and the Worker*. An Account of a Research Program Conducted by the Western Electric Company, Hawthorne Works [1939], Chicago, IL / Cambridge, MA 1949.

40 Ebd., S. 507 (meine Übers., M.N.).

aufgezeigten freundschaftlichen Verbindungen identifizierten die Autoren Clusterbildungen in zwei Gruppen, die sie als »Cliquen« voneinander unterschieden.[41] Der Begriff der Clique wird unter anderem in der späteren systemtheoretischen Behandlung gruppenähnlicher Zusammenschlüsse in Organisationen übernommen, jedoch ohne dafür den Begriff der Freundschaft zu verwenden.[42]

Knüpft man an die vor diesem Hintergrund entwickelte systemtheoretische Unterscheidung von Gruppe, Clique und Team an,[43] erscheint es zunächst unwahrscheinlich, dass es sich bei den während der Hawthorne-Studien entdeckten Cliquen um Freundesgruppen handelte. Ob dem so war, ließe sich empirisch vermutlich nur feststellen, wenn man die Phase nach dem Ausscheiden der Gruppenmitglieder aus der gemeinsamen Umwelt der Organisation in den Blick nähme. Inzwischen liegen Studien über die Hawthorne-Experimente vor, die eine derartige Rekonstruktion der sich in den Fabriken ausgebildeten Freundschaftsbeziehungen leisten.[44] Mittels qualitativer Interviews werden darin die Lebenswege der ehemaligen Arbeiterinnen des Relay Assembly Test Room erfasst. Die Fallanalyse zeigt, dass vier der fünf Arbeiterinnen auch lange nach ihrem Ausscheiden aus den Werken der Western Electric Company als Gruppe in Kontakt blieben und sich in einem »lebenslangen Gruppenkonvoi der sozialen Unterstützung«[45] weiterhin verbunden fühlten. Dieses Ergebnis verdeutlicht den engen empirischen Zusammenhang von Freundschafts- und Gruppenphänomenen und verweist zudem auf die Entstehungsbedingungen von Freundschaft, welche sich in diesem Fall in der gemeinsamen Gruppen- und Organisationsmitgliedschaft der Frauen lokalisieren lassen und vor dem Hintergrund eines vorrangig dyadischen Freundschaftsverständnisses nicht hinreichend aufgedeckt worden wären.

Soziologische Schlüsselwerke über Gruppen, die jenseits organisationaler Kontexte operieren, entstanden in der ersten Hälfte des 20. Jahrhunderts zudem zum Gruppentypus der Straßengang.[46] Dank der Arbeiten von William F. Whyte widmete sich auch die früh an urbanen Lebensverhältnis-

41 Ebd., S. 508.

42 Niklas Luhmann, *Funktionen und Folgen formaler Organisation* [1964], Berlin 1999.

43 Vgl. Stefan Kühl, »Die folgenreiche Verwechslung von Teams, Cliquen und Gruppen. Zu unterschiedlichen Formen der Systembildung im Kontext von Organisationen«, in: *Gruppe. Interaktion. Organisation* 52 (2021), S. 417–434.

44 Siehe dazu Adams/Allan (Hg.), *Placing Friendship in Context*; Stephen R. Marks, »The Gendered Contexts of Inclusive Intimacy. The Hawthorne Women at Work and Home«, in: Adams/Allan (Hg.), *Placing Friendship in Context*, S. 43–70.

45 Marks, »The Gendered Contexts of Inclusive Intimacy«, S. 67 (meine Übers., M.N.).

46 Einschlägig natürlich Fredrick M. Thrasher, *The Gang*. A Study of 1313 Gangs in Chicago, Chicago, IL 1927; William F. Whyte, »Corner Boys. A Study of Clique Behavior«, in: *American Journal of Sociology* 46 (1941), 5, S. 647–664; ders. (Hg.), *Street Corner Society*. The Social Structure of an Italian Slum [1943], Chicago, IL / London 1969.

sen interessierte Chicagoer Schule diesem Gruppentypus.[47] In seinen Untersuchungen erforschte Whyte die sozialen Strukturen mehrerer Gangs im Slum einer amerikanischen Großstadt und gilt damit heute als Pionier der soziologischen Feldforschung. Whyte zeigte auf, wie sich die Gruppenstruktur der sogenannten Corner Boys durch gegenseitige Hilfeleistungen und daraus erwachsende reziproke Verpflichtungen konstituiert. Die jungen Männer sind gleichsam darauf bedacht, diese Verpflichtungen latent zu halten und ein Selbstverständnis des gegenseitigen Wohlwollens zu pflegen. Darauf angesprochen, ob er einem anderen Gangmitglied helfe, weil er sich dazu verpflichtet fühle, entgegnet einer von ihnen: »Nein, ich hätte es nicht tun müssen. Er ist mein Freund. Und das ist alles.«[48] Das von Whyte untersuchte Verhältnis der Gangmitglieder zueinander zeichnete sich somit durch ebenjene Merkmale aus, welche vielfach als definitorische Merkmale von Freundschaft angeführt werden: (nicht unmittelbare) Reziprozität, Freiwilligkeit und Nichtinstrumentalität.[49] Whyte selbst hat das Verhältnis der jungen Männer als ein freundschaftliches klassifiziert; die Begriffe *friend(s)* und *friendship* finden sich unzählige Male in seinen Arbeiten. Auch Whytes Fallanalyse verweist somit auf das empirisch häufig simultane Auftreten von Gruppen- und Freundschaftsbeziehungen und gibt weiteren Anlass, Freundschaft nicht als ausschließlich dyadisches Phänomen zu fassen.

Inzwischen klassische Studien hat neben der Soziologie in der Hochzeit der US-amerikanischen Kleingruppenforschung auch die experimentell arbeitende Sozialpsychologie hervorgebracht. Hier sei insbesondere auf die Arbeiten von Muzafer Sherif verwiesen, welcher in seinen unter Laborbedingungen stattfindenden Studien Bedingungen von Gruppenzusammenhalt und Intergruppenkonflikte erforschte.[50] Während eines 1949 in Connecticut durchgeführten Experiments wurden die Gruppenstrukturen und -prozesse in einem Feriencamp untersucht, an dem Jungen im Alter von elf bis zwölf Jahren teilnahmen, die zuvor nicht miteinander befreundet waren. Das Experiment teilte sich dabei in drei Phasen auf. In einer ersten Phase nahmen sämtliche Jungen des Camps gemeinsam an Aktivitäten teil und konnten sich dabei frei aussuchen, mit welchen anderen Jungen sie an Spielen teilnehmen wollten. Nach Abschluss der ersten Phase wurden die Jungen einzeln gefragt, mit wem in der Gruppe sie befreundet seien. Auf dieser Basis fertigten Sherif und seine Kollegen Soziogramme an, in welchen sie

47 Vgl. Whyte, »Corner Boys«; Whyte (Hg.), *Street Corner Society*.

48 Whyte, »Corner Boys«, S. 657 (meine Übers., M.N.).

49 Vgl. Allan, *A Sociology of Friendship and Kinship*; Michal Argyle / Monica Henderson, »The Rules of Friendship«, in: *Journal of Social and Personal Relationships* 1 (1984), 2, S. 211–237; Nötzoldt-Linden, *Freundschaft*.

50 Muzafer Sherif, »A Preliminary Experimental Study of Inter-Group Relations«, in: John H. Rohrer / Muzafer Sherif (Hg.), *Social Psychology at the Crossroads*, New York 1951, S. 388–424; Muzafer Sherif, »Experiments in Group Conflict«, in: *Scientific American* 195 (1956), 5, S. 54–59.

diese »Freundschaftswahlen« dokumentierten.[51] Anhand der Soziogramme konnten die Forscher mehrere Cluster von Freundesgruppen, bestehend aus zwei bis vier Jungen, identifizieren.[52] In der zweiten Phase des Experiments wurden die Jungen in zwei Gruppen aufgeteilt, die getrennt voneinander ihren Aktivitäten nachgingen. Die Aufteilung durch die Versuchsleiter wurde dabei so vorgenommen, dass die Jungen in ihren neuen Gruppen mit möglichst wenigen der zuvor von ihnen benannten Freunde zusammenkamen. Nach wenigen Tagen in den zwei Untergruppen wurden die Jungen erneut gebeten, ihre Freunde zu benennen. Inzwischen hatten sich die interpersonellen Präferenzen deutlich in die sie unmittelbar umgebende Gruppe verlagert, innerhalb derer die Jungen nun die größte Anzahl ihrer Freunde verorteten.

Sherifs Beobachtungen verweisen darauf, dass sich die Entstehung von Freundschaften nur dann vollumfänglich verstehen lässt, wenn man ihre strukturelle Umgebung beachtet. Demnach erscheinen sie weniger allein auf persönliche, je nur auf einen anderen Menschen bezogene Sympathien zurückzuführen als vielmehr soziale Produkte von Gruppenkonstellationen zu sein, welche sich durch anhaltende *Gruppeninteraktion* intensivieren. Neben der Gruppenforschung liefern Sherifs Studien damit auch der Freundschaftsforschung wertvolle Ansätze für weitere Untersuchungen, insbesondere zu den Entstehungsbedingungen von Freundschaften, und verdeutlichen abermals den engen Zusammenhang der theoretischen Perspektiven und empirischen Gegenstandsbereiche von Freundschafts- und Gruppensoziologie.

Weitere Spuren, die auf eine implizit schon seit Langem nah beieinanderliegende soziologische Reflexion über Freundschaft und Gruppen hindeuten, finden sich bei George C. Homans.[53] Aufbauend auf frühere anthropologische und soziologische Feldforschungen, unter anderem auf die oben angeführten von Roethlisberger, Dickson und Whyte,[54] formuliert Homans seine *Theorie der sozialen Gruppe*, in welcher er deren Untersuchungsergebnisse generalisierend zusammenführt. Zu Beginn seines Werks expliziert Homans sein Vorhaben anhand eines fiktiven Beispiels, »der Gruppe zweier Freunde«, welche er als eine der »einfachsten Gruppen« bezeichnet.[55] Er beschreibt die typischen Interaktionen und Gefühle der Männer sowie mögliche Umweltfaktoren, die sich auf ihr Verhältnis auswirken können. Bezüglich der in der Analyse aufgezeigten möglichen Probleme der Freunde

51 Sherif, »A Preliminary Experimental Study of Inter-Group Relations«, S. 405 (meine Übers., M.N.).

52 Ebd., S. 404.

53 Homans, *Theorie der sozialen Gruppe*.

54 Roethlisberger/Dickson, *Management and the Worker*; Whyte »Corner Boys«; Whyte (Hg.), *Street Corner Society*.

55 Homans, *Theorie der sozialen Gruppe*, S. 34.

schreibt Homans, es seien »dieselben Probleme, die uns bei der Analyse jeder Gruppe entgegentreten«.[56] Sollte er damit richtigliegen, scheint eine engere Verzahnung von Freundschafts- und Gruppensoziologie angebracht.

Ideologisierung der Gruppe und Rehabilitierung der Freundschaftssoziologie

In den 1950er-Jahren erlebt die Kleingruppenforschung vor allem in den USA eine Blütezeit.[57] Das Gebiet dominiert in dieser Zeit vor allem die Sozialpsychologie, die sich mit Themen wie Rollendifferenzierung, Führung[58] oder Konformität[59] in kleinen Gruppen befasst. Anders als die von Homans analysierten Feldforschungen wählen die sozialpsychologischen Untersuchungen vielfach experimentelle Untersuchungsdesigns unter Laborbedingungen. Ob sie daher tatsächlich Gruppenverhalten – und nicht eher Interaktion unter Anwesenden – untersuchen, wurde später vielfach diskutiert. An der Erforschung ›natürlicher‹ Freundesgruppen zeigten sie jedenfalls kein großes Interesse. Dies lässt sich wahrscheinlich auch darauf zurückführen, dass Freundschaft im Gegensatz zu Gruppen in der unmittelbaren Nachkriegszeit ein soziologisch fast unbeachtetes Phänomen blieb.[60]

Ihre Rehabilitierung im deutschsprachigen Raum verdankt die Freundschaftssoziologie insbesondere einem Aufsatz von Friedrich H. Tenbruck.[61] Er wird inzwischen zu ihren klassischen Arbeiten gezählt.[62] In historisch-vergleichender Perspektive entwickelt Tenbruck am Beispiel der Freundschaft eine soziologische Theorie persönlicher Beziehungen und zeigt auf,

56 Ebd., S. 35.

57 Vgl. Jan Fuhse, »Gruppe und Netzwerk. Eine begriffsgeschichtliche Rekonstruktion«, in: *Berliner Journal für Soziologie* 16 (2006), 2, S. 245–263; Schäfers, »Entwicklung der Gruppensoziologie«.

58 Vgl. Robert F. Bales / Philip E. Slater, »Role Differentiation in Small Decision Making Groups«, in: Robert F. Bales / Talcott Parsons, *Family, Socialization and Interaction Process*, London 1955, S. 259–306; Philip E. Slater, »Role Differentiation in Small Groups«, in: *American Sociological Review* 20 (1955), 3, S. 300–310.

59 Vgl. Solomon E. Asch, »Studies of Independence and Conformity. I. A Minority of One against a Unanimous Majority«, in: *Psychological Monographs.* General and Applied 70 (1956), 9, S. 1–70.

60 Vgl. jedoch u. a. Paul F. Lazarsfeld / Robert K. Merton, »Friendship as a Social Process. A Substantive and Methodological Analysis«, in: Morroe Berger / Theodore Abel / Charles H. Page (Hg.), *Freedom and Control in Modern Society*, New York 1954, S. 18–66; Shmuel Noah Eisenstadt, »Ritualized Personal Relations. Blood Brotherhood, Best Friends, Compadre«, in: *Man* 56 (1956), 7, S. 90–95.

61 Tenbruck, »Freundschaft«.

62 Vgl. Nötzoldt-Linden, *Freundschaft*; Johannes F. K. Schmidt, »Die Differenzierung persönlicher Beziehungen. Das Verhältnis von Liebe, Freundschaft und Partnerschaft«, in: Kornelia Hahn / Günter Burkart (Hg.), *Grenzen und Grenzüberschreitungen der Liebe.* Studien zur Soziologie intimer Beziehungen II, Opladen 2000, S. 73–100; Alleweldt, *Die differenzierten Welten der Frauenfreundschaften.*

inwiefern diese mit der jeweiligen Sozialstruktur zusammenhängen. Er argumentiert, dass Freundschaften immer dann entstehen, wenn vorgegebene soziale Beziehungen und Rollen nicht mehr ausreichen, um eine stabilisierende Funktion für das Individuum zu erfüllen; sie komplementieren insofern eine inkomplette soziale Struktur. In sich differenzierenden Gesellschaften, die das Individuum freisetzen, entwickeln sich Freundschaften, um dem Einzelnen Orientierung und Halt in einer zunehmend kontingenten Welt zu vermitteln. Dieser Prozess lasse sich, so Tenbruck, besonders gut für die Zeit zwischen 1750 und 1850 nachvollziehen. Für das 18. Jahrhundert macht er eine Beobachtung, die für den Zusammenhang der vorliegenden Arbeit hohe Relevanz hat: Die Hochkonjunktur der Freundschaft geht mit einer Fülle von Gruppen- und Vereinsgründungen zusammen. Tenbruck entwickelt daher die These, dass die (dyadischen) Freundschaften in dieser Zeit ähnliche Funktionen erfüllen wie die vermehrten gruppenförmigen Zusammenschlüsse.[63] In der Jugendbewegung zu Beginn des 20. Jahrhunderts konnte sich nach Tenbruck dann »das Freundschafts- zugleich mit dem Gruppenerlebnis« durchsetzen.[64] Hierin macht er eine Erlebnisform aus, die seitdem präzedenzlos geblieben sei. Gegenwärtige Freundschaften zwischen Jugendlichen zeichnen sich ihm zufolge dadurch aus, dass sie derartige Gruppenbezogenheit nicht kennen und auch nicht verstehen können. Ob dem tatsächlich so ist, lässt sich retrospektiv schwer beurteilen. Aufgrund der bereits aufgezeigten anhaltenden alltagsweltlichen Relevanz von Freundesgruppen besteht jedoch auch heute noch Grund zu der Annahme, dass Freundschafts- und Gruppenerlebnisse sich überlappen und nach wie vor vergleichbare Funktionen erfüllen. Obwohl Tenbruck eine überzeugende theoretische Perspektive für die simultane Betrachtung von Freundschaft und Gruppen vorgelegt hat, setzte sich diese Sichtweise in der Folgezeit nicht durch. Freundschaft wird weiterhin überwiegend dyadisch konzeptualisiert oder zur genaueren Bestimmung mit Gruppenbeziehungen kontrastiert.

Im angelsächsischen Raum hat diese Sichtweise Robert Paine vorangetrieben, der in einem Aufsatz die später vielzitierte Bestimmung von Freundschaft als »institutionalisierte Nicht-Institution« prägte.[65] Mit Tenbruck stimmt Paine darin überein, dass Freundschaft ein historisch seltenes Phänomen ist, das nur unter bestimmten sozialstrukturellen Bedingungen in Erscheinung tritt. Er arbeitet die Wesenszüge zeitgenössischer westlicher Freundschaften heraus und definiert sie als »persönliche Beziehung«, de-

63 Tenbruck weist in diesem Zusammenhang auch darauf hin, dass viele der sich damals bildenden Gruppen die Freundschaft sogar im Namen führen, so etwa die Society of Friends oder die Freunde der Verfassung in Frankreich. Tenbruck, »Freundschaft«, S. 444.

64 Ebd., S. 453.

65 Paine, »In Search of Friendship«, S. 514 (meine Übers., M.N.).

ren Gegenteil er gerade in der »Gruppenbeziehung« ausmacht.[66] Zur genaueren Bestimmung grenzt Paine Freundschaft von anderen Kategorien, unter anderem Bekanntschaft, Partnerschaft und Verwandtschaft, ab. Eine der Abgrenzungskategorien stellt für ihn zudem die »Gruppenkameradschaft« dar,[67] bei der sich die Beziehung der Mitglieder ausschließlich über die Attraktion zur Gruppe und nicht zu ihren Mitgliedern erklärt. Für diesen Fall erkennt Paine zwar auch die Möglichkeit einer »Gruppenfreundschaft«, diese sei jedoch etwas anderes als die Art von Freundschaft, um die es ihm in seinem Definitionsversuch gehe.[68]

Inzwischen klassische freundschaftssoziologische Arbeiten legen in den 1970er-Jahren außerdem Graham Allan und Lois M. Verbrugge vor.[69] Beide untersuchen in ihren Arbeiten den Zusammenhang von sozialer Schicht und Freundschaft. Allan verdeutlicht die Unterschiede hinsichtlich Freundeskreisgröße und Freundschaftspraktiken von Männern aus der Arbeiterschaft und der Mittelschicht.[70] Verbrugge zeigt auf, dass Freundschaftswahlen stark mit der sozialen Struktur zusammenhängen und relativiert damit Ansichten, denen zufolge Freundschaften eine von äußeren Einflüssen weitgehend freie Beziehungsform seien.[71] Beide Arbeiten verdeutlichen die Relevanz und die Chancen einer dezidiert soziologischen Perspektive auf Freundschaft, indem sie sich von einer individualistischen Sichtweise abwenden und stattdessen fragen, in welche makrosoziologischen Kontexte sie typischerweise eingebettet ist. Dass jedoch nicht nur Makro-, sondern auch Mikro- oder Mesokontexte, etwa in Form von kleinen Gruppen, betrachtet werden könnten, um ein umfänglicheres Verständnis von Freundschaft zu erlangen, thematisieren Allan und Verbrugge nicht.

Auch in der weiteren soziologischen Forschung zu Freundschaft wurde deren häufige Einbettung in Kleingruppen nicht weitergehend beachtet. Das könnte mit der zunehmenden Prominenz eines alternativen Konzeptes zusammenhängen, das vor allem durch einen Aufsatz von Mark S. Granovetter bekannt wurde: dem sozialen Netzwerk.[72] Granovetter betrachtet in seiner Studie Freundschaftsnetzwerke und kommt zu einer interessanten Erkenntnis: Je stärker eine dyadische Freundschaft zwischen zwei Personen A und B ist, desto wahrscheinlicher ist es, dass sich ihre Freundeskreise überschneiden. Mit der zunehmenden Intensität personaler Beziehungen nehme jedoch auch die Wahrscheinlichkeit ab, dass sie eine Brückenfunktion zu

66 Ebd., S. 513 (meine Übers., M.N.).
67 Ebd., S. 518 (meine Übers., M.N.).
68 Ebd. (meine Übers., M.N.).
69 Allan, *A Sociology of Friendship and Kinship*; Verbrugge, »The Structure of Adult Friendship Choices«.
70 Allan, *A Sociology of Friendship and Kinship.*
71 Verbrugge, »The Structure of Adult Friendship Choices«.
72 Mark S. Granovetter, »The Strength of Weak Ties«, in: *American Journal of Sociology* 78 (1973), 6, S. 1360–1380.

anderen Beziehungsnetzwerken erfüllen. Diese Funktion komme gerade nicht den *strong ties*, sondern den *weak ties* zu, welche eine höhere Bedeutung hinsichtlich der Diffusion von Informationen und dadurch größere Effekte auf soziale Mobilität und gesellschaftlichen Zusammenhalt haben. Granovetter relativiert mit seiner Studie somit zum einen implizit die gesellschaftliche Bedeutung von intensiven (dyadischen) Freundschaften und trägt zum anderen dazu bei, sie weiterhin nicht in Kleingruppen, sondern eher in umfänglicheren sozialen Kontexten zu lokalisieren.[73]

Neben dem theoretischen Konzept des sozialen Netzwerks erfahren gruppensoziologische Ansätze ab den 1960er-Jahren zudem zunehmend Konkurrenz vonseiten der mikrosoziologischen Handlungstheorien.[74] In den 1970er-Jahren verschwindet die Kleingruppe jedoch (noch) nicht von der Bildfläche, sondern avanciert vom reinen Forschungsobjekt nun auch zur Hoffnungsträgerin für gesamtgesellschaftliche Veränderungen.[75] Die Gruppe wird zum gemeinschaftlichen Sehnsuchtsort stilisiert, zu einem Ort, an dem es gelinge, den Unwägbarkeiten, der Entfremdung und der Vereinzelung in modernen Gesellschaften zu trotzen.[76] Eine derartige Ideologisierung der Gruppe wurde jedoch bereits in den 1970er-Jahren kritisiert.[77]

Weitgehender Stillstand und kleine Renaissance

Während die angeführten freundschaftssoziologischen Arbeiten der 1970er-Jahre noch eine dezidiert soziologische Perspektive auf Freundschaften hatten, verschiebt sich diese in den 1980er-Jahren hin zu einer individualistischen Sichtweise, wodurch die soziale Bedingtheit dieser Beziehungsform aus dem Blick zu geraten droht. Zurückführen lässt sich dies vermutlich auf die Entstehung des Forschungsgebietes der persönlichen Beziehungen, das überwiegend von der Sozialpsychologie dominiert wird.[78] Der Soziologie wurde später eine Übernahme dieser verengten Sichtweise vorgeworfen, welche Umweltkontexte nicht ausreichend in Rechnung stelle.[79]

73 Ähnlich Eve, »Is Friendship a Sociological Topic?«.

74 Vgl. Fuhse, »Gruppe und Netzwerk«, S. 251.

75 Vgl. Horst-Eberhard Richter, *Die Gruppe.* Hoffnung auf einen neuen Weg, sich selbst und andere zu befreien. Psychoanalyse in Kooperation mit Gruppeninitiativen, Reinbek bei Hamburg 1972.

76 Vgl. Schäfers, »Entwicklung der Gruppensoziologie«; Engelmeier/Kuchenbuch/Luks, »Epistemologie der Gruppe«.

77 Helmut Schelsky, *Die Arbeit tun die anderen.* Klassenkampf und Priesterherrschaft der Intellektuellen, Opladen 1975, S. 270.

78 Vgl. Valerian J. Derlega, *Communication, Intimacy, and Close Relationships,* New York 1984; Robin Gilmour / Steve Duck (Hg.), *The Emerging Field of Personal Relationships,* Hillsdale, NJ 1986.

79 Vgl. Alleweldt, *Die differenzierten Welten der Frauenfreundschaften,* S. 21; Schobin et al. (Hg.), *Freundschaft heute,* S. 27.

Die einschlägigen Studien der Freundschaftsforschung aus dieser Zeit konzeptualisieren Freundschaft weiterhin als dyadisches Verhältnis und richten ihren Blick auf die mit dieser Beziehungsform assoziierten Erwartungen und Ausgestaltungsformen. So untersucht Claude S. Fischer, was seine Studienteilnehmenden unter der Kategorie *friend* verstehen.[80] Der Begriff scheint demnach eine Residualkategorie darzustellen, unter dem die Befragten eine Reihe unterschiedlichster zwischenmenschlicher Beziehungen – lebenslange Wegbegleiter ebenso wie flüchtige Bekannte – subsumieren. Unter Umständen hat nicht zuletzt diese alltagssprachlich undifferenzierte Verwendung des Begriffs auch eine systematisch-wissenschaftliche Auseinandersetzung mit der schwer fassbaren Kategorie erschwert.[81]

An anderer Stelle wurden die geschlechterspezifischen Ausgestaltungsformen von Freundschaften untersucht. So beschäftigte sich Paul H. Wright etwa mit den Unterschieden zwischen jeweils gleichgeschlechtlichen Männer- und Frauenfreundschaften.[82] Demnach zeichnen sich Frauenfreundschaften mehr durch eine holistische Orientierung an der anderen Person aus, während Männerfreundschaften stärker von gemeinsamen Aktivitäten geprägt und segmentierter sind. Wright selbst relativiert diese in der Freundschaftsforschung bekannt gewordene Formel des *face to face* versus *side by side*, indem er etwa darauf hinweist, dass diese Unterschiede mit Blick auf langjährige Freundschaften abnehmen. Neuere freundschaftssoziologische Arbeiten weisen ebenfalls darauf hin, dass diese Unterscheidung zu vereinfachend sei und die heutigen Freundschaftspraxen der Geschlechter nicht mehr zutreffend beschreibe.[83]

Michael Argyle und Monica Henderson befassen sich mit Erwartungen, die sich in Freundschaften typischerweise implizit ausbilden, und fassen ihre Ergebnisse in einer Reihe von »rules of friendship« zusammen.[84] Die Regeln, die sie identifizieren, betreffen etwa die Erwartung, dass Zuwendungen, Hilfeleistungen oder Wohltaten in einem mehr oder weniger ausgeglichenen Verhältnis stehen, dass man sich Freunden anvertraut und ihnen gegenüber zu einer Reihe von Themen – Religion, Politik, Sexualleben – Stellung bezieht, dabei jedoch gleichzeitig die Privatsphäre des jeweils anderen achtet. Die Ergebnisse dieser Studie verweisen darauf, dass auch in der we-

80 Claude S. Fischer, »What Do We Mean by ›Friend‹? An Inductive Study«, in: *Social Networks* 3 (1982), 4, S. 287–306.

81 Inwiefern sich die Verwendung des Labels ›*friend*‹ in unterschiedlichen Sprachräumen unterscheidet und der ›Freund‹ etwa im deutschsprachigen Raum eine weniger ambigue Kategorie darstellt, müsste indes noch untersucht werden. Daher lassen sich Fischers (ebd.) Forschungsergebnisse aus dem US-amerikanischen Raum nicht generalisieren. Gleichzeitig wäre es ein kategorialer Fehler, ›*friend*‹ mit ›*friendship*‹ beziehungsweise ›Freund‹ mit ›Freundschaft‹ gleichzusetzen.

82 Paul H. Wright, »Men's Friendships, Women's Friendships and the Alleged Inferiority of the Latter«, in: *Sex Roles* 8 (1982), 1, S. 1–20.

83 Vgl. Stiehler, »Freundschaften unter Erwachsenen«, S. 394 ff.

84 Vgl. Argyle/Henderson, »The Rules of Friendship«.

nig institutionalisierten und mithin stets der jeweils individuellen Ausgestaltung überlassenen Beziehungsform der Freundschaft zumeist überindividuelle Normen herrschen. Deren Ursprung und Genese und die Frage, inwiefern hierbei meso- und mikrosoziologische Umweltfaktoren eine Rolle spielen, werden jedoch nicht weiter thematisiert.

Aber in den 1990er-Jahren kann man eine kleine Renaissance der Freundschaftssoziologie beobachten. Diese lässt sich wohl auf die zunehmende gesellschaftliche Bedeutung dieser Beziehungsform und ihre gewachsene sozialstaatliche Relevanz zurückführen, was sich auch in einer beginnenden rechtlichen Kodifizierung ausdrückt.[85] Eine Reihe von Publikationen überwinden eine stark sozialpsychologisch geprägte, individualistische Sichtweise und thematisieren wieder vermehrt die gesellschaftlichen Implikationen von Freundschaften.[86] Weitgehend unbeachtet bleibt weiterhin die Bedeutung von Freundschaften in Gruppen. Stattdessen setzt sich in den 1990er-Jahren vermehrt die netzwerktheoretische Sichtweise auf Freundschaften und persönliche Beziehungen allgemein durch.[87]

Im Vergleich zur Freundschaftssoziologie war die Lage der Gruppensoziologie prekärer. Seit der Veröffentlichung der genannten deutschsprachigen Übersichtswerke[88] hat sie ihr Interesse an Kleingruppen weitgehend verloren.[89] Gänzlich erloschen ist es jedoch nicht, wie immer wieder angestoßene theoretische Rehabilitationsversuche im 21. Jahrhundert verdeutlichen.[90] Bezeichnenderweise führen einige dieser vornehmlich theoretisch ausgerichteten Arbeiten Freundesgruppen als idealtypische Beispiele für Kleingruppen allgemein an.

85 Schobin et al. (Hg.), *Freundschaft heute*, S. 23.

86 Vgl. Allan Silver, »Friendship in Commercial Society. Eighteenth-Century Social Theory and Modern Sociology«, in: *American Journal of Sociology* 95 (1990), 6, S. 1474–1504; Auhagen, *Freundschaft im Alltag*; Nötzoldt-Linden, *Freundschaft*; Graham A. Allan, »Friendship, Sociology and Social Structure«, in: *Journal of Social and Personal Relationships* 15 (1998), 5, S. 685–702; Adams/Allan (Hg.), *Placing Friendship in Context*.

87 Vgl. Martin Diewald, *Soziale Beziehungen: Verlust oder Liberalisierung?* Soziale Unterstützung in informellen Netzwerken, Berlin 1991; Verena Mayr-Kleffel, *Frauen und ihre sozialen Netzwerke*. Auf der Suche nach einer verlorenen Ressource, Opladen 1991; Christof Wolf, *Gleich und gleich gesellt sich*. Individuelle und strukturelle Einflüsse auf die Entstehung von Freundschaften, Hamburg 1996.

88 Hans-Dieter Schneider, *Kleingruppenforschung*, Stuttgart 1975; Schäfers, »Entwicklung der Gruppensoziologie«; Neidhardt, »Themen und Thesen zur Gruppensoziologie«.

89 Ähnlich Engelmeier/Kuchenbuch/Luks, »Epistemologie der Gruppe«.

90 Vgl. Gary A. Fine / Brooke Harrington, »Tiny Publics. Small Groups and Civil Society«, in: *Sociological Theory* 22 (2004), 3, S. 341–356; Gary A. Fine / Ugo Corte, »Group Pleasures. Collaborative Commitments, Shared Narrative, and the Sociology of Fun«, in: *Sociological Theory* 35 (2017), 1, S. 64–86.

Zuspitzung auf personenorientierte Erwartungsbildung

In der Rekonstruktion zentraler Entwicklungslinien der Freundschafts- respektive Gruppensoziologie wurde bereits deutlich, inwiefern sie ihre Forschungsgegenstände in ähnlicher Weise beschrieben haben. Mit Blick auf diese auffallend ähnlichen Gegenstandsbeschreibungen gibt es aktuell Versuche, beide Forschungsstränge in einem *integrativen Ansatz* zusammenzuführen.[91] Dabei werden sowohl Freundschaft als auch Gruppe über personenorientierte Erwartungsbildung bestimmt. Die Vertreter dieses Ansatzes schließen damit an Überlegungen sowohl aus der Freundschafts- als auch der Gruppensoziologie an, die bisher nicht systematisch zusammengeführt wurden.

Bereits Siegfried Kracauer hob hervor, dass Freundschaften auf den »Zusammenklang der Persönlichkeiten« angewiesen sind.[92] Freundschaft sei, so daran anschließende Überlegungen, eine »persönliche Beziehung«,[93] welche die »ganze Person«[94] inkludiere. Parallel wird aus einer gruppensoziologischen Perspektive darauf aufmerksam gemacht, dass Gruppen aus einem »*bestimmten*, unverwechselbaren Kreis von Personen« bestehen,[95] in welchem es zu einer »Institutionalisierung der Persönlichkeit« komme.[96]

Die Bedeutung dieser parallellaufenden Bestimmungen wird deutlich, wenn man die Erwartungsbildung über Personen systematisch von der über Rollen unterscheidet. Während sich Verhaltenserwartungen in Organisationen primär über abstraktere Anknüpfungspunkte wie Rollen und Programme entwickeln,[97] haben in Freundschaften wie Gruppen die beteiligten Personen das strukturelle Primat der Erwartungsbildung inne. Während es etwa für die flüchtige Interaktion an der Ladentheke oder die Ausstellung eines Bußgeldbescheids in einer Behörde kaum eine Rolle spielt, welche Personen beteiligt sind, gestaltet sich die Situation in Freundschaften und Gruppen anders. Durch den an Personen orientierten Erwartungsbildungsmechanismus kommt es in Gruppen wie in Freundschaften zu einem primär *persönlichen* Kommunikationsstil, dessen Einhaltung erwartet werden kann.[98]

91 Siehe den Beitrag von Stefan Kühl und Janosch Schobin in diesem Heft.
92 Kracauer, *Über die Freundschaft*, S. 39.
93 Nötzoldt-Linden, *Freundschaft*, S. 29.
94 Alleweldt, *Die differenzierten Welten der Frauenfreundschaften*, S. 34.
95 Hartmann Tyrell, »Zwischen Interaktion und Organisation I. Gruppe als Systemtyp«, in: Neidhardt (Hg.), *Gruppensoziologie*, S. 75–87, hier S. 82.
96 Friedhelm Neidhardt, »Innere Prozesse und Außenweltbedingungen sozialer Gruppen«, in: Schäfers (Hg.), *Einführung in die Gruppensoziologie*, S. 135–156, hier S. 145.
97 Niklas Luhmann, *Rechtssoziologie 1*, Reinbek bei Hamburg 1972, S. 88 ff.
98 Vgl. Stefan Kühl, »Gruppen, Organisationen, Familien und Bewegungen. Zur Soziologie mitgliedschaftsbasierter Systeme zwischen Interaktion und Gesellschaft«,

Schon Simmel hat erkannt, dass es sich bei der Freundschaft um ein Verhältnis handelt, das, »mindestens ihrer Idee nach, auf der ganzen Breite der Persönlichkeiten« aufbaut.[99] Shmuel N. Eisenstadt beschreibt die personale Orientierung in einer Freundschaft,[100] indem er sie als partikulare Beziehung klassifiziert, in der »die Inhaber der Beziehung sich zueinander in Bezug auf ihre jeweiligen persönlichen Eigenschaften verhalten und nicht in Bezug auf allgemeine universelle Kategorien«.[101] Erst durch die Kenntnis der ›wahren‹ Person konstituiert sich nach einer Definition von Grahman Allan die Freundschaft: »Jemanden als Freund kennen zu lernen, bedeutet, die wirkliche Person kennen zu lernen.«[102] Bereitschaft zu persönlicher, wenn nicht gar *intimer* Kommunikation wurde immer wieder als zentrales Freundschaftsmerkmal herausgestellt.[103]

Während es etwa für Theodor Geiger noch kein Bestandskriterium von Gruppen war, »daß jedes Mitglied mit jedem andern in unmittelbarer persönlicher Berührung« steht,[104] wird genau diese persönliche Kenntnis und Ansprechbarkeit sämtlicher Gruppenmitglieder zum Definitionsmerkmal im später enger gefassten Begriffsverständnis.[105] Ähnlich wie für Freundschaften wurde ein persönlicher Kommunikationsstil als für Gruppen charakteristisch ausgemacht. Dieser lässt sich sogar in Gruppen beobachten, die sich aufgrund ihrer primären Umwelt zusätzlich an rollenförmigen Erwartungen orientieren müssen. So bildete sich in einer der während der Hawthorne-Studien beobachteten Arbeitergruppen die Erwartung aus, sich nicht zu distanziert zu geben oder als Prüfer aufzuführen – selbst dann nicht, wenn man Prüfer ist.[106] In Gruppen, die keiner gemeinsamen organisationalen Umwelt ausgesetzt sind, dürften die Erwartungen an persönliche Kommunikation noch stärker ausfallen. Unter den von Whyte untersuchten Corner Boys[107] entwickelte sich etwa die Erwartung, persönliche Bezie-

in: Bettina Heintz / Hartmann Tyrell (Hg.), *Interaktion – Organisation – Gesellschaft revisited.* Anwendungen, Erweiterungen, Alternativen (= Sonderheft der *Zeitschrift für Soziologie*), Stuttgart 2015, S. 65–85; Stefan Kühl, »Gruppe. Eine systemtheoretische Bestimmung«, in: *Kölner Zeitschrift für Soziologie und Sozialpsychologie* 73 (2021), 1, S. 25–58.

99 Simmel, *Soziologie*, S. 279.

100 Shmuel N. Eisenstadt hat die diesbezügliche Ähnlichkeit zu verwandtschaftlichen Beziehungen und Gruppen bereits gesehen: »In this they are very close to kinship relations and groups (which are also predominantly particularistic).« Ders., »Ritualized Personal Relations«, S. 90.

101 Ebd. (meine Übers., M.N.).

102 Allan, *A Sociology of Friendship and Kinship*, S. 39 (meine Übers., M.N.).

103 Vgl. Paine, »In Search of Friendship«; Fischer, »What Do We Mean by ›Friend‹?«; Argyle/Henderson, »The Rules of Friendship«; Marks, »The Gendered Contexts Of Inclusive Intimacy«; Jeffrey A. Hall, »Friendship Standards. The Dimensions of Ideal Expectations«, in: *Journal of Social and Personal Relationships* 29 (2012), 7, S. 884–907.

104 Geiger, *Die Gestalten der Gesellung*, S. 52.

105 Vgl. Neidhardt, »Das innere System sozialer Gruppen«; Kühl, »Gruppe«.

106 Roethlisberger/Dickson, *Management and the Worker*, S. 522.

107 Whyte, »Corner Boys«; ders., *Street Corner Society*.

hungen außerhalb der Gang, insbesondere die zu Frauen, offen zu thematisieren.[108]

Aufgrund des primär personell orientierten Erwartungsstils kommt Personen in Gruppen wie in Freundschafen eine zentrale Bedeutung hinsichtlich ihrer jeweiligen Konstitutions- wie Kontinuitätsbedingungen zu. Freunde und Gruppenmitglieder werden unter dem Kriterium der »persönlichen Passung« ausgewählt. Freundschaften wie Gruppen haben keine beziehungsweise sehr begrenzte Möglichkeiten, die an ihnen beteiligten Personen auszutauschen. Allan stellt fest, dass Freunde nicht austauschbar sind.[109] Freundschaften wird ein »Moment der personellen Unersetzbarkeit« attestiert.[110] Gruppen zeichnen sich durch eine vergleichbar hohe, wenn auch nicht derart absolute Abhängigkeit von den involvierten Personen aus. Auch in ihnen wird über die Aufnahme neuer Mitglieder »personell, nicht positionell entschieden«;[111] ihr Rekrutierungsprinzip ist das der »personalen Kompatibilität«.[112]

Vor dem Hintergrund des hohen Stellenwerts der beteiligten Einzelpersonen wurde für Freundschaften wie für Gruppen die begrenzte Reichweite von Rollenkonzepten betont. Freundschaften verzichten typischerweise auf formale Rollen und entwickeln hingegen ihre je eigenen »Regeln der Relevanz«.[113] Mitunter wurden gerade diese Rollenlosigkeit sowie die relative Irrelevanz außerhalb der Freundschaft liegender Rollenbezüge als der spezifische Reiz dieser sozialen Bindung beschrieben.[114] Zwar hat sich die Kleingruppenforschung bereits früh für Rollendifferenzierung interessiert,[115] später wurde jedoch deutlich, dass die starke personale Orientierung in Gruppen eine Ausbildung klar bestimmbarer Rollen zumeist verhindert.[116] Um die sich in Gruppen dennoch beobachtbaren rollenähnlichen Verhaltensaspekte in den Blick zu bekommen, wurde alternativ der Begriff der »Gruppenfigur« vorgeschlagen.[117]

Wegen ihrer persönlichen Inkludierungspotenziale wurden Freundschaften wie Gruppen beide als funktionale Äquivalente für andere Beziehungsformen beschrieben, in denen vorrangig persönlich kommuniziert wird, typischerweise Liebesbeziehungen und Familien. So deckt Johannes F. K.

108 Vgl. Homans, *Theorie der sozialen Gruppe*, S. 167.

109 Allan, *A Sociology of Friendship and Kinship*, S. 38.

110 Stiehler, »Freundschaften unter Erwachsenen«, S. 384.

111 Neidhardt, »Innere Prozesse und Außenweltbedingungen sozialer Gruppen«, S. 144.

112 Kühl, »Gruppe«, S. 35.

113 Paine, »In Search of Friendship«, S. 509; Allan, *A Sociology of Friendship and Kinship*, S. 12 (meine Übers., M.N.).

114 Vgl. Jerrome, »Good Company«.

115 Vgl. etwa Bales/Slater, »Role Differentiation in Small Decision Making Groups«; Slater, »Role Differentiation in Small Groups«.

116 Vgl. Kühl, »Gruppe«, S. 46 f.

117 Heinrich Popitz, *Der Begriff der sozialen Rolle als Element der soziologischen Theorie*, erw. Fassung der Freiburger Antrittsvorlesung vom 7. 7. 1966, Tübingen 1972.

Schmidt die historisch weit zurückreichende Konkurrenz von Liebes- und Freundschaftssemantik auf und stellt für ihre empirischen Entsprechungsformen eine (erneute) Annäherung fest.[118] Für Heinz Bude stellt die Freundschaft einen »dritten Weg« zwischen Liebe und Familie auf der einen und dem Wohlfahrtsstaat auf der anderen Seite dar.[119] Für Gary A. Fine und Brooke Harrington bieten Gruppen einen solchen alternativen Raum zu Staat und Familie.[120]

Schluss

Im Rückblick auf die Entwicklung der Gruppen- und Freundschaftssoziologie wurde erkennbar, was eine stärkere Verzahnung der beiden Forschungsstränge bisher verhindert hat. So erschwerte etwa die frühe Bestimmung der Freundschaft als dyadische Konstellation den Blick auf gruppenförmige Freundschaft. Gleichzeitig wurde deutlich, dass Gruppen- wie Freundschaftssoziologie – zumeist mehr implizit als explizit – denselben Gegenstand behandelten. So haben einige Schlüsselwerke der Kleingruppensoziologie – seien es die US-amerikanische Industrie- und Betriebssoziologie,[121] die frühen Forschungen zu Straßengangs[122] oder Feriencamps[123] – auch Freundschaftsphänomene in den Blick genommen.

Die thematischen Überschneidungen beider Forschungsstränge verweisen auf ein Element, das ihre jeweiligen Forschungsgegenstände verbindet. Als dieses verbindende Element wurde die personenorientierte Erwartungsbildung ausgemacht, die für Freundschaften wie Gruppen den primären Erwartungsmodus darstellt. Entsprechend gibt es vielversprechende Versuche, Freundschafts- und Gruppensoziologie in einem »integrativen Ansatz« unter einer Klammer zu fassen.[124] Dabei knüpfen die Vertreter dieses Ansatzes an Überlegungen aus beiden Disziplinen an, von denen einige hier dargestellt wurden.

Dieser Ansatz muss sich gegenüber der zu erwartenden Kritik aus beiden Forschungsfeldern theoretisch noch bewähren. Es fehlt, wie eingangs bereits festgestellt, an theoretischer wie empirischer Forschung zum Typus der Freundesgruppe. In theoretischer Hinsicht gilt es, die Besonderheiten dieses Gruppentypus in Abgrenzung zu anderen Typen herauszuarbeiten. Neben einer fundierteren theoretischen Fassung der Freundesgruppe bedarf

118 Schmidt, »Die Differenzierung persönlicher Beziehungen«.

119 Heinz Bude, »Die Aktualität der Freundschaft«, in: *Mittelweg 36* 17 (2008), 3, S. 6–16.

120 Fine/Harrington, »Tiny Publics«.

121 Roethlisberger/Dickson, *Management and the Worker*.

122 Thrasher, *The Gang*; Whyte, »Corner Boys«; ders., *Street Corner Society*.

123 Sherif, »A Preliminary Experimental Study of Inter-Group Relations«; ders., »Experiments in Group Conflict«.

124 Siehe den Beitrag von Stefan Kühl und Janosch Schobin in diesem Heft.

es empirischer Untersuchungen, die das Wesen, die Funktionen und Besonderheiten von Freundesgruppen genauer bestimmen und so die soziologische Black Box dieses in der modernen Gesellschaft bedeutsamen sozialen Phänomens weiter durchleuchten.

Mascha Nolte ist Soziologin.
MaschaNolte@metaplan.com

Harry Blatterer

Zweierfreundschaften und Freundesgruppen

Soziologische Unterscheidungen

Einleitung

In meinem Beitrag thematisiere ich dyadische Freundschaften als *intime* Beziehungen. Ich bin mir durchaus bewusst, dass dieses Verständnis von Zweierfreundschaften nicht alternativlos und daher begründungsbedürftig ist. Vor allem in der einschlägigen deutschsprachigen Literatur wird Intimität, dem alltäglichen Sprachgebrauch entsprechend, weitgehend mit Sexualität assoziiert. Auch der begriffliche Rekurs auf Niklas Luhmanns Systemtheorie, an die ich hier anschließe, mag verwundern, hat dieser doch die Liebe als *die* Chiffre für Intimität konzipiert, und zwar dezidiert auf Kosten der Freundschaft.[1] Und dennoch: Obwohl für Luhmann der »symbiotische Mechanismus« Sexualität dazu dient, die Ausdifferenzierung der Liebe als Kommunikationsmedium zu ermöglichen, war er sich der Risiken der von ihm vorgenommenen Begriffsverdichtung durchaus bewusst. Schließlich ging es ihm nicht zuletzt darum, die intime Kommunikation innerhalb der Familie zu verorten, also in einer Beziehungskonstellation, die auch Kinder einschließt. Aus diesem Grund formulierte er einen notwendigen Vorbehalt gegen die Ineinssetzung von Liebe und Intimität: Demnach besagt die zentrale Funktion der Sexualität Luhmann zufolge ausdrücklich nicht, »daß Freundschaften nicht möglich und nicht hinreichend wahrscheinlich wären, und sie besagt erst recht nicht, daß Geschlechtsverkehr unerläßliche Voraussetzung für intime, höchstpersönliche Kommunikation sei«.[2] In meinem Beitrag nehme ich Luhmann beim Wort und erörtere die Möglichkeit eines umfassenderen, die Zweierfreundschaft ausdrücklich einschließenden[3] Sinngehalts der

1 Niklas Luhmann, *Liebe als Passion*. Zur Codierung von Intimität [1982], Frankfurt am Main 2017, S. 147 ff.

2 Ebd., S. 149.

3 Dieses umfassendere Verständnis steht im Widerspruch zur verbreiteten Beziehungssemantik, die mit der sogenannten platonischen Norm eine geläufige Unterscheidung zwischen Liebe und Freundschaft bereitstellt. Luhmann ist die übliche Trennung von »Liebe und Freundschaft in Bezug auf den Faktor Sexualität« natürlich ebenfalls bekannt, sie findet sich überdies auch bei Johannes F. K. Schmidt, der zwischen *intimen* Beziehungen und *persönlichen* Freundschaften unterscheidet. Vgl. Niklas Luhmann, *Einführung in die Theorie der Gesellschaft*, Heidelberg 2009, S. 173; Johannes F. K. Schmidt, »Zur Differenzierung persönlicher Beziehungen. Das Verhältnis von Liebe, Freundschaft und Partnerschaft«, in: Kornelia Hahn / Günter Burkart (Hg.), *Grenzen*

Intimität, der über das allgemein vorherrschende Begriffsverständnis hinausgeht. Dieser Sinngehalt soll anhand von Beobachtungen intimkommunikativer Potenziale dyadischer Freundschaften im Vergleich zu Freundesgruppen erläutert werden. Mein besonderes Augenmerk gilt dabei den begrifflichen Gemeinsamkeiten, Ambivalenzen und Spannungen, die sich aus einer konstruktiven Gegenüberstellung eines freundschaftssoziologischen Ansatzes mit Innovationen der neueren deutschen Gruppensoziologie ergeben. Mein Ziel ist es, einen Beitrag zur konzeptionellen Integration von Freundschaftsgruppen in die Soziologie der Freundschaft zu leisten.

Zur Soziologie der Freundschaft

Zunächst einige Bemerkungen zum soziologischen Verständnis von Freundschaft. Wie keine andere zwischenmenschliche Beziehungsform scheint Freundschaft die Verwirklichung persönlicher Handlungsfähigkeit und individueller Freiheit zu ermöglichen.[4] Der Umstand, dass diese Freiheit immer schon eine *eingebettete* Freiheit ist, zeigt sich zum einen daran, dass die Entstehung der Freundschaft als persönliche und private Beziehung im westlichen Kontext mit jahrhundertelangen Differenzierungsprozessen verbunden ist;[5] zum anderen spielen kategoriale Ähnlichkeiten von Stand und Klasse, Alter, Herkunft und Gender sowie ähnliche Werte und Einstellungen (*status homophily*) bei der Beziehungsanbahnung und -gestaltung eine Rolle und relativieren damit den viel gepriesenen Voluntarismus der Freundschaft.[6] Ferner beschreibt Freundschaft ein auf allgemeiner Reziprozität, Gleichwertigkeit und Affektivität beruhendes nichthierarchisches Vertrau-

und Grenzüberschreitungen der Liebe. Studien zur Soziologie intimer Beziehungen II, Opladen 2000, S. 73–100. Demgegenüber weisen Anthony Giddens und Lynn Jamieson auf die Integration von Sexualpraktiken in nichtheterosexuellen Freundschaften hin und betonen die Zentralstellung des Offenbarungsimperativs in persönlichen Beziehungen. Vgl. Anthony Giddens, *The Transformation of Intimacy.* Sexuality, Love and Eroticism in Modern Societies, Stanford, CA 1992; Lynn Jamieson, *Intimacy.* Personal Relationships in Modern Societies, Cambridge 1998. Interessant ist in diesem Zusammenhang auch ein Befund von Eva Illouz, die eine Normalisierung von initimätslosem Sex konstatiert, das heißt eine Normalisierung von Sexualpraktiken, die der zwischenmenschlichen Interpenetration im Sinne Luhmanns entbehren. Siehe Eva Illouz, »Is Love Still Part of the Good Life?«, in: Hartmut Rosa / Christoph Henning (Hg.), *The Good Life beyond Growth.* New Perspectives, London 2018, S. 177–187.

4 Allan Silver, »›Two Different Sorts of Commerce‹. Friendship and Strangership in Civil Society«, in: Jeff A. Weintraub / Krishan Kumar (Hg.), *Public and Private in Thought and Practice.* Perspectives on a Grand Dichotomy, Chicago, IL 1996, S. 43–74.

5 Luhmann, *Liebe als Passion*; Schmidt, »Die Differenzierung persönlicher Beziehungen«; Friedrich H. Tenbruck, »Freundschaft. Ein Beitrag zu einer Soziologie der persönlichen Beziehungen«, in: ders., *Die kulturellen Grundlagen der Gesellschaft.* Der Fall der Moderne, Opladen 1989, S. 227–250.

6 Paul F. Lazarsfeld / Robert K. Merton, »Friendship as Social Process. A Substantive and Methodological Analysis«, in: Morroe Berger / Theodore Abel / Charles H. Page (Hg.), *Freedom and Control in Modern Society*, New York 1964, S. 18–66.

ensverhältnis. Die gegenseitige Orientierung ist partikularistisch, gegenseitiges Interesse eher diffus als spezifisch, utilitaristische Nutzenerwägungen werden für gewöhnlich ausgeblendet.[7] Im Gegensatz zu historisch und kulturell spezifischen Formen *institutionalisierter Freundschaft*[8] sind Entstehung und Aufrechterhaltung persönlicher Freundschaften private Prozesse und als solche nicht an gemeinschaftliche Akte der Ritualisierung oder Formalisierung gebunden. Das soll jedoch nicht heißen, dass die moderne Freundschaftsbeziehung keinerlei Formen institutioneller Einbettung kennt. Immerhin ist sie als codierter Beziehungstypus beschreibbar und damit von anderen Nahbeziehungen anhand gesellschaftlich verfügbarer Erwartungsstrukturen unterscheidbar. In diesem Sinne hat Robert Paine Freundschaft als »institutionalized non-institution« bezeichnet.[9]

Dieses im Vergleich zu anderen Intimbeziehungen auffallende *institutionelle Defizit* eröffnet den Beteiligten zahlreiche Selbstbestimmungsmöglichkeiten. Es bietet ihnen eine Art von »relationaler Freiheit«.[10] Darin liegt ein besonderer Mehrwert der Freundschaft, der von Vertretern der Freundschaftssoziologie verschiedentlich artikuliert worden ist.[11] Erwähnenswert ist schließlich auch, dass die auf Wechselseitigkeit angelegte Freundschaft keine klare Rollenhierarchie kennt, dass sie nicht durch sozial definierte Zwecke konstituiert wird und dass sie weder allein dem inneren Bereich der Privatsphäre noch dem äußeren Bereich der Öffentlichkeit angehört, sondern *als private Beziehung* gerade zwischen beiden Polen verortet ist. Diese Zwischenposition zeichnet sich unter anderem durch eine weitreichende Entlastung von der Verwirklichung gesellschaftlich ›reproduktiver‹ Funktionen oder Organisationsziele aus: Weder das Ideal permanenter Zweisamkeit[12] noch sexuelle Exklusivität oder langfristig bindende gemeinsame Pro-

7 Gerald D. Suttles, »Friendship as a Social Institution«, in: George J. McCall / Michal M. McCall / Norman K. Denzin / Gerald D. Suttles / Suzanne B. Kurth (Hg.), *Social Relationships*, Chicago, IL 1970, S. 95–135.

8 Alan Bray, *The Friend*, Chicago, IL 2003; Yehudi A. Cohen, »Patterns of Friendship«, in: ders., (Hg.) *Social Structure and Personality*. A Casebook, New York 1961, S. 351–386.

9 Robert Paine, »An Exploratory Analysis in ›Middle-Class‹ Culture«, in: Elliott Leyton (Hg.), *The Compact*. Selected Dimensions of Friendship, St. John's 1974, S. 117–137.

10 Harry Blatterer, *Everyday Friendships*. Intimacy and Freedom in a Complex World, Basingstoke 2015.

11 Silver, »›Two Different Sorts of Commerce‹«; Suttles, »Friendship as a Social Institution«; Paine, »An Exploratory Analysis in ›Middle-Class‹ Culture«. Eine gute Zusammenfassung bietet der Beitrag von Mascha Nolte in diesem Heft.

12 Als Ideal verstanden, weil Beziehungen unter anderem nicht nur von Anwesenheit und kommunikativ überbrückbarer Abwesenheit gekennzeichnet sind, sondern auch von beträchtlichen Perioden der Nichtkommunikation unter Abwesenden. Beziehungen beginnen und enden nicht mit jeder Kontaktaufnahme oder -unterbrechung. Dass sich dieses kommunikative Latenzproblem mit der auf Kommunikation basierenden systemtheoretischen Begrifflichkeit nur schwer erfassen lässt, liegt auf der Hand. Siehe dazu etwa Johannes F. K. Schmidt, »Beziehung als systemtheoretischer Begriff«, in: *Soziale Systeme* 13 (2007), 1–2, S. 516–527; Boris Holzer, »Von der Beziehung zum System – und

jekte wie Hausbau, Vermögensbildung oder Kindererziehung gehören zum Register ihrer Erwartungen. Auch ist die Freundschaft sehr viel weniger als Elternschaft und Partnerschaft in die therapeutische Infrastruktur (Beziehungsberatung, Selbsthilfe) integriert.[13] Der Unmittelbarkeit ihrer Intimität korrespondiert somit eine gewisse gesellschaftliche Gleichgültigkeit in Bezug auf interne Spannungen und Konflikte.[14] Nicht übersehen werden dürfen aber auch die nachteiligen Auswirkungen der gesetzlichen Nichtanerkennung von Freundschaft, wie etwa die Beschränkung des Auskunfts- und Besuchsrechts im Krankenhaus auf Familienangehörige.[15]

Die relationale Freiheit der Freundschaft ist also weder grenzenlos noch konfliktfrei. Gerade ihre geringe gesellschaftliche Konstituierung verschafft den Beteiligten einen großen Spielraum für die persönliche Ausgestaltung ihrer Beziehung, der einer primär internen Orientierung an kommunikativ erzeugten Erwartungsnormen entspricht. Dieses institutionelle Defizit kann als ein gemeinsames Merkmal von dyadischen Freundschaften und Freundesgruppen verstanden werden. Sobald man jedoch die Zweierfreundschaft als eigenständige Beziehung näher betrachtet, stellt sich heraus, dass diese Gemeinsamkeit nur bedingt zutrifft. Ein Blick auf semantische Unschärfen und Ambiguitäten bringt erste Differenzierungslinien zum Vorschein.

Zur Semantik der Freundschaft

Mit dem ihm eigenen Gespür für semantische Nuancen beginnt Siegfried Kracauer seinen Essay »Über die Freundschaft« wie folgt: »Es gibt Worte, die durch die Jahrhunderte von Mund zu Mund gehen, ohne daß ihr begrifflicher Inhalt je klar und scharf umrissen vor das innere Auge tritt.«[16] Auch ein Jahrhundert später sind die semantischen Unschärfen mit Blick auf den Begriff der Freundschaft längst nicht beseitigt. Ganz im Gegenteil: Mit dem Siegeszug der Sozialen Medien hat die Definitionsfrage neue Relevanz erhalten. »Wir haben online so viele Freunde«, hieß es beispielsweise 2010 in

zurück? Relationale Soziologie und Systemtheorie«, in: Jan Fuhse / Sophie Mützel (Hg.), *Relationale Soziologie*. Zur kulturellen Wende der Netzwerkforschung, Wiesbaden 2010, S. 97–116.

13 Harry Blatterer, »Friendship and the Therapeutic Persuasion. Intimacy as Normative Freedom«, in: Kornelia Hahn / Cornelia Koppetsch, *Soziologie des Privaten*, Wiesbaden 2011, S. 253–274.

14 Laura Eramian / Peter Mallory, »Unclear Endings. Difficult Friendships and the Limits of the Therapeutic Ethic«, in: *Families, Relationships and Societies* 10 (2020), 2, S. 359–373; Carol Smart / Katherine Davies / Brian Heaphy / Jennifer Mason, »Difficult Friendship and Ontological Security«, in: *The Sociological Review Online* 60 (2012), 1.

15 Ethan J. Leib, *Friend v. Friend*. The Transformation of Friendship – and What the Law Has to Do with It, Oxford u. a. 2011.

16 Siegfried Kracauer, »Über die Freundschaft« [1917/1918], in: ders., *Werke*, Bd. 5.1: *Essays, Feuilletons, Rezensionen, 1906–1923*, hrsg. von Inka Mülder-Bach, unter Mitarb. von Sabine Biebl, Berlin 2011, S. 29–59.

der Annonce einer deutschen Tageszeitung, »dass wir ein neues Wort für die echten brauchen.«[17]

US-amerikanische Soziologen haben derartige semantische Unsicherheiten, die aufgrund der etymologischen Verwandtschaft auch im deutschen Sprachgebrauch vorhanden sein dürften, schon vor geraumer Zeit thematisiert. Noch bevor Claude Fischer die inhaltliche Unschärfe des Wortes *friend* empirisch belegte,[18] hatten Soziologen darauf gedrängt, zwischen Freundschaft (*friendship*) und freundschaftlichen Beziehungen (*friendly relations*) zu unterscheiden, unter anderem deshalb, weil Letztere zwar eine Entwicklungsstufe von Freundschaften beschrieben, aber von einem Mangel an »deep intimacy or personal involvement« gekennzeichnet seien.[19] Was in der Regel nicht berücksichtigt werde, seien die historisch-semantischen Verflechtungen von *friendship* und *friend*. Anna Wierzbicka konstatierte beispielsweise, dass das Wort *friend* etwa seit dem 16. Jahrhundert eine Inklusivitätserweiterung und damit eine affektive Abschwächung erfahren habe, während *friendship* im gleichen Zeitraum seine ursprüngliche Affektivität einschließlich der Konnotation dyadischer Exklusivität weitgehend beibehalten habe.[20] Um die affektive Gleichstellung von *friend* mit *friendship* aufrechtzuerhalten, hätten im Laufe der Entwicklung Adjektive wie *best* oder *close* hinzugefügt werden müssen.[21]

Anklänge an die Konnotationen von Intimität und Wohlwollen, die im Englischen sowohl *friendship* als auch *friend* hervorrufen, finden sich auch bei einer Reihe anderer Verwendungen zur Beschreibung kollektiver oder persönlicher Beziehungen. Man denke nur an öffentliche Beteuerungen freundschaftlicher Beziehungen zwischen Staaten und deren symbolische Absicherung in Freundschaftsabkommen oder an politische Freundschaften zur Förderung individueller Karrierechancen und Machtinteressen.[22] In der

17 Die Annonce ist online abrufbar unter: https://www.flickr.com/photos/gillyberlin/4109556165 [12. 7. 2023].

18 Claude S. Fischer, »What Do We Mean by ›Friend‹? An Inductive Study«, in: *Social Networks* 3 (1982), 4, S. 287–306.

19 Suzanne B. Kurth, »Friendships and Friendly Relations«, in: McCall et al. (Hg.), *Social Relationships*, S. 135–170.

20 Anna Wierzbicka, *Understanding Cultures through Their Key Words*. English, Russian, Polish, German, and Japanese, Oxford / New York 1997.

21 Inwieweit diese sprachlichen Unterscheidungen auf den heutigen deutschen Sprachgebrauch zutreffen, kann hier nicht kommentiert werden. Igor Kon erwähnt, dass der ältere Sinn von Freundschaft sowohl »Liebe, enge Verwandtschaft, gemeinsames Heim und gemeinsame Abstammung« als auch semantische Verbindungen zwischen dem Altenglischen und Althochdeutschen einschließe. Ders., *Freundschaft*. Geschichte und Sozialpsychologie der Freundschaft als soziale Institution und individuelle Beziehung, München 1979, S. 19 f. Ein maßgeblicher Unterschied sei hingegen, dass die Semantik der Worte Freund beziehungsweise Freundin im Deutschen auch jene Liebesverhältnisse einschließe, für die im Englischen die Ausdrücke *boyfriend* beziehungsweise *girlfriend* geläufig seien.

22 Vincenz Leuschner, *Politische Freundschaften*. Informelle Beziehungen im Deutschen Bundestag, Baden-Baden 2011.

Privatsphäre – von der *companionate marriage* über die *pure relationship* bis hin zu *friends with benefits* – hat das Freundschaftsideal auch dazu gedient, die intimen Unzulänglichkeiten sexueller Beziehungen zu kompensieren.[23] Wir können somit zwei Dimensionen unterscheiden: eine konnotativ-metaphorische Dimension, die das Freundschaftsideal auf eine Reihe unterschiedlicher Beziehungen sowohl zwischen Individuen als auch zwischen Kollektiven überträgt, und eine denotative Dimension, die Freundschaft als spezifische *Intimbeziehung* bezeichnet.

Zusammenfassend kann man damit feststellen, dass Freundschaften und Freundesgruppen ein institutionelles Defizit teilen, das beide Beziehungskonstellationen von anderen Formen persönlicher Beziehungen unterscheidet. Zugleich aber sind die Konnotationen von Intimität ein erster Hinweis auf die qualitativen Unterschiede, welche die beiden sozialen Formationen voneinander trennen. Damit soll nicht gesagt sein, dass die Erfahrung von Intimität für Mitglieder von Freundschaftsgruppen nicht möglich sei, sondern lediglich, dass die Möglichkeit, intime Belange innerhalb von Gruppen zu thematisieren, von den jeweils bestehenden dyadischen Binnenbeziehungen der Gruppenmitglieder abhängt. Somit kann Intimkommunikation sehr wohl ein Attribut von Freundesgruppen sein. Im Gegensatz zur vorstehend genannten semantischen Trennung zwischen *friendship* und *friendly relations*, die dahin gehend tendiert, Intimität ausschließlich auf Zweierfreundschaften zu beziehen, hat dieser Ansatz den Vorteil, die Möglichkeit von Intimität in Freundschaftsgruppen anzuerkennen, ohne jedoch der Dyade ihre besondere Stellung als Hort intimer Kommunikation abzusprechen.

Gruppensoziologie und Freundschaftssoziologie

Um spätere konstruktive Gegenüberstellungen mit Beobachtungen der Freundschaftssoziologie vorzubereiten, möchte ich im Folgenden etwas näher auf einige Ansätze der Gruppensoziologie eingehen. Gruppen formieren sich auf freiwilliger Basis, wobei sie persönliche Beziehungen primär, obschon nicht ausnahmslos, um spezifische Zwecke herum organisieren.[24] *Mitgliedschaft* ist oft lose organisiert und fluktuiert. Kennzeichnend für Gruppen ist zumeist die persönliche Bekanntschaft der Mitglieder.[25] Die Grundlage für die Mitgliedschaft, die tendenziell auf Dauer angelegt ist und sich in regelmäßigen persönlichen Kontakten stabilisiert, bilden die persönliche

23 Vgl. Giddens, *The Transformation of Intimacy*.

24 Siehe Friedhelm Neidhardt, »Das innere System sozialer Gruppen«, in: *Kölner Zeitschrift für Soziologie und Sozialpsychologie* 31 (1979), 4, S. 639–660.

25 Hartmann Tyrell, »Zwischen Interaktion und Organisation I. Gruppe als Systemtyp«, in: Friedhelm Neidhardt (Hg.), *Gruppensoziologie*. Perspektiven und Materialien (= Sonderheft der *Kölner Zeitschrift für Soziologie und Sozialpsychologie*), Opladen 1983, S. 75–87.

Kompatibilität der Mitglieder und ihre wechselseitige Orientierung aneinander als Privatpersonen, das heißt als Personen, deren Selbstdarstellung ihre verschiedenen öffentlichen Rollen in den Hintergrund treten lässt. Der Mitgliedschaft liegt für gewöhnlich die geteilte Erwartung zugrunde, dass persönliche Bezugnahmen auf ganz unterschiedliche Sachverhalte weitgehend frei und vorbehaltlos thematisiert werden können. Die Gruppe umfasst eine Vielfalt loser sozialer Formationen, unter anderem hinsichtlich der Heterogenität gemeinsamer Interessen, der Kohäsion und Verdichtung, der Ausdifferenzierung interner Rollen und Normen, der externen Zwecke und der Abgeschlossenheit nach außen sowie hinsichtlich des Maßes der Einbettung in organisatorische Zusammenhänge.[26]

Ob Subkulturen mit eigenen Konsumpraktiken, Sekten oder Gebetskreise, Lesezirkel oder Straßenbanden, Jugendcliquen, Müttergruppen, politische Vereinigungen oder Stammtische – als gemeinsamer Nenner aller Arten von Gruppen fungiert nach Stefan Kühl ein spezifischer »Sinnzusammenhang von Kommunikation«.[27] Obwohl Kühl die Selbstkategorisierung als wesentliches Element bei der Bestimmung der Gruppe als eigenständiges soziales System nicht in Abrede stellt, besteht das entscheidende Kriterium für ihn nicht in der Unbestimmtheit der gefühlten Wir-Identität – die Tyrell als Zusammengehörigkeitsgefühl bezeichnet[28] –, sondern in der persönlichen Kommunikation der Mitglieder. Aus diesem Grund ist für Kühl, dessen Überlegungen hier an Simmels Ausführungen zum sozialen Phänomen der Bekanntschaft erinnern, seitens der Gruppenmitglieder »eine gute ›Personalkenntnis erforderlich‹«, die in einem rekursiven Verhältnis zur persönlichen Kommunikation steht. Was in solchen Beziehungen erwartet werde oder vielmehr erforderlich sei, sei eine weitgehend offene Form der Kommunikation, der »im Prinzip [...] fast alles, was eine Person betrifft,« zugänglich ist.[29] Im Unterschied zur Intimkommunikation – die für Kühl, darin Luhmann folgend, das kennzeichnende Element *familiärer* Beziehungen ist – könne in der persönlichen Kommunikation trotz aller Offenheit immer nur »der Anspruch erhoben werden [...], *einige* andere Rollen anzusprechen«.[30]

Diese Art der Unterscheidung zwischen persönlicher und intimer Kommunikation ermöglicht eine Alternative zur quantitativen Bestimmung des Gruppenkonzepts, was wiederum weitreichende Implikationen für die konzeptuelle Fassung des Freundschaftsbegriffs hat. So erlaubt die von Kühl eröffnete gruppensoziologische Perspektive mit ihrem Fokus auf persönlicher

26 Stefan Kühl, »Gruppe. Eine systemtheoretische Bestimmung«, in: *Kölner Zeitschrift für Soziologie und Sozialpsychologie* 73 (2021), 1, S. 25–58.

27 Ebd., S. 32.

28 Tyrell, »Zwischen Interaktion und Organisation I«.

29 Kühl, »Gruppe«, S. 35.

30 Ebd.

Kommunikation die Einbeziehung der Freundschaft in das Gruppenkonzept ungeachtet der Anzahl der Freunde. Zugleich wird damit die intime Freundschaft als sozialer Tatbestand und eigenständige Formation zum Verschwinden gebracht, wenn die Intimkommunikation in die Sphäre der familiären Beziehungen verlegt und quasi hermetisch abgeriegelt wird. Diese Problematik soll nachfolgend eingehender betrachtet werden.

Kommunikation unter Freunden

Wie alle personenbezogenen Arten der Kommunikation ermöglicht die Intimkommunikation die wechselseitige Anerkennung auch derjenigen Aspekte der Identität, die im öffentlichen und organisationalen Leben funktional unbedeutend sind. Sie lässt sich verstehen als Effekt der zeitlich-seriellen Intensivierung der persönlichen Kommunikation und transzendiert diese, insofern es in ihr nicht nur um die Thematisierung individueller privater Anliegen und öffentlicher Rollen geht, sondern um die Anerkennung dessen, was Luhmann einmal als »*den egozentrischen Weltentwurf des anderen*« bezeichnet hat.[31] Intime Kommunikation geht über die bloße Bewertung individueller Eigenschaften hinaus und zielt auf die Integration zweier Weltkonstruktionen. Ermöglicht wird die praktische Realisierung intimer Beziehungen durch die Verwendung eines semantischen Codes, mittels dessen die Beteiligten einander bekanntgeben, »um was es geht«.[32] Nur so lässt sich die Unwahrscheinlichkeit des Gelingens einer derart anspruchsvollen Form zwischenmenschlicher Interpenetration mindern und die potenziell chaotische Dynamik der doppelt kontingenten kommunikativen Konstruktion des (intimen) sozialen Systems ordnen. Diese Beschreibung intimer Kommunikation kann nun um die Feststellung ergänzt werden, dass das, was Freundschaften auszeichnet, genauso spezifisch ist wie das, was den besonderen Wert anderer Nahbeziehungen ausmacht. So sind zum Beispiel Eltern-Kind-Beziehungen (altersbedingt) zwangsläufig hierarchisch strukturiert. Im Gegensatz dazu sind Freundschaften die ersten nicht hierarchischen Nahbeziehungen, die Kinder als Gleichberechtigte mitgestalten und denen somit eine erhebliche Bedeutung für das praktische Erlernen von Konzepten wie Gerechtigkeit, Courage und Sorge zukommt.[33] Jenseits einer binären Unterscheidung zwischen intimen und persönlichen Kommunikationsformen lassen sich also auch die sozialen Grammatiken der Kommunikationsformen je nach Beziehungstyp unterscheiden.

31 Luhmann, *Liebe als Passion*, S. 25.
32 Luhmann, *Einführung in die Theorie der Gesellschaft*, S. 315.
33 William M. Bukowski / Andrew F. Newcomb / Williard W. Hartup (Hg.), *The Company They Keep*. Friendship in Childhood and Adolescence, Cambridge 1996.

Die Besonderheit der Kommunikation unter engen Freunden wird nicht zuletzt dann deutlich, wenn man sie von der Kommunikation unter Liebenden unterscheidet. Im Zentrum des insbesondere von der sogenannten *therapy culture* vermittelten Ideals der modernen Liebe steht das Versprechen, dass erfolgreiche Liebesbeziehungen nur auf der Grundlage gelingender Kommunikation bestehen können. Vor allem dem seit Jahren im Wachsen begriffenen Genre der Beziehungsratgeber ist es gelungen, *emotional communication* zum Imperativ zu erheben. Das Ideal der modernen Liebe ist somit »an eminently *talkative* love«.[34] Diese Art der intimen Kommunikation unter Liebenden unterscheidet sich offensichtlich von Intimkommunikation unter Freunden. Während die Kommunikationsbedingungen der Liebe so strukturiert sind, dass Individualisierung hier vor allem die Abweichung von kulturell vermittelten *scripts* bedeutet, sind die Kommunikationsbedingungen der Freundschaft in einem höheren Maße offen und damit selbstbestimmt gestaltbar. Abgesehen davon ist die Kommunikation unter Freunden in sehr viel geringerem Maße selbstreflexiv als die unter Liebenden. Zwar besteht durchaus die Möglichkeit, dass Freunde den Status ihrer Freundschaft untereinander thematisieren, aber eine solche Form der Selbstthematisierung scheint am wahrscheinlichsten unter krisenhaften Bedingungen, in denen die Freundschaft von Unsicherheiten, Spannungen oder Konflikten geprägt ist. Ein gutes Beispiel hierfür ist *symbolic boundary work* in gegengeschlechtlichen Freundschaften, also das Bemühen, gesellschaftliche Erwartungsnormen bezüglich sexueller Intimität im Rahmen von Freundschaften zu verarbeiten.[35] Aber im Allgemeinen ist beziehungsorientierte Selbstthematisierung nicht Bedingung für die Aufrechterhaltung von Freundschaften, da sie nicht Teil des gesellschaftlichen Erwartungshorizonts ist.

Freundschaftliche Überschusskapazitäten

Wie Stefan Kühl mit Bezug auf Friedhelm Neidhardt konstatiert, birgt in Gruppen »die dominierende Norm, sich selbst als Person darzustellen und gleichzeitig für die Selbstdarstellung anderer als Rezipient zur Verfügung zu stehen«, die Gefahr eines die Gruppenmitglieder unnötig belastenden Wahrnehmungsüberschusses.[36] Auch wenn die persönliche Orientierung die Grundvoraussetzung für Mitgliedschaft ist, obliegt es doch den Mitgliedern, Diskretion walten zu lassen und eine Grenze zwischen persönlichen

34 Eva Illouz, *Consuming the Romantic Utopia*. Love and the Cultural Contradictions of Capitalism, Berkeley, CA 1997, S. 234.

35 Leoni Linek, »Forgetting Gender while Desexualising Friendship? Heteronormativity and Everyday Practices of Cross-Gender Friendship among Adults in Germany«, in: Helena Wahlström Henriksson / Klara Goedecke (Hg.), *Close Relations*. Family, Kinship and Beyond, Singapore 2021, S. 53–68.

36 Kühl, »Gruppe«, S. 41 f.

und intimen Formen der Kommunikation zu ziehen. Der Bedarf an Diskretion in intimen Freundschaften ist demgegenüber deutlich geringer und der prinzipiell verfügbare Themenbereich damit dementsprechend umfangreicher. Damit eine dyadische Freundschaft als intim bezeichnet werden kann, muss sie insofern eine gewisse Überschusskapazität aufweisen.

So besteht etwa die – vielleicht noch aus der romantischen Apotheose der Freundschaft herrührende – Erwartung, dass man mit einem Freund »laut denken darf«.[37] Intime Freundschaften bieten also die Möglichkeit, ansonsten Unsagbares zu sagen. Vor allem langwährende Freundschaften erlauben es den Beteiligten, Dinge zu äußern, die nicht nur vom Standpunkt der Moral aus höchst problematisch sein können. Freunde erkennen individuelle Eigenheiten an, wozu neben allem, was wir lobenswert finden, auch Schwächen und Fehler gehören. Die Intimkommunikation unter Freunden berücksichtigt also des anderen »whole particularity«.[38] So gesehen gewinnt die Forderung nach Toleranz in persönlichen Beziehungen eine besondere Bedeutung: Während relative Indifferenz gegenüber den Verfehlungen anderer eine wichtige Strategie zur Aufrechterhaltung des Gruppenzusammenhalts ist,[39] braucht es in engen Freundschaften mehr als nur neutrale Gleichgültigkeit. Die Gewissheit, vom anderen trotz aller Unzulänglichkeiten anerkannt und mit Nachsicht behandelt zu werden, ist *konstitutiv* für die Beziehung und integraler Bestandteil ihrer spezifischen Kommunikationsform. Was in der persönlichen Kommunikation im Gruppenkontext durchaus als *too much information* oder No-Go und damit als unangemessen oder peinlich empfunden wird, gehört zum »lauten Denken« im Kontext der Intimkommunikation unter engen Freunden wie selbstverständlich dazu. Diese wechselseitige Offenheit ist die Voraussetzung für die Erfahrung dessen, was Kracauer treffend als »Seligkeit des Begriffenwerdens« beschrieben hat.[40] Offenheit und Empfangsbereitschaft, einschließlich der sie gewährleistenden Toleranz, sind also elementare Bestandteile der Intimkommunikation. Ohne sie ist zwischenmenschliche Interpenetration im Sinne Luhmanns nicht vorstellbar.

Die der Freundschaft eigene Intimität kann also durchaus eine Alternative oder Ergänzung zu der aufgrund ihres Ausschließlichkeitsanspruchs potenziell engeren Form der Intimität von Liebesbeziehungen darstellen.[41] Intimkommunikation ist im Vergleich zur persönlichen Kommunikation

37 Ralph Waldo Emerson, »Friendship« [1841], in: Brooks Atkinson (Hg.), *The Essential Writings of Ralph Waldo Emerson*, New York 2000, S. 201–214, hier S. 207 (meine Übers., H.B.).

38 Marilyn Friedman, *What Are Friends for?* Feminist Perspectives on Personal Relationships and Moral Theory, Ithaca, NY 1993.

39 Neidhardt, »Das innere System sozialer Gruppen«.

40 Kracauer, »Über die Freundschaft«, S. 54.

41 Maria R. Markus, »Lovers and Friends. ›Radical Utopias‹ of Intimacy?«, in: *Thesis Eleven* 101 (2010), 1, S. 6–23.

ungehemmte Kommunikation,[42] da in ihr alles zur Sprache kommen kann. Die intime Kommunikation unter Freunden bietet zudem eine Art Ventilfunktion, da sie den Beteiligten die Möglichkeit der intimen Kommunikation über intime Kommunikation eröffnet. Diese Möglichkeit liegt zwar auch in anderen Beziehungen vor, ihre normativen Grundlagen sind jedoch anders beschaffen. So kann etwa in Familien und Partnerschaften keine Geheimhaltung von Erfahrungen außerhalb des Beziehungszusammenhangs, geschweige denn von emotional und körperlich-intimen Erfahrungen, legitim eingefordert werden.[43] Die normativ verankerte Erwartungshaltung, sich je nach Bedarf vollständig zu offenbaren – sei es als ›Liebesbeweis‹ in Abwesenheit eines vollständigen Zugangs zum Denken des anderen, sei es zur Behebung nagender Zweifel oder persönlicher Unsicherheiten –, gilt in der Freundschaft nicht. Eher darf man davon ausgehen, ein offenes Ohr zu finden, sollte man sich dem anderen anvertrauen. Auf intimen Offenbarungen und Einblicken zu bestehen, wäre eine die Freundschaft untergrabende Zumutung. Dafür fehlt es – im Gegensatz zu anderen intimen Beziehungen – an einer entsprechenden gesellschaftlich verankerten Erwartungsstruktur. Gute Freunde dürfen voneinander erwarten, dass sie sich alles sagen können, aber nicht, dass sie sich alles sagen müssen. Freilich weist nicht jede dyadische Freundschaft derartige (nicht einforderbare) kommunikative Praktiken auf. Es versteht sich, dass die Dauer und Interaktionsgeschichte der Freundschaft, individuell-psychologische Fähigkeiten und Bedürfnisse sowie kulturell-soziologische Faktoren wichtige Rollen bei der praktischen Realisierung von Intimität spielen. Aber ob die Realisierung überhaupt angestrebt wird und ob sie, falls das der Fall sein sollte, auch gelingt, ist der Selbstbestimmung der Beteiligten überlassen. So können persönliche Offenbarungen unter Freunden ebenso ein hohes Maß an Verbindlichkeit hervorbringen, wie die Abkehr von Offenbarungspraktiken destruktive und verletzende Wirkungen zeitigen kann.[44] Das Fehlen von *Intimimperativen* darf daher nicht mit der gesellschaftlichen Abwesenheit von Intimität in der Freundschaft gleichgesetzt werden.

Reduziert man Intimität nicht auf sexuelle Intimität, kann die intime Kommunikationsform durchaus als charakteristisch für Zweierfreundschaften gelten. Ihre kommunikativen Dynamiken ermöglichen eine Senkung der Diskretionsschwelle in einem Ausmaß, das im Kollektivkontext von Freundesgruppen unwahrscheinlich ist. Ohne sie wären die prägenden Auswirkungen der Freundschaft auf die Selbstbeziehung[45] ebenso wenig zu erklä-

42 Niklas Luhmann, »Sozialsystem Familie«, in: ders., *Soziologische Aufklärung*, Bd. 5: *Konstruktivistische Perspektiven*, Opladen u. a. 1990, S. 196–217, hier S. 204.

43 Kühl, »Gruppe«, S. 32; Luhmann, »Sozialsystem Familie«, S. 204.

44 Suttles, »Friendship as a Social Institution«, S. 117.

45 Dean Cocking / Jeanette Kennett, »Friendship and the Self«, in: *Ethics* 108 (1998), 3, S. 502–527.

ren wie die mit dem Scheitern einer Freundschaft verbundene Destabilisierung der »ontological security«.[46]

Mitglieder und Mitgestalter:innen

»Gruppen sind immer Mitgliedsgruppen«,[47] stellt Luhmann lapidar fest und verweist damit auf die zentrale Bedeutung der Mitgliedschaft für die theoretische Bestimmung der Gruppe.[48] In einer Anmerkung »Zum Begriff des Mitgliedes« hält er folgende Beobachtung fest: »Es gibt auch Gruppen, bei denen diese Voraussetzung nicht erfüllt ist (z. B. Zweiergruppen). Dann spricht man nicht von Mitglied. Man ist Mitglied einer Familie, aber nicht Mitglied einer Ehe.«[49] Diesem Hinweis folgend könnte man die Interaktionspartner einer Intimfreundschaft als *Mitgestalter:innen* bezeichnen. Mitgestalter:innen sind einerseits von Gruppenmitgliedern und andererseits von Partnern in Paarbeziehungen zu unterscheiden. Die Möglichkeit der Mitwirkung in anderen Intimbeziehungen bleibt davon unberührt. Es geht lediglich darum, auf die relative Unbestimmtheit der normativen Vorgaben in der Freundschaft und das damit gegebene akute aufeinander Angewiesensein im Kontext eines hoch individualisierten Gestaltungsfreiraums hinzuweisen.

Stefan Kühl sieht Gruppenmitgliedschaft durch folgende Elemente bestimmt: Kompatibilität (1), einen Primat der persönlichen Orientierung (2), symbolische Praktiken (3) und vage definierte Gruppengrenzen (4).

(1) Kompatibilität fungiert als Selektionskriterium für die Aufnahme oder Ablehnung neuer Mitglieder, wobei die Entscheidung über die Zugehörigkeit den bereits vorhandenen Mitgliedern obliegt.

(2) Der Primat der persönlichen Orientierung bedeutet, dass der Verlust eines Mitglieds in Gruppen zwar nicht ganz so problemlos kompensiert werden kann wie etwa in Organisationen, er aber nicht zwangsläufig das Ende der Gruppe bedeutet.

(3) Symbolische Praktiken, wie zum Beispiel gemeinsame Konsumpraktiken oder sprachliche Eigenheiten, sind wichtig für die Gruppenidentität. Sie fördern die Selbstwahrnehmung von Gruppen als soziale Einheiten.

(4) Die nur vage definierten Grenzen der Gruppe ermöglichen ein gewisses ›Ein- und Ausschleichen‹, sodass Anfang und Ende der Gruppenzu-

46 Vgl. Smart et al., »Difficult Friendship and Ontological Security«.

47 Niklas Luhmann, »Gruppen«. Unveröffentlichte Notizen aus dem *Zettelkasten*, Bielefeld 2008, 52/10b1.

48 Siehe dazu Kühl, »Gruppe«; ders., »Gruppen, Organisationen, Familien und Bewegungen. Zur Soziologie mitgliedschaftsbasierter Systeme zwischen Interaktion und Gesellschaft«, in: Bettina Heintz / Hartmann Tyrell (Hg.), *Interaktion – Organisation – Gesellschaft revisited* (= Sonderheft der *Zeitschrift für Soziologie*), Stuttgart 2015, S. 65–85.

49 Niklas Luhmann, »Zum Begriff des Mitgliedes«. Unveröffentlichte Notizen aus dem *Zettelkasten*, Bielefeld 2021, ZKI, 28, 2, 4, 1.

gehörigkeit oft nur schwer zu bestimmen sind. Da in Gruppen – anders als beispielsweise in Vereinen – keine Mitgliederlisten bestehen, stellt sich immer wieder die Frage, »welche Personen man zu einem personalisierten Interaktionskontext zusammenbringen kann«.[50]

Wendet man diese Bestimmungen nun auf dyadische Freundschaften an, lassen sich folgende Unterschiede konstatieren:

(1) Während Kompatibilität das bestimmende Element bei der Freundschaftsanbahnung ist, entwickelt sich die Freundschaftsbeziehung grundlegend aus Prozessen der doppelten Kontingenz. Die wechselseitige Selektion erfolgt bereits präkognitiv auf Grundlage des intuitiven Gefühls der *Sympathie*. Wechselseitige Sympathie ist eine notwendige, wenn auch noch keine hinreichende Bedingung für die Entwicklung intimer Beziehungen. Das soll nicht heißen, dass dem Beginn einer Freundschaft nicht zunächst auch Antipathien vorausgehen können. Diese müssen jedoch irgendwann in Sympathie umschlagen, um Freundschaft zu ermöglichen. Im Gegensatz dazu muss die wechselseitige Sympathie in Gruppen nicht gleichmäßig verteilt sein. Das gilt insbesondere für organisationsähnliche »task-oriented groups«, bei denen die Verwirklichung eines gemeinsamen Zwecks im Vordergrund steht.[51] Auch die Mitglieder einer Stammtischrunde müssen sich nicht alle in gleichem Maße sympathisch finden. Für das Zustandekommen von Freundschaften, die nicht auf Kompatibilität, sondern auf Sympathie beruhen, ist das Moment der Wechselseitigkeit hingegen geradezu konstitutiv. Fehlt sie, findet Freundschaft nicht statt. Im Unterschied zur Gruppenmitgliedschaft geht es bei einer Freundschaft nicht darum, ein bestehendes Netzwerk von Beziehungen zu erweitern, sondern eine neue Beziehung überhaupt erst ins Leben zu rufen.

(2) Freunde sind im dyadischen Freundschaftsgefüge unersetzbar. Der Verlust einer Person ist – anders als in Gruppen – für das System nicht bloß bedrohlich, sondern fatal.

(3) Die Frage, ob dyadische persönliche Beziehungen einen Prozess der Selbstkategorisierung durchlaufen, hängt vom gewählten Ansatz ab. Sozialpsychologen neigen dazu, Dyaden zu ignorieren, wenn sie versuchen, die Gruppenidentifikation oder deren sogenannte *Entitativität* – die Eigenwahrnehmung oder Realität einer bestimmten Gruppe als eigenständige, benennbare soziale Einheit – zu ermitteln.[52] Obwohl es unwahrscheinlich ist, dass dyadische Freundschaften die semantische Tiefe und Komplexität der Selbstkategorisierung institutionalisierter intimer Beziehungen erreichen,

50 Niklas Luhmann, zit. nach Kühl, »Gruppe«, S. 39.

51 David L. Hamilton / Steven J. Sherman / Luigi Castelli, »A Group by Any Other Name. The Role of Entitativity in Group Perception«, in: *European Review of Social Psychology* 12 (2002), 1, S. 139–166.

52 Vincent Yzerbyt / Charles M. Judd / Olivier Corneille (Hg.), *The Psychology of Group Perception*. Perceived Variability, Entitativity, and Essentialism, New York u. a. 2004.

sind sie dennoch als spezifische Beziehungsform abstraktionsfähig. Laut Schmidt ist die Möglichkeit zur Selbstbeschreibung ein konstitutives Element von Beziehungen als differenzierter Systemtyp.[53] Ein praktisches Indiz sowohl für die Notwendigkeit als auch für die Möglichkeit der Selbstthematisierung ist die gelegentlich von Dritten erhobene Forderung nach der Erklärung oder Rechtfertigung gegengeschlechtlicher Freundschaften, die heteronormativen Interpretationsschemen entgegenstehen.[54] In solchen Fällen fungiert Selbstkategorisierung als eine Art Defensivmechanismus gegenüber Fremdkategorisierungen.

(4) Im Gegensatz zur Gruppe hat die intime Freundschaft klar definierte Zugangsgrenzen. Diese Abgrenzung beschreibt die Bedeutung und das Ausmaß ihrer Exklusivität. Daraus folgt, dass im Gegensatz zu Gruppen keine Unklarheit über die Anzahl der Mitglieder besteht. Man kann sich in eine Freundschaft nicht einschleichen, der Zeitpunkt der ersten Begegnung ist vielmehr oft integraler Teil der Beziehungsgeschichte und wird als solcher erinnert. Anders verhält es sich mit dem Ausschleichen. Hier kann es durchaus zu gewissen Parallelen kommen, wenn eine Freundschaft über längere Zeit nicht gepflegt wird und den Beteiligten der Status ihrer Beziehung unklar wird oder diese ihnen ganz abhandenkommt.

Abgesehen von den genannten Punkten beeinflusst die dyadische Struktur auch die Bedeutung und das gegenseitige Verhandeln von An- und Abwesenheiten. Wie bei Gruppen führt die bloße Anwesenheit einer oder mehrerer weiterer Personen nicht zur Aufnahme in die bestehende Beziehung, ebenso wenig wie die temporäre Abwesenheit der Beteiligten die Auflösung des sozialen Systems oder den Ausschluss von Interaktionspartnern zur Folge hat.[55] Sowohl intime Freundschaften als auch Gruppen sind daher vergleichsweise widerstandsfähig gegenüber der Abwesenheit von Personen, wobei der wesentliche Unterschied natürlich darin besteht, dass Gruppenzusammenkünfte auch ohne die Anwesenheit eines oder mehrerer Mitglieder stattfinden können. Außerdem erfordern dyadische Freundschaften wie Gruppen kein »punktuelles Zusammensein«.[56] Jede Zusammenkunft ist sowohl auf die Vergangenheit als auch auf die Zukunft, also über sich hinaus ausgerichtet, und Phasen der Trennung können als Testfälle für den gegenseitigen Wunsch nach Fortsetzung der Freundschaft fungieren. Luhmann spricht in diesem Zusammenhang vom Übergang von Interaktionssystemen zu inter-

53 Schmidt, »Beziehung als systemtheoretischer Begriff«.

54 Diane Felmlee / Elizabeth Sweet / H. Colleen Sinclair, »Gender Rules. Same- and Cross-Gender Friendships Norms«, in: *Sex Roles*. A Journal of Research 66 (2012), 7–8, S. 518–529; J. Donald O'Meara, »Cross-Sex Friendship. Four Basic Challenges of an Ignored Relationship«, in: *Sex Roles*. A Journal of Research 21 (1989), 7–8, S. 525–543.

55 Zur Unterscheidung beider Fälle von Interaktionssystemen im Sinne Luhmanns vgl. Kühl, »Gruppe«, S. 40 f.

56 Tyrell, »Zwischen Interaktion und Organisation I«, S. 83.

mittierenden Systemen und der dafür notwendigen »paradoxen Leistung [...], *Kontinuität durch Unterbrechung der Kontinuität zu erreichen*«.[57]

Doch nicht nur zwischen intimen Zweierfreundschaften und Freundesgruppen gibt es nennenswerte Unterschiede. Eine wichtige Differenz, durch die sich dyadische Freundschaften von Liebesbeziehungen unterscheiden, betrifft, wie Francesco Alberoni herausgearbeitet hat, die verschiedenen Erwartungen bezüglich der »Zeiten der Liebe und der Freundschaft«.[58] Nach Alberoni ist Freundschaft durch eine »granulare«, das heißt diskontinuierliche zeitliche Erwartungsstruktur gekennzeichnet, die es eher unwahrscheinlich macht, dass Phasen der Abwesenheit unter Freunden problematisch werden. Die Frage »Wo warst du?«, die in Partnerschaften häufig Unsicherheit hinsichtlich der Treue, Loyalität und Vertrauenswürdigkeit des anderen signalisiert, ist demnach unter Freunden kaum zu erwarten. Was die Zukunft anbelangt, geht es in der Freundschaft für gewöhnlich nicht um ein gemeinsames Lebensprojekt, sondern um getrennte Lebensentwürfe, einschließlich der Frage, wie sich diese auf zukünftige Interaktionen auswirken mögen. Zeitabstände sind daher relativ unbedeutend, während es in Liebesbeziehungen oft darum geht, Phasen der Trennung zu vermeiden oder zumindest zu verkürzen. Tyrell spricht in diesem Zusammenhang von einer »*konstitutionelle[n] Interaktionsverwiesenheit*«, die als markierendes »Bedürfnis nach Interaktionsnähe« in die (romantische) Liebessemantik eingeschrieben sei.[59] Schon alleine die mangelnde Projektorientierung der Freundschaft erfordert kein ständiges Miteinander, sodass allein die gefühlte Vertrautheit Unterbrechungen und Distanzen überbrücken kann. Freundschaft ist, was ihre Überlebenschancen betrifft, vergleichsweise belastbar und ähnelt in dieser Hinsicht der Gruppe, und zwar trotz ihrer numerischen Irreduzibilität.

Normorientierung oder Instanziierung von Intimität?

Im Gegensatz zu Gruppen, in denen die unterschiedlichen Erwartungen der Angehörigen den Hintergrund für die Rekrutierung neuer Mitglieder abgeben, bilden sich spezifische idiosynkratische Erwartungsnormen und damit einhergehende Kompatibilitäten bei Freundschaften erst im Laufe der Beziehungsgestaltung aus. Sie werden in Begegnungen ausgehandelt, allerdings auf der Basis von Erwartungserwartungen, denen seitens der Beteiligten

57 Niklas Luhmann, »Einfache Sozialsysteme«, in: ders., *Soziologische Aufklärung*, Bd. 2: *Aufsätze zur Theorie der Gesellschaft*, Opladen u. a. 1975, S. 21–38, hier S. 32.

58 Francesco Alberoni, *Friendship*, übers. von Harry Blatterer und Sveva Magaraggia, Leiden 2016, S. 29–32.

59 Hartmann Tyrell, »Romantische Liebe. Überlegungen zu ihrer ›quantitativen Bestimmtheit‹«, in: Dirk Baecker / Jürgen Markowitz / Rudolf Stichweh / Hartmann Tyrell / Helmut Willke (Hg.), *Theorie als Passion*. Niklas Luhmann zum 60. Geburtstag, Frankfurt am Main 1987, S. 570–599, hier S. 586.

eine hohe Wahrscheinlichkeit der Realitätskongruenz zugeschrieben wird, weil sie sich bei früheren Gelegenheiten bewährt haben. Anders als bei Gruppen sind geteilte interne Normen vor den ersten Interaktionen nicht existent, weshalb man einer dyadischen Freundschaft auch nicht in gleicher Weise beitreten kann wie einer Freundesgruppe. In Abhängigkeit vom jeweiligen Gruppentyp steht die diffuse Orientierung der Mitglieder einer Rollendifferenzierung mehr oder weniger stark entgegen.[60] Auch Zweierfreundschaften sind nicht durch interne Rollendifferenzierungen gekennzeichnet. Die Differenzierung beschränkt sich hier auf die gegenseitige Identifikation der Interaktionspartner als Freunde.

Was nach Luhmann für die Liebe gilt, gilt auch für die Freundschaft, da sie wie die Liebe nicht ohne Vertrauen auskommt: »Normausführung«, schreibt Luhmann, »ist […] keine geeignete Grundlage für das Entstehen von Liebe und Vertrauen.«[61] Intimität entsteht nicht durch das Befolgen standardisierter Regeln, ebenso wenig wie sich Vertrauen normieren oder verordnen lässt. Daher laufen Beschreibungen von Prozessen der Anbahnung und Pflege von Freundschaften ebenso wie von Prozessen der Konfliktaustragung nach dem Muster von Regelbefolgung oder -bruch Gefahr, das Ausmaß der dabei wirksamen rationalen intersubjektiven Normkonstruktion zu überschätzen.[62] Erotische Beziehungen, Partnerschaften und Familienbeziehungen hingegen werden häufig auch dann fortgesetzt, wenn zwischen den Akteuren kein gegenseitiges Vertrauen (mehr) besteht.[63] Auch in diesen Fällen kann Zuneigung nicht verordnet werden. Jenseits davon sind jedoch noch andere Bindungen vorhanden, die sich nicht ohne Weiteres auflösen lassen. Zwar können Ehepartner auf Scheidung klagen und auch zu Verwandten kann man den Kontakt abbrechen, aber die rechtlichen Verbindlichkeiten, die etwa mit verwandtschaftlichen Nahbeziehungen einhergehen, lassen sich nicht ignorieren, da öffentlich anerkannte Rechtsnormen im Privatleben Geltung haben.[64]

»Auch eine Freundschaft zerbricht«, schreibt Luhmann, »wenn wesentliche Erwartungen enttäuscht werden. Aber diese Erwartungen werden,

60 Hamilton et al., »A Group by Any Other Name«; Kühl, »Gruppe«; Neidhardt, »Das innere System sozialer Gruppen«.

61 Niklas Luhmann, *Vertrauen*. Ein Mechanismus der Reduktion sozialer Komplexität [1968], Konstanz/München 2014, S. 52.

62 Siehe etwa Peter E. Digeser, *Friendship Reconsidered*. What It Means and How It Matters to Politics, New York 2016.

63 Zum Fall der erotischen Liebe bemerkt Luhmann, dass aufgrund der privaten Besonderheiten sexueller Praktiken und der Fähigkeit der nonverbalen Kommunikation, Sprache zu unterlaufen und das Unsagbare auszudrücken, sogar »relativ unbalancierte Beziehungen noch als gleich und unvergleichbar erlebt werden können«. Niklas Luhmann, *Liebe*. Eine Übung, Frankfurt am Main 2008, S. 46 f.

64 Herlinde Pauer-Studer, »Justice as a Precondition of Affection and Care. A Comment on Axel Honneth«, in: Beate Rössler (Hg.), *Privacies*. Philosophical Evaluations, Stanford, CA 2004, S. 163–167.

selbst wenn sie bewußt sind, nicht als Prämissen für Eintritts- und Austrittsentscheidungen gesehen. Sie werden nicht als Mindestbedingungen für die Fortsetzung der Freundschaft erlebt. Diese Sicht wäre mit dem Sinn der Freundschaft, mit diffus-persönlicher Zuneigung unvereinbar, weil sie parzelliert und rechnet.«[65] Die Normenstruktur der Freundschaft nimmt damit unter persönlichen und intimen Beziehungen eine Sonderstellung ein. Nach der hier vertretenen Auffassung werden in der Freundschaft in erster Linie nicht gesellschaftliche Normen zur Aushandlung beziehungsspezifischer Inhalte herangezogen, sondern die Beziehung selbst ist Ausdruck von Vertrauen, Gleichheit, Respekt, Gerechtigkeit, Sorge. Daraus folgt, dass sich ein Vertrauensbruch unmittelbar auf die Qualität der Beziehung auswirkt und nicht selten das Ende der Freundschaft bedeutet. In Fällen, in denen zusammen mit dem Vertrauen auch die Freundschaft zerstört wurde, muss beides erst wiederhergestellt oder neuerlich aufgebaut werden.

Freundschaftliche Beziehungen in Dyade und Triade

Um die zuvor skizzierte Unterscheidung zwischen intimer und persönlicher Kommunikation anhand einiger ausgewählter Ähnlichkeiten, Spannungen und Inkongruenzen weiter zu plausibilisieren, möchte ich nachfolgend erörtern, wie bereits das Hinzutreten einer weiteren Person den Charakter der Freundschaftsdyade verändert und Unterschiede zwischen den Freundschaftstypen zum Vorschein bringt, deren Beobachtung es rechtfertigt, von zwei grundlegend verschiedenen sozialen Formationen zu sprechen. Die Unterscheidung Dyade/Triade ist nicht nur in der Soziologie umstritten. Manche Sozialpsychologen sind der Meinung, dass unumgängliche Gemeinsamkeiten von Interaktionsrealitäten – die Sozialität beider Formationen – ausreichen, um sowohl Dyaden als auch Triaden als Gruppen zu betrachten und theoretisch zu vereinheitlichen,[66] während andere auf einer methodologischen Trennung bestehen, ohne der Dyade einen erkenntnistheoretischen Mehrwert zuzuschreiben.[67] Robin Dunbar zitiert einen Netzwerkforscher, dem zufolge »everyone knows that the social world consists of triads«,[68] während Georg Simmel bekanntlich die Dyade für die Elementarform der Vergesellschaftung hielt.[69] Nach Hartmann Tyrell macht es un-

65 Niklas Luhmann, *Funktionen und Folgen formaler Organisation*, Berlin 1964, S. 43.

66 Kipling D. Williams, »Dyads Can Be Groups (and Often Are)«, in: *Small Group Research* 41 (2010), 2, S. 268–274.

67 Richard L. Moreland, »Are Dyads Really Groups?«, in: *Small Group Research* 41 (2010), 2, S. 251–267.

68 Robin Dunbar, *Friends*. Understanding the Power of Our Most Important Relationships, London 2021, S. 81.

69 Georg Simmel, *Gesamtausgabe*, hrsg. von Otthein Rammstedt, Bd. 11: *Soziologie*. Untersuchungen über die Formen der Vergesellschaftung [1908], Frankfurt am Main 1992.

ter Verwendung des vereinheitlichenden Kriteriums der Zusammengehörigkeit »keinerlei Schwierigkeiten«,[70] Dyaden als Gruppen zu behandeln. Ebenso sieht es René König, für den es nicht auf die Zahlen-, sondern auf die Quantenmäßigkeit sozialer Konstellationen als Ganzheiten ankommt.[71] Und Stefan Kühl ist von seiner einstigen Bereitschaft, »Freundschaftsdyaden und Freundesgruppen analytisch auseinanderzuhalten«,[72] mittlerweile zu einer Position gelangt, welche die strukturellen Veränderungen im Übergang von der Dyade zur Triade zwar anerkennt, aber der Vermutung, dass es sich dabei um einen zwangsläufigen Wechsel zu einem »grundlegend anderen Systemtypus« handeln könnte,[73] skeptisch gegenübersteht. Überwiegend, wenn auch nicht ausnahmslos, kann man also konstatieren, dass die Gruppensoziologie »Dyaden, also Zweierbeziehungen, als Gruppe akzeptiert«.[74] Im Folgenden geht es, dem bisher skizzierten Ansatz folgend, um eine Auseinandersetzung mit dieser Sichtweise.

Das Intime an der Dyade

Die numerisch irreduzible, zeitlich befristete und damit mortale Dyade ist für Simmel der Inbegriff der Unmittelbarkeit,[75] und diese wiederum die unerlässliche Grundbedingung der Intimität als Exklusivität.[76] Die Unmittelbarkeit der dyadischen Intimität erstreckt sich dabei auf die Direktheit der Verpflichtungen und Zurechenbarkeitsverhältnisse. Man ist in engen Zweierbeziehungen, laut Simmels pointierter Formulierung, »viel häufiger vor ein Alles oder Nichts gestellt«.[77]

Daraus folgt zum einen, dass intime Interaktionspartner in dem Sinne *unersetzbar* sind, als ihre jeweiligen Sehnsüchte, Träume und Ängste, ihre Vorlieben und Abneigungen, Talente und Unzulänglichkeiten, ihre Weltanschauungen, Interessen und Beziehungen, Erlebnisse und Erfahrungen – mithin ihre Individualität – einzigartig sind. Das bedeutet natürlich nicht, dass

70 Tyrell, »Zwischen Interaktion und Organisation I«, S. 84.

71 René König, »Die analytisch-praktische Doppelbedeutung des Gruppentheorems. Ein Blick in die Hintergründe«, in: Neidhardt (Hg.), *Gruppensoziologie*, S. 36–64, hier S. 45 f.

72 Kühl, »Gruppen, Organisationen, Familien und Bewegungen«, S. 42 (Fn. 17).

73 Kühl, »Gruppe«, S. 50.

74 Thomas Etzemüller, »Weltbewältigungsinstrument. Die Gruppe zwischen schwerer und kybernetischer Moderne«, in: *Mittelweg 36* 28/29 (2019/2020), 6/1, S. 22–43, hier S. 23.

75 Tyrells Ansatz lässt sich nur teilweise über die Romantik hinaus generalisieren und bezieht sich ausschließlich auf die Ebene der Semantik. Siehe Tyrell, *Romantische Liebe*. Anders als Tyrell sieht Giddens das Ideal der romantischen Liebe nicht als einen Schritt in Richtung Geschlechtergleichheit, wohl aber als Vorläufer der auf »until further notice« basierenden »pure relationship«. Vgl. Giddens, *The Transformation of Intimacy*, S. 63.

76 Simmel, *Soziologie*, S. 104.

77 Ebd., S. 114.

eine Person nicht mehr als eine intime Beziehung pflegen kann. Es weist lediglich darauf hin, dass keine zwei Beziehungen identisch sein können. Zum anderen ermöglichen die numerische Absolutheit und kompromisslose Unmittelbarkeit der Dyade *disclosing intimacy*.[78] Die Unmittelbarkeit der Intimkommunikation ist nur zwischen zwei Personen gewährleistet, die gemeinsam und ganz im Sinnzusammenhang der Freundschaft als intime Beziehung die Erwartung entwickelt haben, dass die persönliche Kommunikation gemäß den individuellen Bedürfnissen in den Modus der Intimität übergehen kann. Die quantitativ definierte Struktur der Dyade ist also eine Voraussetzung für die qualitative Möglichkeit intimer Kommunikation aufgrund dessen, was man »nur diesem einzigen anderen und niemandem sonst gibt oder zeigt«.[79]

Übergänge. Von Dyade zu Triade

Nun drängt sich die Frage auf, was eigentlich passiert, wenn eine dritte Person die Szene betritt. Man stelle sich die folgende Situation vor: Zwei enge Freunde unterhalten sich ungestört unter vier Augen. Eine dritte Person gesellt sich dazu. Alle drei stehen sich gleichermaßen nahe und sind sich dessen bewusst. Das ist deshalb von Bedeutung, weil die Einbeziehung eines Fremden oder eines (bloß) Bekannten den Wechsel von intimer zu persönlicher Kommunikation, und damit vom Primat der Intimität zu dem der Diskretion, zu offensichtlich machen würde, um relevante Einsichten zu vermitteln. Die Diskussion bezieht sich speziell auf Freundschaftsdyaden und Freundesgruppen und ist daher auf Dyaden/Triaden an sich sowie auf andere intime oder persönliche Beziehungen nicht vorbehaltlos übertragbar.

Nun gibt es zumindest zwei offensichtliche Veränderungen, die sich aus der Erweiterung der Dyade um einen weiteren Interaktionspartner ergeben. Die erste betrifft die *Negation der dyadischen Mortalität*. Auf der grundlegendsten sozialen Ebene bedeutet das Hinzutreten eines dritten Interaktionspartners die Konstituierung eines Interaktionssystems, dessen Fortdauer nicht länger von der Notwendigkeit der gemeinsamen Anwesenheit zweier Personen abhängt. Zweitens erfolgt eine *Multiplikation der Dyaden*. Nicht nur wird die Unmittelbarkeit einer dyadischen Beziehung vom vermittelnden Faktor des Dritten gestört, die Dreiergruppe (ABC) beinhaltet darüber hinaus sechs mögliche, aus jeweils drei Paaren bestehende Kombinationen

78 Jamieson, *Intimacy*.

79 Simmel, *Soziologie*, S. 105. Ein Testfall, dem hier nicht weiter nachgegangen werden kann, sind polyamouröse Beziehungen. Dazu kann hier nur angemerkt werden, dass nach Auskunft von Beteiligten selbst in diesen nichtmonogamen Beziehungen primäre Paarbeziehungen keineswegs unüblich sind. Siehe dazu Rhonda N. Balzarini et al., »Perceptions of Primary and Secondary Relationships in Polyamory«, in: *Plos One*, 18. 5. 2017; online unter: https://doi.org/10.1371/journal.pone.0177841 [12. 7. 2023].

(AB, AC, BA, BC, CA, CB). Dabei werden die kommunikativen Möglichkeiten nicht einfach im seriellen Sinn verdreifacht (A–B, B–C, C–A), sondern jedem Einzelnen stehen zwei Interaktionspartner gegenüber (A–BC, B–AC, C–AB), von denen entweder einer oder beide als Adressaten selegiert werden können. Die Hinzufügung einer dritten Person führt also zu einer exponentiellen Steigerung der Komplexität der Kommunikationskoordination.

In Bezug auf die intime Freundschaft haben diese numerisch-strukturellen Kontingenzen klare Konsequenzen, denn sie können nicht umhin, die Form der Kommunikation zu beeinflussen. Die Negation der dyadischen Mortalität negiert zugleich die dyadische Privatheit. Dazu schreibt Dan E. Miller: »When a third person enters a dyad's copresence the dyad's behavior becomes public. The special character of the dyad is lost. Intimacy is compromised.«[80] Oder, um es mit Giddens, der Intimität dezidiert positiv bewertet, zu sagen: »Privacy makes possible the psychic satisfactions that the achievement of intimacy has to offer.«[81] Die bloße Anwesenheit einer dritten Person, wie kooperativ und auf die Bedürfnisse der anderen abgestimmt ihr Verhalten auch sein mag, führt demnach zu einer ebenso offensichtlichen wie bedeutsamen Gegebenheit: Zwei werden von einer Person und eine Person wird von zweien wahrgenommen und beobachtet. Das hat Simmel zu der Feststellung veranlasst, es gäbe »kein noch so inniges Verhältnis zwischen dreien, in dem nicht jeder Einzelne gelegentlich von den beiden andren als Eindringling empfunden würde [...]; jedes sensitive Verbundensein von zweien wird dadurch irritiert, daß es einen Zuschauer hat«.[82] Die einzigartige Beziehung zweier Personen wird nun durch die Anwesenheit eines Dritten bezeugt und irritiert und dadurch gewissermaßen mitbestimmt – etwa hinsichtlich dessen, was (übereinander) gesagt werden kann und wie. Somit kommt ein zusätzlicher Bedarf an kognitiver Steuerung des kommunikativen Ablaufs ins Spiel. Das wiederum macht genau jene Art von Reflexivität (*self-consciousness*) erforderlich, die (ungehemmte) Intimkommunikation hinfällig macht und es Freunden nicht länger erlaubt, ganz sie selbst zu sein. Eine solche Limitierung der kommunikativen Freiheit ist, Simmel folgend, gleichbedeutend mit *Diskretion* als *dem* Differenzierungskriterium moderner Freundschaften. Es geht hier um »das Maß des Eindringens oder der Reserve innerhalb des Freundschaftsverhältnisses«.[83] Im Übergang von der Freundschaftsdyade zur Freundestriade beziehungs-

80 Dan E. Miller, »Dyad/Triad«, in: George Ritzer (Hg.), *The Blackwell Encyclopedia of Sociology*, Bd. 3: *D–E*, Malden, MA / Oxford 2007, S. 1264–1267. Der allgemeine Sprachgebrauch bestätigt das. Man sagt schließlich »Können wir uns unter vier Augen treffen?«, nicht »unter sechs«.

81 Anthony Giddens, *Modernity and Self-Identity.* Self and Society in the Late Modern Age, Cambridge 1991, S. 94.

82 Simmel, *Soziologie*, S. 115.

83 Ebd., S. 401.

weise -gruppe, das heißt *von einer dyadischen zu einer multidyadischen Konstellation*, werden Kommunikationsentscheidungen getroffen, die die Erfahrungen der einzelnen Dyaden mit einbeziehen. Somit muss der angemessene Grad der Offenbarung dezidiert privater Information in einer nun öffentlichen Situation in Erwägung gezogen werden. Zusammen mit der Anzahl der Personen steigt damit auch der Bedarf an Diskretion, sodass in Gruppen eher persönliche als intime Kommunikation funktional erscheint.

Die veränderte Qualität der sozialen und kommunikativen Beziehungen wirkt sich auf die Möglichkeiten der Verkettung der Dyade aus. Die Erweiterung einer Dyade als Beziehungsgeflecht ist natürlich möglich. Zwei Beziehungen können durch die Einbeziehung einer dritten Person miteinander verbunden werden, ein Vorgang, der im Prinzip beliebig oft wiederholt und bis zur Verkettung relativ umfangreicher sozialer Formationen ausgedehnt werden kann.[84] Was hingegen nicht beliebig erweitert werden kann, ist die der Dyade innewohnende Intimität, da die spezifische Verbundenheit der Beteiligten – die Form der Kommunikation, diverse Idiosynkrasien, die im Sinnzusammenhang von Freundschaft bewältigt und erlebt werden – nicht dupliziert werden kann. Intimität ist nicht transitiv. Wie John Levi Martin konstatiert, führt die Verkettung zu »some sort of fundamental transformation or weakening, and both transformation and weakening tend to undermine the relationships themselves«.[85]

Diese Beobachtungen lassen sich wie folgt deuten: *Obwohl die (Freundschafts-)Dyade die elementare Sozialstruktur darstellt, handelt es sich bei der (aus Dyaden bestehenden) (Freundes-)Triade um die Elementarform der Gruppe.* In dem Maße, in dem der Hinzutritt einer dritten Person Privatheit und damit Intimität kompromittiert, läuft dieser Strukturwandel auf eine Transformation der situativen Bedingungen für intime Kommunikation hinaus. Die Neudefinition der Situation erfordert das Kalibrieren des Kommunikationsmodus in Richtung persönlicher Kommunikation. Die Addition oder Subtraktion einer Person ist damit gleichbedeutend mit einer Senkung oder Erhöhung der Diskretionsschwelle und führt somit zu einer Verringerung oder Erweiterung der Möglichkeiten, die eigene kommunikative Freiheit zu verwirklichen.

Fazit

Der hier von mir vertretene Ansatz steht einigen bestehenden Vorschlägen entgegen. Das gilt, wie gezeigt, etwa für Tyrells Vorschlag,[86] Dyaden allein aufgrund des Aspekts der Zusammengehörigkeit als Gruppen zu behandeln,

84 John Levi Martin, *Social Structures*, Princeton, NJ 2009.

85 Ebd., S. 27.

86 Tyrell, »Zwischen Interaktion und Organisation I«.

der meines Erachtens nicht ausreicht, weil er auf die charakteristischen Unterschiede der beiden Formationen nicht weiter eingeht. Die interaktionalen Besonderheiten von Dyade und Triade werden ausgeblendet. Auf ähnliche Schwierigkeiten stößt die von König vertretene Sichtweise, wonach die »Quantenzahl« und nicht die »Gliedzahl« sozialer Konstellationen als Kriterium für die Bestimmung der Gruppe gelten soll.[87] Was Simmel betrifft, so erlaubt seine Perspektive zwar die Einbeziehung familien-, gruppen-, organisations- und gesellschaftsübergreifender Beziehungen, für die die Anzahl der Elemente für definitorische Zwecke vernachlässigt werden kann. Aber er hat sich eben auch um Dyaden und Triaden als intime und persönliche Beziehungen bemüht. Wenn also König vorschlägt, dyadische Formationen einfach als »Glieder in einem irgendwie bestimmten Ganzen« zu betrachten,[88] scheint mir insbesondere das »irgendwie« erklärungsbedürftig. Im hier diskutierten Fall steht dafür die Intimität als *das* sinnstiftende Element einer Dyade ein. Die Anzahl der Mitgestalter:innen spielt dabei insofern eine entscheidende Rolle, als es darum geht, die Grenzen sowie die Verhältnisse zwischen Zweierfreundschaften und Freundesgruppen auszuloten. Somit ist es angebracht, die Verwobenheit quantitativer und qualitativer Unterschiede zu beobachten und mit größter Umsicht in Erwägung zu ziehen.

Was die qualitativen Unterschiede anbelangt, besteht durchaus die Gefahr, die intimen Potenziale von Dyaden überzubewerten. Intimität erlaubt nicht nur die gegenseitige Anerkennung idiosynkratischer Weltbeziehungen, sie verlangt auch die Einhaltung von Verpflichtungen und setzt die Beteiligten zudem dem Risiko persönlicher Verletzlichkeit aus. Auf der anderen Seite können Offenbarungen und Unterstützungen sich auch zu Zwängen entwickeln. Zweisamkeit verdichtet emotionale Interdependenzen, Erwartungen, Selbstverständlichkeiten. Und die Mehrsamkeit? Sie beinhaltet einerseits eine größere Komplexität der erforderlichen Kommunikationskoordination, andererseits eine Reduktion emotional-psychischer Anforderungen, ermöglicht durch freundschaftliche Diskretion. So gesehen könnte es durchaus der Fall sein, dass die zunehmenden kulturellen Repräsentationen von Freundschaftsgruppen[89] das Bedürfnis nach kollektiver Geborgenheit widerspiegeln, und zwar auf der Basis von *dyadischer Bindungsoptionalität.* Zygmunt Bauman, Analytiker der sozialen Fluidität unter Bedingungen der Ungewissheit und Unsicherheit in allen Lebenslagen, hätte es wohl so gesehen. Ähnlich auch Ernst Bloch, für den Freundeskreise bekanntlich eine Art Ersatzkollektive darstellen, die »bessere Gartenform« der Gesellschaft, wie er es formuliert.[90] Hierbei handelt es sich zum gegenwärtigen Zeit-

87 König, »Die analytisch-praktische Doppelbedeutung des Gruppentheorems«, S. 46.
88 Ebd.
89 Siehe dazu den Beitrag von Mascha Nolte in diesem Heft.
90 Ernst Bloch, *Das Prinzip Hoffnung*, Bd. 3, Frankfurt am Main 1976, S. 1130.

punkt noch um Vorüberlegungen, die weiterer Klärung bedürfen. Ungeachtet ihrer Vorläufigkeit sollte allerdings deutlich geworden sein, dass die Soziologie vor allem in Sachen Zweierfreundschaften und Freundesgruppen erheblichen analytischen und theoretischen Nachholbedarf besitzt.

Harry Blatterer ist Senior Lecturer für Soziologie an der Macquarie University in Sydney.
harry.blatterer@mq.edu.au

Madlen Böert

Freundschaft Plus

Zur Rolle persönlicher Beziehungen im NSU

Seit sich der Nationalsozialistische Untergrund (NSU) im November 2011 selbst enttarnte, stellt sich die zentrale Frage, wie er fast 14 Jahre unentdeckt bleiben konnte. In diesem Zeitraum verübte die Gruppe eine deutschlandweite Mord-, Anschlags- und Raubserie, die insgesamt zehn Menschen das Leben kostete. Die bisher angeführten Erklärungen sprechen vom Versagen der Sicherheitsbehörden, von institutionellem Rassismus oder von der Verstrickung des NSU in extrem rechte Netzwerke.[1] Sie alle berühren – für den Gesamtüberblick über den Fall des NSU – wesentliche Themenkomplexe und stoßen wichtige politische und zivilgesellschaftliche Debatten zum Umgang mit Rechtsextremismus und -terrorismus an. Uwe Böhnhardt, Uwe Mundlos und Beate Zschäpe wurden nicht von staatlichen Sicherheitsbehörden gesucht, sie profitierten von institutionellem Rassismus und verfügten über gute Verbindungen in ein Unterstützernetzwerk. Trotzdem ist es erstaunlich, wie lange sie gemeinsam im Untergrund lebten. Die Forschungsliteratur verweist an dieser Stelle teilweise auf »die hohe Integriertheit der Triade« oder die Entwicklung »einer sozial äußerst engen Bindung und Gruppendynamik« innerhalb des NSU[2] – Aussagen, die häufig substanzlos bleiben, weil ihnen nicht weiter nachgegangen wird. Nichtsdestotrotz betonen sie die *Bedeutung des Beziehungsgefüges* für das dauerhafte Unentdecktbleiben der terroristischen Gruppe. Denn das eigentümlich enge Beziehungsgeflecht, das Böhnhardt, Mundlos und Zschäpe freundschaftlich wie auch partnerschaftlich miteinander verband, war entscheidend für die

1 Siehe dazu u. a. Henrik Dosdall, *Die NSU-Ermittlungen 1998–2011*. Eine organisationssoziologische Perspektive, Wiesbaden 2021; Wolfgang Frindte / Daniel Geschke / Nicole Haußecker / Franziska Schmidtke (Hg.), *Rechtsextremismus und »Nationalsozialistischer Untergrund«*. Interdisziplinäre Debatten, Befunde und Bilanzen, Wiesbaden 2016; Juliane Karakayalı / Çağri Kahveci / Doris Liebscher / Carl Melchers (Hg.), *Den NSU-Komplex analysieren*. Aktuelle Perspektiven aus der Wissenschaft, Bielefeld 2017; Onur Suzan Nobrega / Matthias Quent / Jonas Zipf (Hg.), *Rassismus, Macht, Vergessen*. Von München über den NSU bis Hanau: Symbolische und materielle Kämpfe entlang rechten Terrors, Bielefeld 2021.

2 Matthias Quent, *Rassismus, Radikalisierung, Rechtsterrorismus*. Wie der NSU entstand und was er über die Gesellschaft verrät, Weinheim/Basel 2019, S. 258; Andreas Zick, »Dynamiken, Strukturen und Prozesse in extremistischen Gruppen«, in: Brahim Ben Slama / Uwe Kemmesies (Hg.), *Handbuch Extremismusprävention*. Gesamtgesellschaftlich, phänomenübergreifend, Wiesbaden 2020, S. 269–311, hier S. 274.

Konstitution der NSU-Kerngruppe[3] und ist damit eine weitere Erklärung für ihre Nichtentdeckung.

Dass gerade dieses Puzzlestück in der Betrachtung des NSU-Komplexes wenig Beachtung findet, verwundert wenig, beschäftigt sich die Terrorismusforschung doch kaum mit Phänomenen wie Freundschaft oder Gruppe. Obwohl man die »Gruppenhaftigkeit vieler terroristischer Zusammenschlüsse früh erkannt[e]«,[4] fehlen bislang ein systematischer Anschluss an theoretische Überlegungen der Kleingruppenforschung und diesbezügliche empirische Arbeiten, die sich dezidiert mit terroristischen Zusammenschlüssen als Gruppen auseinandersetzen.[5] Hinsichtlich der Radikalisierung und Rekrutierung von Mitgliedern gelten persönliche Beziehungen, die auf Freundschaft oder Liebe basieren, zwar als bedeutender Faktor,[6] allerdings gehen entsprechende Arbeiten kaum darauf ein, wie sich diese Beziehungen in den terroristischen Gruppen selbst auswirken.

Dabei bildet der NSU in dieser Hinsicht keineswegs eine Ausnahme: Nicht wenige Terrorgruppen basieren auf solchen persönlichen Beziehungsgefügen, ganz unabhängig von ihrer weltanschaulichen Ausrichtung. Ein weiteres Beispiel ist die sogenannte Hamburger Zelle, die für die Anschläge des 11. September 2001 mitverantwortlich war. Die Mitglieder der späteren Terrorzelle lernten sich während des Studiums kennen, freundeten sich an, besuchten dieselbe Moschee, lebten zeitweise in einer Wohngemeinschaft zusammen und schlossen sich dann gemeinsam al-Qaida an.[7] Und auch die Rote Armee Fraktion (RAF) entstand aus bestehenden Freundschaften, insbesondere für die spätere Nach- und Neurekrutierung von Mitgliedern

3 Im Folgenden bezeichne ich die Konstellation aus Böhnhardt, Mundlos und Zschäpe als NSU-Kerngruppe. Damit trage ich dem Umstand Rechnung, dass sich bis heute nicht sicher sagen lässt, wie viele Personen der NSU überhaupt umfasste. Der sogenannten Trio-These, die unter anderem die Bundesgeneralanwaltschaft vor Gericht vertrat, schließe ich mich nicht an. Aufgrund der Gruppenstruktur erscheint es sinnvoll, zwischen Kerngruppe und diffus angeschlossener Peripherie zu unterscheiden.

4 Stefan Kühl, »Die Wachstumsbremse terroristischer Gruppen. Effekte personenbezogener Erwartungsbildung in Terrorgruppen«, in: *Leviathan* 49 (2021), 4, S. 599–627, hier S. 600.

5 Zum fehlenden Anschluss an die Kleingruppenforschung siehe Justin Reedy / John Gastil / Michael Gabbay, »Terrorism and Small Groups. An Analytical Framework for Group Disruption«, in: *Small Group Research* 44 (2013), 6, S. 599–626, hier S. 600. Für lesenswerte Ausnahmen siehe Friedhelm Neidhardt, »Soziale Bedingungen terroristischen Handelns. Das Beispiel der ›Baader-Meinhof-Gruppe‹ (RAF)«, in: Wanda von Baeyer-Katte / Dieter Claessens / Hubert Feger / Friedhelm Neidhardt, *Gruppenprozesse*. Analysen zum Terrorismus, Bd. 3, Opladen 1982, S. 318–391; Kühl, »Die Wachstumsbremse terroristischer Gruppen«.

6 Zick, »Dynamiken, Strukturen und Prozesse in extremistischen Gruppen«; Clark McCauley / Sophia Moskalenko, *Friction*. How Radicalization Happens to Them and Us, Oxford 2011; Marc Sageman, *Turning to Political Violence*. The Emergence of Terrorism, Philadelphia, PA 2017.

7 Marc Sageman, *Leaderless Jihad*. Terror Networks in the Twenty-First Century, Philadelphia, PA 2008, S. 66 f.

war die Zugehörigkeit zu bestimmten, der RAF nahestehenden Freundeskreisen von enormer Bedeutung.[8]

Die fehlenden Analysen zu terroristischen Zusammenschlüssen als Freundesgruppen liegen indes aber nicht nur an der mangelnden Zusammenführung von Terrorismusforschung, Gruppen- und Freundschaftssoziologie. Vielmehr sind Terrorgruppen an sich ein schwieriges Forschungsobjekt. Forschenden bleibt die Innenwelt – das »Betriebsgeheimnis«[9] – terroristischer Gruppen allzu oft verborgen, was die Analyse von Gruppenstrukturen und -dynamiken erschwert. Die Möglichkeiten der Datenerhebung sind eingeschränkt,[10] häufig gibt es nur retrospektive Beschreibungen von Dritten, nicht von den Beteiligten selbst. Die Erforschung von Terror- als Freundesgruppen besitzt daher stets ein spekulatives Element, sie muss damit umgehen, dass über ihr Untersuchungsobjekt wenig bekannt ist.

Das gilt auch für den NSU: Um aufzeigen zu können, welche Rolle die persönlichen Beziehungen für die Persistenz der Terrorgruppe spielten, greife ich auf Materialien zurück, die in anderen Kontexten entstanden sind und denen nichtsoziologische Erkenntnisinteressen zugrunde liegen. Dazu gehören neben den Abschlussberichten der Untersuchungsausschüsse des Deutschen Bundestags zum NSU auch Gerichtsprotokolle, die Journalisten und Ehrenamtliche während des Prozesses vor dem Oberlandesgericht München zwischen 2013 und 2018 anfertigten und veröffentlichten.[11] Es handelt sich also um Texte, »die nicht zu Forschungszwecken produziert wurden, sondern Dokumente des (institutionellen) Alltags sind« und die ich daher im Rahmen einer Dokumentenanalyse untersuche.[12]

Um sich einen Einblick in den NSU zu verschaffen, eignen sich die genannten Quellen als Alternativen zu anderen Daten wie etwa Interviews, allerdings sind bestimmte Eigenheiten des Materials zu bedenken. Insbesondere in den Gerichtsprotokollen spiegeln sich juristische und politische,

8 Donnatella della Porta, *Social Movements, Political Violence, and the State.* A Comparative Analysis of Italy and Germany [1995], Cambridge 2006, S. 167 f.; Neidhardt, »Soziale Bedingungen terroristischen Handelns«, S. 341.

9 Friedhelm Neidhardt, »Akteure und Interaktionen. Zur Soziologie des Terrorismus«, in: Wolfgang Kraushaar (Hg.), *Die RAF und der linke Terrorismus*, Bd. 1, Hamburg 2006, S. 123–137, hier S. 123.

10 Manfred Sader, *Psychologie der Gruppe*, Weinheim/München 1991, S. 77.

11 Deutscher Bundestag (Hg.), *Beschlussempfehlung und Bericht des 2. Untersuchungsausschusses nach Artikel 44 des Grundgesetzes.* Bundestagsdrucksache 17/14600, Berlin 2013; ders., *Beschlussempfehlung und Bericht des 3. Untersuchungsausschusses nach Artikel 44 des Grundgesetzes.* Bundestagsdrucksache 18/12950, Berlin 2017; Annette Ramelsberger / Wiebke Ramm / Tanjev Schultz / Rainer Stadler, *Der NSU-Prozess.* Das Protokoll, 2 Bde., Bonn 2019.

12 Andreas Böttger / Rainer Strobl, »Möglichkeiten und Grenzen qualitativer Erhebungs- und Auswertungsverfahren in der Gewaltforschung«, in: Wilhelm Heitmeyer / John Hagan (Hg.), *Internationales Handbuch der Gewaltforschung*, Wiesbaden 2002, S. 1483–1502, hier S. 1487.

aber auch individuelle Ziele der beteiligten Akteure wider:[13] Vor allem Zeuginnen und Zeugen aus der extrem rechten Szene verweigerten konkrete Aussagen, indem sie Ereignisse nur vage beschrieben oder sich nicht erinnern konnten. Beate Zschäpe wiederum äußerte sich während des Prozesses vor dem Münchner Oberlandesgericht nur in schriftlichen Einlassungen, die ihre Verteidigung vorab geprüft hatte. Darin versuchte Zschäpe, ihr Verhalten nachträglich zu rationalisieren, indem sie »Motivvokabulare« benutzte,[14] die sie vor Gericht als unschuldige Angeklagte darstellen sollten. Zschäpes Einlassungen stehen häufig in Widerspruch zu den Aussagen anderer Prozessbeteiligter, insbesondere der Anklage, weshalb sich Dissonanzen bei der Rekonstruktion des Innenlebens des NSU nicht vermeiden lassen. Sollten solche Widersprüche für die folgende Analyse relevant sein, gehe ich darauf ein. Grundsätzlich bleibt der NSU allerdings ein Fall, bei dem die Forschung derzeit immer noch ein Stück im Dunkeln tappt. Ob wir die innere Verfasstheit des NSU jemals vollständig abbilden können, ist fraglich, nicht zuletzt angesichts der Tatsache, dass zwei von drei Mitgliedern der Kerngruppe tot sind.

Dennoch zeigt sich anhand des vorhandenen Datenmaterials, dass Uwe Böhnhardt, Uwe Mundlos und Beate Zschäpe in erster Linie eine freundschaftliche und erst in zweiter Linie eine terroristische Gruppe bildeten. Überspitzt gesagt, war der NSU im Kern nicht terroristisch, sondern freundschaftlich angelegt. Allerdings umfassten die gemeinsamen Aktivitäten neben Partys, Rockkonzerten oder Campingurlauben an der Ostsee eben irgendwann auch terroristische Aktionen. Inwiefern die Freundschaften zwischen Böhnhardt, Mundlos und Zschäpe die Gruppenkonstellation beeinflussten und welche Dynamiken daraus resultierten, werde ich im Folgenden diskutieren. Zuvor beschreibe ich die Entwicklung der Freundschaftstriade und gehe auf die Qualität der Beziehungen zwischen Böhnhardt, Mundlos und Zschäpe ein.

Zwischen den Polen: Zur Beziehungskonstellation des NSU

Die Triade, die der Vorläufer der NSU-Kerngruppe war, entstand in den 1990er-Jahren: Als Jugendliche wohnten Beate Zschäpe und Uwe Mundlos im Jenaer Stadtteil Winzerla, wo sie sich in einer Jugendclique kennenlernten und bald darauf ein Paar wurden.[15] Wenige Jahre später freundeten sie sich im örtlichen Jugendzentrum Winzerklub mit Uwe Böhnhardt und des-

13 Aaron Cicourel, *Methode und Messung in der Soziologie*, übers. von Frigga Haug, Frankfurt am Main 1974, S. 209.

14 Hans Gerth / C. Wright Mills, »Motivvokabulare«, in: Heinz Steinert (Hg.), *Symbolische Interaktion*. Arbeiten zu einer reflexiven Soziologie, Stuttgart 1973, S. 156–161.

15 Ramelsberger et al., *Der NSU-Prozess*, Bd. 1, S. 802.

sen Freundeskreis an, deren Mitglieder später wichtige Unterstützer des NSU werden sollten.[16] Kurz darauf trennten sich Zschäpe und Mundlos, fortan waren Böhnhardt und Zschäpe ein Paar.[17] Der Partnerwechsel führte aber nicht dazu, dass sich die Wege der drei trennten, Böhnhardt, Mundlos und Zschäpe blieben Teil der Clique, die sich im Winzerklub zusammengetan hatte. Das änderte sich auch nicht, als – mit zunehmender Politisierung und Radikalisierung der Jugendclique, die zu diesem Zeitpunkt bereits der rechten Szene zuzurechnen war – einige Mitglieder wegbrachen, die die politische Aktivität nicht mittragen wollten.[18] Vielmehr gehörten Böhnhardt, Mundlos und Zschäpe nun zum harten Kern der Clique, der schließlich die Kameradschaft Jena gründete.[19]

Man könnte davon ausgehen, dass das Beziehungsgefüge innerhalb der Jugendclique beziehungsweise später in der Kameradschaft aus egalitären Freundschaftsbeziehungen bestand. Schließlich handelte es sich, so ein früherer Wegbegleiter vor Gericht, um einen größeren »Freundeskreis, der zusammen Sachen unternommen hat«.[20] Allerdings markierten Zeuginnen und Zeugen in ihren Aussagen deutlich, dass Böhnhardt, Mundlos und Zschäpe sowohl in der Jugendclique als auch innerhalb der Kameradschaft eine Art Subgruppe bildeten, die besonders stark aufeinander bezogen war. Zumindest legen Beschreibungen aus dem damaligen Umfeld der späteren NSU-Kerngruppe diese Vermutung nahe: »Die drei«, so eine damals gängige Bezeichnung,[21] galten »als sehr enge Freunde«,[22] die als »Einheit« auftraten[23] und deren Beziehungen als »exklusiv« wahrgenommen wurden. Sie hätten sich als »elitäre Gruppe abgesondert«, man habe sie schließlich »nur noch zu dritt gesehen«.[24] Die Beziehungen zwischen Böhnhardt, Mundlos und Zschäpe waren also enger als diejenigen zu den anderen Mitgliedern ihres damaligen Freundeskreises.

Diese qualitativen Beziehungsunterschiede, die Beobachterinnen und Beobachter als besonderes Näheverhältnis von Böhnhardt, Mundlos und Zschäpe wahrnahmen, waren die Folge einer Vermischung von Freundschafts- und Liebesbeziehungen innerhalb der Triade. Beate Zschäpe selbst machte in ihren Einlassungen vor Gericht deutlich, dass sich die NSU-Kerngruppe keineswegs ausschließlich über Freundschaften definieren lässt: Ihr Verhältnis zu Uwe Mundlos beschrieb sie als geschwisterlich, »als mehr als nur

16 Ebd., S. 802 und S. 844.
17 Ebd., S. 802.
18 Quent, *Rassismus, Radikalisierung, Rechtsterrorismus*, S. 202.
19 Ebd., S. 205.
20 Ramelsberger et al., *Der NSU-Prozess*, Bd. 1, S. 579.
21 Ebd., S. 326.
22 Ebd., S. 360.
23 Ebd., S. 336.
24 Ebd., S. 701.

freundschaftlich«,[25] Uwe Böhnhardt habe sie »geliebt«.[26] Sie bezeichnete die beiden Männer als ihre »wichtigsten Bezugspersonen«.[27] Böhnhardt und Mundlos selbst seien Zschäpe zufolge »sehr, sehr gute Freunde […], die sich blind vertrauten«.[28] Wir müssen also die für Gruppen konstitutive Dimension der Freundschaft[29] um die Dimension der Liebe erweitern, wenn wir die Gruppendynamik des NSU verstehen wollen: Die Triade war eben nicht ausschließlich durch persönlich-freundschaftliche, sondern auch durch höchstpersönlich-intime Beziehungen miteinander verbunden.[30] Das führte zum einen dazu, dass sie innerhalb größerer Gruppenkontexte als Subeinheit galt, zum anderen hatte dies auch Auswirkungen auf die Triade selbst.

Die internen Konsequenzen betrafen insbesondere die Kommunikationsmodi, die innerhalb der Triade vorherrschten und zu ihrer Reproduktion beitrugen: In Freundschaftsgruppen findet normalerweise eine personenbezogene Kommunikation statt, die durch einen relativ breiten Horizont an ansprechbaren Themen gekennzeichnet ist.[31] Darüber hinaus gibt es die Erwartung, dass man sich zu diesen Themen in irgendeiner Form persönlich äußert, und so die persönlichen Beziehungen kommunikativ abbildet und reproduziert.[32] Durch die Vermischung von Freundschafts- und Liebesbeziehungen kommt Intimkommunikation hinzu, die Familien und Partnerschaften vorbehalten ist:[33] Im Modus der Intimkommunikation kann man alles thematisieren, während der Themenhorizont personenbezogener Kommunikation zwar weit gesteckt ist, man aber nicht ausnahmslos alles ansprechen kann.[34]

Zumindest Beate Zschäpe muss mit den beiden Männern im Rahmen ihrer jeweiligen Partnerschaften intim kommuniziert haben. Interessant ist an dieser Stelle das Verhältnis von Zschäpe zu ihrem Expartner Mundlos, das

25 Ebd., S. 905.
26 Ebd.
27 Ebd., S. 1169.
28 Ebd., S. 905.
29 Siehe hierzu den Beitrag von Stefan Kühl und Janosch Schobin in diesem Heft.
30 Johannes F. K. Schmidt, »Die Differenzierung persönlicher Beziehungen. Das Verhältnis von Liebe, Freundschaft und Partnerschaft«, in: Kornelia Hahn / Günter Burkart (Hg.), *Grenzen und Grenzüberschreitungen der Liebe.* Studien zur Soziologie intimer Beziehungen II, Opladen 2000, S. 73–100, hier S. 81.
31 Friedhelm Neidhardt, »Innere Prozesse und Außenweltbedingungen sozialer Gruppen«, in: Bernhard Schäfers (Hg.), *Einführung in die Gruppensoziologie.* Geschichte – Theorien – Analysen, 3., korr. Aufl., Wiesbaden 1999, S. 135–156, hier S. 136.
32 Stefan Kühl, »Gruppe. Eine systemtheoretische Bestimmung«, in: *Kölner Zeitschrift für Soziologie und Sozialpsychologie* 73 (2021), 1, S. 25–58, hier S. 34 f.
33 Stefan Kühl, »Gruppen, Organisationen, Familien und Bewegungen. Zur Soziologie mitgliedschaftsbasierter Systeme zwischen Interaktion und Gesellschaft«, in: Bettina Heintz / Hartmann Tyrell (Hg.), *Interaktion – Organisation – Gesellschaft revisited.* Anwendungen, Erweiterungen, Alternativen (= Sonderheft der *Zeitschrift für Soziologie*), Stuttgart 2015, S. 65–85, hier S. 73 f.
34 Ebd., S. 74.

sich zumindest kommunikativ nicht abgekühlt zu haben schien. Zschäpes Beschreibung des Verhältnisses als geschwisterlich – und eben nicht nur als freundschaftlich – lässt darauf schließen, dass sie weiterhin intim miteinander kommunizierten, auch wenn die Partnerschaft beendet war. Dadurch verlagerte sich die Beziehung zwischen Zschäpe und Mundlos gewissermaßen in eine Grauzone zwischen Freund- und Partnerschaft.[35] Ebenfalls von Bedeutung ist das Verhältnis von Böhnhardt und Mundlos. Die Vermutung liegt nahe, dass die (Ex-)Liebesbeziehungen zur selben Person auf den Kommunikationsmodus, insbesondere in Interaktionen zu dritt, abfärben, indem sich beispielsweise der ansprechbare Themenhorizont signifikant erweitert. Es besteht ein Interesse an der anderen Person jenseits gemeinsamer Themen – schließlich konnten Böhnhardt und Mundlos davon ausgehen, dass Zschäpe über sie mit dem jeweils anderen spricht.[36]

Als Konsequenz des gruppeninternen Kommunikationsmodus, der irgendwo zwischen personenbezogener und intimer Kommunikation liegt, sammeln die Beteiligten wechselseitig tiefgreifendes Personenwissen. Je mehr Themen man untereinander ansprechen darf und je mehr Themen es gibt, zu denen man eine persönliche Haltung erwarten kann, desto umfassender lernt man sein Gegenüber kennen. Daraus entsteht mit der Zeit eine Erwartungssicherheit, die schließlich in Vertrauen übergeht: Man kann, auf Basis der gemeinsamen Geschichte, antizipieren, wie sich der oder die andere in einer bestimmten Situation oder zu einem bestimmten Thema verhalten wird. Das Gegenüber wiederum will in der Regel die Erwartungen, die vertraute Personen stellen, nicht enttäuschen und ist, um dies zu gewährleisten, an seine früheren Selbstdarstellungen gebunden.[37] Letztlich entsteht dadurch jenes »besonders enge[] Vertrauensverhältnis« mit »engen emotionalen Bindungen«,[38] das Böhnhardt, Mundlos und Zschäpe von größeren Gruppenkontexten abgrenzte. Sie kannten sich besser als ihre anderen Freundinnen und Freunde, sie schufen untereinander Vertrauen von höherer Qualität. Dadurch bildeten sie schließlich einen eigenen »unverwechselbaren Kreis«, der sich aus genau dieser »Verbindung bestimmter, singulärer Individuen« ergab und der sich von anderen nicht nur bemerken, sondern auch beschreiben ließ.[39]

35 Eric Anton Heuser / Janosch Schobin, »Freundschaft, Körperlichkeit und Sexualität«, in: Janosch Schobin / Vincenz Leuschner / Sabine Flick / Erika Alleweldt / Eric Anton Heuser / Agnes Brandt, *Freundschaft heute*. Eine Einführung in die Freundschaftssoziologie, Bielefeld 2016, S. 185–195, hier S. 189.

36 Schmidt, »Die Differenzierung persönlicher Beziehungen«, S. 92.

37 Niklas Luhmann, *Rechtssoziologie 1*, Reinbek bei Hamburg 1972, S. 86; ders., *Vertrauen*. Ein Mechanismus der Reduktion sozialer Komplexität [1968], Konstanz 2014, S. 46 ff.

38 Quent, *Rassismus, Radikalisierung, Rechtsterrorismus*, S. 256.

39 Hartmann Tyrell, »Zwischen Interaktion und Organisation I. Gruppe als Systemtyp«, in: Friedhelm Neidhardt (Hg.), *Gruppensoziologie*. Perspektiven und Materialien (= Sonderheft der *Kölner Zeitschrift für Soziologie und Sozialpsychologie*), Opladen 1983, S. 75–87, hier S. 82.

Die Unverwechselbarkeit führte aufgrund der Vermischung von Liebe und Freundschaft so weit, dass Dritte Formen der Schließung und Beziehungsexklusivität beobachten konnten, die später Teil des für die Konstitution der terroristischen Gruppe wichtigen »Beziehungsmonopol[s]« der Triade waren.[40] Die Triade war durch ihre starke emotionale Verdichtung und das hohe Maß an Personenwissen bereits vor dem Untergrund kaum imstande, weitere Personen zu integrieren. So hatte Beate Zschäpe eine kurze Affäre mit einem Mitglied des extrem rechten Netzwerks Blood & Honour, das sich nach eigener Aussage mehr mit ihr hätte vorstellen können. Es habe ihn aber schließlich genervt, dass Zschäpe »nur die Uwes im Kopf gehabt« habe und »die beiden ständig dabei waren«.[41] Eine gleichwertig höchstpersönliche Beziehung zu jemand anderem als zu Böhnhardt oder Mundlos sei für Zschäpe »nicht infrage gekommen«, obwohl sie zu diesem Zeitpunkt kurzzeitig von Böhnhardt getrennt war.[42]

Die Bedeutung, die Zschäpe den Beziehungen zu Böhnhardt und Mundlos beimaß, wird in ihren Beschreibungen vor Gericht immer wieder deutlich – auch wenn sie sich selbst darin häufig als Anhängsel der beiden Männer verortet, ein passives, beinahe zufälliges Mitglied einer Art Schicksalsgemeinschaft.[43] In Zschäpes Erzählungen scheint stets eine gegenseitige Abhängigkeit durch, etwa in ihren Ausführungen zum gemeinsamen Gang in den Untergrund im Januar 1998. Die Flucht war zum einen eine koordinierte Entscheidung, sie hatten gemeinsam »beschlossen, […] dass wir das Ganze erst einmal aus der Ferne beobachten«.[44] Auch Zschäpes Überzeugung, »ich geh mit den Jungs mit«, war vermutlich eine Reaktion darauf,[45] dass mit Böhnhardt und Mundlos die anderen Mitglieder ihrer Gruppe abtauchten und sie eben dazugehörte. Später verwarfen die drei bestehende Fluchtpläne ins Ausland, diesmal weil Zschäpe in Deutschland bleiben wollte.[46] Auf die Frage seiner Mutter, warum sich Mundlos und Zschäpe nicht einfach stellen würden, schließlich drohe den beiden keine Strafe, entgegnete Böhnhardt: »Nein, aber wir bleiben zusammen, wir sind Freunde.«[47] Die Zugehörigkeit zu ihrer stark verdichteten, freundschaftlich-intimen Triade hatte großen Einfluss auf das Verhalten von Böhnhardt, Mundlos und Zschäpe, sie handelten als Gruppenmitglieder anders, als sie es viel-

40 Sader, *Psychologie der Gruppe*, S. 78.
41 Ramelsberger et al., *Der NSU-Prozess*, Bd. 1, S. 350.
42 Ebd.
43 Ebd., S. 813.
44 Ebd., S. 806.
45 Ebd., S. 214.
46 Dosdall, *Die NSU-Ermittlungen 1998–2011*, S. 111.
47 Ramelsberger et al., *Der NSU-Prozess*, Bd. 1, S. 211. Böhnhardts Eltern hatten bis 2002 (also noch nach deren Abtauchen) sporadischen Kontakt zur NSU-Kerngruppe, danach jedoch endgültig nicht mehr. Die zitierte Passage stammt, laut Aussage der Eltern, aus einem Telefonat mit Uwe Böhnhardt. Die Datierung ist im Datenmaterial leider nicht eindeutig, vermutlich 1998 oder 1999.

leicht als Individuen getan hätten.[48] Dies gilt insbesondere für die Entscheidung, gemeinsam in den Untergrund zu gehen: Neben den gemeinsamen politischen Überzeugungen waren die freundschaftlich-intimen Beziehungen ein starkes Motiv dafür, genau in dieser Konstellation, also mit den engsten Vertrauten, abzutauchen.[49]

Auswirkungen auf die Gruppendynamik des NSU

Ihre freundschaftlich-intimen Beziehungen konstituierten nicht nur die Triade Böhnhardt, Mundlos und Zschäpe. Sie waren darüber hinaus von großer Bedeutung für den Transformationsprozess in eine terroristische Gruppe und prägten die Gruppendynamik des NSU entsprechend. Die Überführung der freundschaftlich-intimen in eine terroristische Triade begann mit der bereits angesprochenen Flucht vor polizeilicher Verfolgung am 26. Januar 1998. Sie löste Böhnhardt, Mundlos und Zschäpe endgültig aus ihrem größeren Freundeskreis und unterteilte die Kameradschaft Jena in eine klandestine und eine öffentliche Gruppe. Die drei waren nach bisherigem Wissensstand die einzigen, die untertauchten. An diese veränderten Bedingungen mussten sie sich anpassen. Dabei waren die engen Freundschaften zwischen den Kerngruppenmitgliedern von Vorteil: Sie sorgten für Stabilität, weil über sie Strukturprobleme, die terroristische Gruppen häufig haben, gelöst, wenigstens aber dauerhaft bearbeitbar gemacht wurden. Im Folgenden gehe ich genauer auf drei solcher Strukturprobleme ein: die Gruppengröße, die Totalinklusion der Mitglieder und die Exitkosten beim Ausstieg aus der Gruppe.

Größe der Gruppe

Der NSU bestand, soweit bekannt, über den gesamten Zeitraum seiner Existenz zwischen Januar 1998 und November 2011 konstant aus drei Mitgliedern und schien keinerlei Ambitionen gehabt zu haben, die Mitgliederanzahl zu erhöhen. Vielmehr übertrug sich der exklusive Charakter der freundschaftlich-intimen Triade auf die terroristische Gruppe und wurde in der Klandestinität noch weiter ausgebaut, sodass die Gruppe schließlich »extrem zur Umwelt hin abgegrenzt« war.[50] Gleichzeitig bildeten sich innerhalb der Triade bereits eigene Verhaltenserwartungen und Normen heraus.[51] Dies betraf die Binnenstruktur der Gruppe, die verwendeten Kommunika-

48 Martin Schwonke, »Die Gruppe als Paradigma der Vergesellschaftung«, in: Schäfers (Hg.), *Einführung in die Gruppensoziologie*, S. 37–53, hier S. 38.
49 McCauley/Moskalenko, *Friction*, S. 54.
50 Sader, *Psychologie der Gruppe*, S. 78.
51 Luhmann, *Rechtssoziologie 1*, S. 86.

tionsmodi, die angesprochenen Themen, aber auch den Umgang mit, in den Worten von Beate Zschäpe, »Extremsituationen«.[52] Durch geteilte Erfahrungen mit Polizeidurchsuchungen und Gerichtsverfahren sowie gemeinsam begangene Straftaten entstanden bestimmte Gruppennormen und Erwartungen – beispielsweise sich gegenseitig falsche Alibis zu geben.[53]

Neue Mitglieder hätten sich in das bestehende Normenset integrieren müssen, wodurch die Gruppenstruktur vielleicht grundsätzlich hinterfragt worden wäre, Verhaltenserwartungen hätten neu austariert und Normen neu ausgehandelt werden müssen. Kurz: Bereits seit Langem abgeschlossene Gruppenbildungsprozesse wären (teilweise) neu angestoßen worden,[54] was immer auch ein gewisses Konfliktpotenzial birgt. Indem die freundschaftliche Personenkonstellation stabil in die terroristische Gruppe überging, erübrigten sich solche grundlegenden Prozesse. Dadurch konnten sich Böhnhardt, Mundlos und Zschäpe möglicherweise schneller in ihrem klandestinen Dasein einrichten, weil sie die bestehende Gruppenstruktur zwar anpassen, aber nicht neu aushandeln mussten.

Integration in die Gruppe

Zudem wäre die Aufnahme neuer Mitglieder in das Gruppengefüge angesichts der umfassenden personalen Integration von Böhnhardt, Mundlos und Zschäpe und der Enge ihrer freundschaftlichen Beziehungen schwierig bis aussichtslos gewesen. Die Gruppengeschichte reichte Jahre zurück, das umfassende Personenwissen hätte kaum jemand aufholen können. Es würden beispielsweise gemeinsame Erlebnisse fehlen, die nicht nur bestimmte Gruppennormen, sondern auch gegenseitiges Vertrauen generieren. Neumitglieder wären mit einem extremen Vertrauensgefälle konfrontiert, weil sie nicht über einen ähnlich langen Zeitraum Erwartungsstabilität aufbauen konnten. Eine solche Asymmetrie müsste zunächst ausgeglichen werden, bei Unstimmigkeiten innerhalb der Gruppe könnte das mangelnde Vertrauen jedoch schnell zu Brüchen innerhalb der Gruppe führen.

52 Ramelsberger et al., *Der NSU-Prozess*, Bd. 1, S. 904.

53 Ein Beispiel dafür ist der sogenannte Puppentorso-Fall: 1996 hängten Mitglieder der Kameradschaft Jena eine selbstgebaute Puppe an einer Autobahnbrücke in Jena auf, an der ein gelber Judenstern und eine Sprengvorrichtung angebracht waren. An der Konstruktion fanden Ermittler später Fingerabdrücke von Uwe Böhnhardt. Darauf folgte ein Prozess vor dem Landgericht Jena, bei dem unter anderem Mundlos und Zschäpe aussagten. Beide deckten Böhnhardt, man gab sich gegenseitig Alibis. Siehe dazu Ramelsberger et al., *Der NSU-Prozess*, Bd. 1, S. 470. Für mehr Informationen zum Puppentorso-Fall siehe Deutscher Bundestag (Hg.), *Beschlussempfehlung und Bericht des 2. Untersuchungsausschusses*, S. 79 ff.

54 Für Beispiele solcher Gruppenbildungsprozesse siehe Bruce Tuckman, »Developmental Sequence in Small Groups«, in: *Psychological Bulletin* 63 (1965), 6, S. 384–399; Zick, »Dynamiken, Strukturen und Prozesse in extremistischen Gruppen«, S. 289 f.

Ihre extreme Abgeschlossenheit schützte die NSU-Kerngruppe außerdem vor Verrat und Spitzeln. Es gehört zu den Überlebensvoraussetzungen klandestiner Terrorgruppen, »sich auf jeden anderen verlassen zu können, vor allem: nicht verraten zu werden«.[55] Verrat hinterlässt nachhaltigen Schaden, weil er das Entdeckungsrisiko maßgeblich erhöht, aber auch – und vor allem –, weil er das wechselseitige Vertrauen innerhalb der Gruppe und damit schließlich die Gruppe selbst zerstört.[56] Diese Gefahr bannte die NSU-Kerngruppe schlicht dadurch, dass sie keine neuen Mitglieder rekrutierte. Somit entfielen sozial aufwendige Überprüfungen der Vertrauenswürdigkeit potenzieller Neumitglieder.[57]

Aufgrund der Illegalität terroristischen Handelns spielten Normen, die die Geheimhaltung der terroristischen Gruppe absichern, auch innerhalb des NSU eine bedeutende Rolle.[58] Entsprechende Regeln, die nun mit der Transformation unter verschärften Bedingungen weitergetrieben wurden, gab es bereits in der freundschaftlich-intimen Gruppe. Weitreichende Verhaltenskontrollen – ebenfalls mit dem Zweck der Geheimhaltung – ergänzten die Normen.[59] So erwarteten Böhnhardt, Mundlos und Zschäpe voneinander, dass sie ihre jeweiligen Kontakte zu Bezugspersonen außerhalb der terroristischen Gruppe aus Schutzgründen abbrachen. Sie lösten sich aus allen sozialen Zusammenhängen, die nicht mit dem Leben in der Klandestinität vereinbar waren. Am Ende standen sie nur noch in Kontakt zu Personen aus dem unmittelbaren Unterstützungsnetzwerk – alle anderen Beziehungen, etwa zu den eigenen Eltern, beendeten sie früher oder später dauerhaft. Die NSU-Kerngruppe spaltete sich somit »von konkurrierenden Beziehungen und von konkurrierenden Fixpunkten ihrer sozialen Identität« ab.[60] Das damit geschaffene Beziehungsmonopol führte zur sozialen Isolation der Gruppenmitglieder.[61] Um möglichst geheim zu bleiben, isolieren terroristische Gruppen »ihre Mitglieder von gruppenexternen Loyalitäten« »und [vereinnahmen] sie auch psychisch«.[62] In diesem Sinne sind die Mitglieder total inkludiert, Teil von anderen sozialen Zusammenhängen zu sein, ist unmöglich.[63] Denn man könnte die eigene Existenz im Untergrund nicht (vollständig) geheim halten und gleichzeitig Kontakte zu Außenstehenden

55 Neidhardt, »Soziale Bedingungen terroristischen Handelns«, S. 365; siehe auch Kühl, »Die Wachstumsbremse terroristischer Gruppen«, S. 613.

56 Sageman, *Turning to Political Violence*, S. 36.

57 Neidhardt, »Soziale Bedingungen terroristischen Handelns«, S. 368 f.

58 Kühl, »Die Wachstumsbremse terroristischer Gruppen«, S. 612.

59 Sader, *Psychologie der Gruppe*, S. 78.

60 Lewis Coser, *Gierige Institutionen*. Soziologische Studien über totales Engagement, übers. von Marianne Egger de Campo, Berlin 2015, S. 17.

61 Neidhardt, »Soziale Bedingungen terroristischen Handelns«, S. 369; Kühl, »Die Wachstumsbremse terroristischer Gruppen«, S. 613 f.

62 Peter Waldmann, *Terrorismus*. Provokation der Macht [1998], 2., vollst. überarb. Ausg., Hamburg 2005, S. 209.

63 Ebd., S. 210.

pflegen. Das gilt insbesondere für freundschaftliche oder familiäre Kontakte – also für jene Kontexte, in die man als gesamte Person integriert ist. Ein Kontaktabbruch sorgt dafür, dass man die Erwartungen von Personen, die eigentlich einen Anspruch auf die Thematisierung persönlicher Themen haben oder ihn zumindest stellen, nicht immer wieder aufs Neue enttäuschen muss.

Die beschriebene Totalinklusion in die terroristische Gruppe führte dazu, dass Böhnhardt, Mundlos und Zschäpe auf sich selbst zurückgeworfen und aufeinander angewiesen waren.[64] Die Gruppe umfasste »alle Lebensbezüge ihrer Mitglieder, in ihr müssen nahezu sämtliche Bedürfnisse – von »Arbeit bis Liebe, von Essen bis zum Schlaf«[65] – erfüllt werden, da kaum noch Außenkontakte bestanden, die dies übernehmen konnten.[66] Allerdings federte das Fundament der bereits bestehenden Triade den Verlust ab. So konnte vermutlich das Bedürfnis nach Sexualität und Liebe gruppenintern, das heißt über die vorhandenen Intimbeziehungen zwischen den Mitgliedern der NSU-Kerngruppe, gestillt werden. Aufgrund der Verdichtung der persönlichen Beziehungen untereinander und der Abgrenzung gegenüber anderen Gruppenkontexten fiel es Böhnhardt, Mundlos und Zschäpe mit Entstehung der terroristischen Gruppe verhältnismäßig leicht, exklusives und total inkludiertes Mitglied des NSU zu sein. Entsprechend bezeichnete Zschäpe die Terrorgruppe vor Gericht als ihre »Ersatzfamilie«, Böhnhardt und Mundlos seien ihre »einzigen emotionalen Bezugspersonen« gewesen.[67]

Ausstieg aus der Gruppe

Die persönlichen Beziehungen zwischen den drei Mitgliedern der NSU-Kerngruppe erhöhten außerdem die Kosten, die ein Ausstieg aus der Gruppe mit sich gebracht hätte. Zusätzlich zur typischen »Schuldverstrickung«[68] – die Mitgliedschaft in einer terroristischen Gruppe führt auch jenseits aktiver Täterschaft bereits zu strafrechtlicher Verfolgung[69] – beinhalten die Exitkosten im Falle freundschaftlich-intimer Beziehungen auch den Verlust nahestehender Personen. Diese Konsequenz können die anderen Gruppenmitglieder auch als Druckmittel nutzen, um den Ausstieg einer Person zu verhindern. So berichtete Beate Zschäpe vor Gericht, dass sie sich eigentlich der Polizei stellen wollte und diese Entscheidung Böhnhardt und Mundlos mitgeteilt habe. Die beiden drohten ihr daraufhin, sich in diesem Fall zu

64 Neidhardt, »Soziale Bedingungen terroristischen Handelns«, S. 349.
65 Ebd., S. 361.
66 Kühl, »Die Wachstumsbremse terroristischer Gruppen«, S. 613.
67 Ramelsberger et al., *Der NSU-Prozess*, Bd. 1, S. 897.
68 Sader, *Psychologie der Gruppe*, S. 79.
69 Neidhardt, »Soziale Bedingungen terroristischen Handelns«, S. 371; Waldmann, *Terrorismus*, S. 197.

suizidieren: »Wenn ich also zur Polizei gehen, die beiden dadurch entdeckt und ihre Verhaftung drohen würde, so wollten sie sich der Verhaftung auf diese Weise entziehen.«[70] Für Zschäpe selbst ergab sich aus dieser Situation ein nach eigener Aussage »unlösbare[s] Problem: Sollte ich mich der Polizei stellen, [...] müsste ich den Tod der beiden einzigen Menschen, die mir neben meiner Oma lieb waren, auf mein Gewissen nehmen.«[71] Es war in der von Beate Zschäpe geschilderten Version also nicht allein die Angst, aufgrund der Mitgliedschaft in der Terrorgruppe ins Gefängnis zu kommen; vor allem der Verlust ihrer engsten Freunde hielt sie davon ab, die Gruppe zu verlassen. Der Ausstieg wäre auch ein Verrat an den eigenen Freunden gewesen,[72] der darauffolgende Beziehungsabbruch erschien durch die Suizidandrohung endgültig. Die ultimative Verletzung der Gruppennormen bezüglich Geheimhaltung[73] hätte die Grundfesten der NSU-Kerngruppe erschüttert und die Triade letztlich vollends zerstört.

Die freundschaftlich-intimen Beziehungen waren somit auch eine Art Rückversicherung für Böhnhardt und Mundlos. Da, wo das persönliche Vertrauen ineinander nicht mehr ausreichte, erweiterten sie es durch Maßnahmen wie die Suizidandrohung um einen Zwang zu Loyalität. Laut Zschäpe vermittelten ihr die beiden Männer, dass sie ihr »zwar vertrauten, aber eben nicht zu 100 Prozent«.[74] Und gerade in der prekären Situation des Untergrunds wäre ein Verrat besonders problematisch gewesen, weil er sehr wahrscheinlich zur Entdeckung geführt hätte. Verrat allerdings »liegt außerhalb dessen, was über Vertrauen geregelt wird«.[75] Insofern dient die Erhöhung der Exitkosten über Maßnahmen der emotionalen Erpressung als Absicherung: Sie macht die Verletzung der Geheimhaltungsnormen unwahrscheinlicher.

Die Exitkosten, die die NSU-Kerngruppe offen miteinander verhandelte, waren ein praktischer Ausdruck der Totalinklusion. Die hohe personale Interdependenz und die damit einhergehenden engen persönlichen Bindungen übten emotionalen Druck aus und halfen so, einen Ausstieg abzuwenden. Den immer drohenden Verrat explizit anzusprechen und eine entsprechende Sanktionierung in Aussicht zu stellen, sorgte dafür, dass die Gruppenmitglieder die Geheimhaltungsnormen nicht verletzten. Dies war, in Kombination mit den Exitkosten, die durch die Schuldverstrickung in die Taten der terroristischen Gruppe entstanden, ein effektives Mittel, um Ausstiege zu verhindern. Zschäpe schilderte später vor Gericht, dass sie »keine

70 Ramelsberger et al., *Der NSU-Prozess*, Bd. 1, S. 811.

71 Ebd.

72 Janosch Schobin, »Sechs Farben und drei Rotationsachsen. Versuch über Verpflichtungen in Freundschaften«, in: *Mittelweg 36* 17 (2008), 3, S. 17–41, hier S. 29.

73 Ebd.

74 Ramelsberger et al., *Der NSU-Prozess*, Bd. 1, S. 811.

75 Schobin, »Sechs Farben und drei Rotationsachsen«, S. 29.

Chance mehr« gesehen habe, die Gruppe zu verlassen, die Gruppenmitglieder seien »auf Gedeih und Verderb aneinandergekettet« gewesen.[76] Der Griff zu solch drastischen Mitteln wie Suizidandrohungen unterstreicht die weitreichenden Konsequenzen, die ein Verrat für die NSU-Kerngruppe und ihren Fortbestand gehabt hätte.

Fazit

Den Gruppencharakter der NSU-Kerngruppe ernst zu nehmen, macht auf verschiedenen Ebenen deutlich, wie wichtig die freundschaftlich-intimen Beziehungen für die terroristische Gruppe waren. Sie trugen entscheidend zu Stabilität und Dauerhaftigkeit der Gruppe bei, indem sie unter anderem die Anzahl der Mitglieder limitierten, die Totalinklusion in die terroristische Gruppe vereinfachten und die Exitkosten stark erhöhten. Die zuvor bestehende freundschaftliche Triade ließ sich leichter in eine terroristische Gruppe überführen und ermöglichte es, problembehaftete Situationen zu bearbeiten und zu entschärfen. Im Grunde handelte es sich bei der NSU-Kerngruppe letztlich um eine Freundschaftstriade, die begann, terroristisch zu handeln.

Allerdings müssen wir den Freundschaftsbegriff stark dehnen, um den NSU überhaupt als Freundesgruppe bezeichnen zu können. Denn die Beziehungen, die ihn konstituierten, waren eine Mischung aus Freundschaft und Liebe. In der spezifischen Konstellation, die sich irgendwo zwischen diesen beiden Polen bewegte, waren die Individuen wichtige Fixpunkte der Gruppe. Durch die Vermischung von personenbezogener und intimer Kommunikation entstand umfangreiches Personenwissen, das sich in Vertrauen übersetzen ließ. Böhnhardt, Mundlos und Zschäpe waren jeweils mit ihrer gesamten Persönlichkeit in die Freundesgruppe integriert. Dies sorgte für eine Abhängigkeit innerhalb der Gruppe, die nur in dieser spezifischen Mitgliederkonstellation funktionierte: Würde jemand fehlen, wäre jemand hinzugefügt oder ausgetauscht worden, hätte dies die Gruppe vermutlich gesprengt. Diese Dynamik bestand bereits vor Entstehung der terroristischen Gruppe und führte dazu, dass die Triade aufgrund der spezifischen Beziehungsqualität ihrer Mitglieder als exklusive Subgruppe innerhalb eines größeren Freundeskreises galt. Dadurch war in gewisser Weise bereits vorgezeichnet, wie die spätere NSU-Kerngruppe zusammengesetzt sein würde. In diesem Sinne fungierten die persönlichen Beziehungen nach innen als Verdichtung, nach außen als Schließung.

Die bereits angelegte Bezogenheit verstärkte sich mit der Flucht und der damit einhergehenden Transformation in eine klandestine Terrorgruppe,

76 Ramelsberger et al., *Der NSU-Prozess*, Bd. 1, S. 811 und S. 1430.

die bestehende Exklusivität der Beziehungen zwischen Böhnhardt, Mundlos und Zschäpe steigerte sich weiter. Nicht zuletzt deshalb blieb die Gruppengröße der NSU-Kerngruppe über die Jahre konstant. Denn die Mitgliederkonstellation basierte so sehr auf den bestehenden Beziehungen, dass ein neues Mitglied nur unter großen Anstrengungen integrierbar gewesen wäre, schließlich hätte zunächst ein starkes Vertrauensgefälle ausgeglichen werden müssen. Indem der NSU seine ursprüngliche Konstellation beibehielt, vermied er zum einen Erwartungsunsicherheiten, die ihn anfällig für Verrat hätten machen können, zum anderen umging er Konflikte, die mitunter bei Neuaufnahmen entstehen – etwa durch die Aushandlung von Rollenverteilungen oder Führungspositionen. Auch die Außenkontakte der Gruppe waren in hohem Maße zweckgebunden, handelte es sich doch zumeist um Personen, die zum unmittelbaren Unterstützungsnetzwerk der NSU-Kerngruppe gehörten. Die geringe Anzahl an Außenkontakten stabilisierte die Gruppe, denn es kam kaum zu konkurrierenden Loyalitäten oder Rollen.

Die intim-freundschaftlichen Beziehungen gerieten zum Druckmittel, das sowohl latent als auch manifest dazu verwendet wurde, Konformität herzustellen. Der Verrat wäre ein Verrat an Freunden gewesen und hätte dementsprechende Konsequenzen nach sich gezogen, mindestens den Beziehungsabbruch zu den engsten Vertrauten. Ein Ausstieg aus der Gruppe hätte dazu führen können, dass sie zusammenbricht und sich nicht wieder formieren kann.

Allein die drei explizierten Spezifika – Gruppengröße, Totalinklusion und Exitkosten – zeigen die Wirkmächtigkeit der freundschaftlich-intimen Beziehungen innerhalb der NSU-Kerngruppe. Auf verschiedene Weisen trugen sie dazu bei, dass die Gruppe mögliche innere Konfliktfelder, die ihren Fortbestand hätten gefährden können, zumindest adressieren, zumeist sogar eliminieren konnte. Unter anderem weil die Mitglieder innere Bedrohungen wie Verrat oder strukturelle Konflikte durch den Rückgriff auf ihre freundschaftlich-intimen Beziehungen vermeiden konnten, blieb der NSU bis zu seiner Enttarnung durch Beate Zschäpe unentdeckt. Zu diesem Zeitpunkt gab es die Gruppe schon nicht mehr, ihre Strukturen scheinen so gut funktioniert zu haben, dass es für Beate Zschäpe erst nach dem Tod von Böhnhardt und Mundlos möglich war, ihre Existenz offenzulegen.

Wie sich gezeigt hat, profitierte die NSU-Kerngruppe in besonderem Maße von ihrer Gruppenstruktur und ihren freundschaftlich-intimen Beziehungen. Der Fall macht exemplarisch deutlich, wie wichtig Freundschaftsbeziehungen und Gruppendynamiken für terroristische Zusammenschlüsse sind und welche Bedeutung sie für die Anpassungsfähigkeit und Dauerhaftigkeit von Terrorgruppen haben können. Die personelle Stabilität fungiert dabei als sichere Basis für terroristische Gewalttaten. Es ist also wichtig, terroristische Zusammenschlüsse nicht nur – im Anschluss an die Kleingruppenforschung – in ihrer Gruppenhaftigkeit zu untersuchen, sondern – mit Bezug auf die Freundschaftssoziologie – auch die Beziehungsqualität der Gruppenmitglieder in die Analyse miteinzubeziehen. Wie der Fall des NSU zeigt, macht es eben einen Unterschied für die Konstitution sowie die Anpassungs- und Handlungsfähigkeit eines terroristischen Zusammenschlusses, ob und vor allem wie gut sich ihre Mitglieder bereits kennen. Insbesondere die Illegalität terroristischen Handelns erfordert soziale Bedingungen, die vor allem – vielleicht sogar nur – in persönlichen Beziehungen und Kleingruppen geschaffen werden können.

Madlen Böert ist Lehrbeauftragte an der Universität Bielefeld und Stipendiatin des Bielefelder Nachwuchsfonds.
madlen.boeert@uni-bielefeld.de

Harms Herbert

»Der Widerspenstigen Zähmung«

Gruppen und ihre Interaktionen

Einleitung: Verschachtelung von Interaktion und Gruppe

Zu den vielen Kartografien der sozialen Welt gehört auch Niklas Luhmanns Einteilung in »Ebenen der Systembildung«[1] anhand verschiedener Grenzziehungsprinzipien sozialer Systeme. Nun sind Landkarten zwar nie die Landschaft,[2] aber zum Erkunden und Erforschen sind manche nichtsdestotrotz nützlicher als andere. Angesichts der Kritik mangelnder empirischer Angemessenheit[3] weist die Ebenendifferenzierung in Interaktion, Organisation und Gesellschaft allerdings eine gewisse Ambivalenz auf: Einerseits ziele sie »nicht auf die Erschließung der ›Typenvielfalt des Sozialen‹«.[4] Andererseits nimmt Luhmann sehr wohl in Anspruch, dass sie »einen realistischeren Zugriff auf die soziale Wirklichkeit«[5] ermögliche.

Ich möchte im Folgenden dem Verdacht nachgehen, dass der Abstand zwischen Interaktion und Organisation zu groß geraten ist[6] – und die Berücksichtigung von Gruppen Abhilfe schaffen kann. Einer Aufnahme in die Ebenentypologie steht jedoch das Herausstellen der *Kontinuität* von Gruppe und Gesellschaft in der Literatur entgegen.[7] Schließlich lautet der differenzierungstheoretische Grundgedanke, dass sich soziale Systemtypen anhand einer spezifischen Eigenlogik unterscheiden.[8] So nutzen Interaktionen körperliche Kopräsenz zur Grenzziehung gegenüber Abwesenden, Organisatio-

1 Niklas Luhmann, »Ebenen der Systembildung – Ebenendifferenzierung (unveröffentlichtes Manuskript 1975)«, in: Bettina Heintz / Hartmann Tyrell (Hg.), *Interaktion – Organisation – Gesellschaft revisited.* Anwendungen, Erweiterungen, Alternativen (= Sonderheft der *Zeitschrift für Soziologie*), Stuttgart 2015, S. 6–39.

2 Alfred Korzybski, *Science and Sanity.* An Introduction to Non-Aristotelian Systems and General Semantics, Lancaster 1933, S. 58.

3 Stefan Hirschauer, »Intersituativität. Teleinteraktionen und Koaktivitäten jenseits von Mikro und Makro«, in: Heintz/Tyrell (Hg.), *Interaktion – Organisation – Gesellschaft revisited,* S. 109–133, hier S. 115.

4 Hartmann Tyrell, »Interaktion, Organisation, Gesellschaft. Niklas Luhmann und die Soziologie der Nachkriegszeit«, in: *Soziale Systeme* 20 (2015), 2, S. 337–386, hier S. 365.

5 Niklas Luhmann, »Interaktion, Organisation, Gesellschaft«, in: ders., *Soziologische Aufklärung* 2. Aufsätze zur Theorie der Gesellschaft, Wiesbaden 2005, S. 9–24, hier S. 15.

6 Gerd Nollmann, *Konflikte in Interaktion, Gruppe und Organisation.* Zur Konfliktsoziologie der modernen Gesellschaft, Opladen 1997, S. 65.

7 George C. Homans, *Theorie der sozialen Gruppe* [1960], übers. von Rolf Gruner, Opladen 1978; Gary A. Fine / Brooke Harrington, »Tiny Publics. Small Groups and Civil Society«, in: *Sociological Theory* 22 (2004), 3, S. 341–356.

8 Tyrell, »Interaktion, Organisation, Gesellschaft«, S. 352.

nen gelingt mittels Entscheidungsstrukturen die Ausgrenzung von Nichtmitgliedern, und die Gesellschaft ist durch kommunikative Erreichbarkeit von ihrer nicht sozialen Umwelt abgrenzbar.[9]

Genau an dieser Spezifität mangelt es der Gruppe allerdings laut systemtheoretisch gängiger Einschätzung, weshalb sie nur als Interaktionsmodus behandelt wird, der einzelne Interaktionssequenzen zu »Interaktionszusammenhängen«[10] oder »intermittierenden Systemen«[11] verknüpft. Mit dem Grenzziehungsprinzip diffuser und relativ dauerhafter Mitgliederbeziehungen[12] und der Erwartbarkeit persönlicher Kommunikation[13] liegt jedoch eine überzeugende Präzisierung des Gruppenbegriffs vor, die nichtsdestotrotz Abgrenzungsfragen aufwirft: Wie lassen sich Gruppen von den anderen Systemtypen, insbesondere von ›ihren‹ Interaktionen, unterscheiden?

Auf eine Formel gebracht lautet die übliche Antwort: Die Gruppe, ebenso wie die Beziehung, ist auch dann noch, wenn die Interaktion nicht mehr ist.[14] Ungeklärt bleibt damit aber, worin die Differenz unter den Bedingungen von Gleichzeitigkeit – also *während* eines Gruppentreffens – besteht. Diese Frage auch nur zu stellen, wäre ohne Erving Goffman kaum möglich. Sein Verdienst war es, »die unmittelbare Interaktion als eigenständigen Forschungsbereich der Soziologie auszuweisen«.[15] Zuvor habe man Gruppen zwar beforschen wollen, aber letztlich nur Interaktionen zu sehen

9 Luhmann, »Interaktion, Organisation, Gesellschaft«, S. 10 ff.; ders., »Ebenen der Systembildung«, S. 7 ff.

10 André Kieserling, *Kommunikation unter Anwesenden*. Studien über Interaktionssysteme, Frankfurt am Main 1999, S. 221.

11 Niklas Luhmann, »Einfache Sozialsysteme«, in: *Zeitschrift für Soziologie* 1 (1972), 1, S. 51–65, hier S. 63.

12 Friedhelm Neidhardt, »Das innere System sozialer Gruppen« [1979], wiederabgedruckt in: *Kölner Zeitschrift für Soziologie und Sozialpsychologie* 69 (2017), S. 433–454; Hartmann Tyrell, »Zwischen Interaktion und Organisation I. Gruppe als Systemtyp«, in: Friedhelm Neidhardt (Hg.), *Gruppensoziologie*. Perspektiven und Materialien (= Sonderheft der *Kölner Zeitschrift für Soziologie und Sozialpsychologie*), Opladen 1983, S. 75–87; Rudolf Wimmer, »Die Gruppe – ein eigenständiger Grundtypus sozialer Systembildung? Ein Plädoyer für die Wiederaufnahme einer alten Kontroverse«, in: Jens Aderold / Olaf Kranz (Hg.), *Intention und Funktion*. Probleme der Vermittlung psychischer und sozialer Systeme, Wiesbaden 2007, S. 270–293.

13 Stefan Kühl, »Gruppen, Organisationen, Familien und Bewegungen. Zur Soziologie mitgliedschaftsbasierter Systeme zwischen Interaktion und Gesellschaft«, in: Heintz/ Tyrell (Hg.), *Interaktion – Organisation – Gesellschaft revisited*, S. 65–85; Stefan Kühl, »Gruppe. Eine systemtheoretische Bestimmung«, in: *Kölner Zeitschrift für Soziologie und Sozialpsychologie* 73 (2021), 1, S. 25–58.

14 Johannes F. K. Schmidt, »Beziehung als systemtheoretischer Begriff?«, in: *Soziale Systeme* 13 (2007), 1–2, S. 516–527, hier S. 519; Boris Holzer, »Von der Beziehung zum System – und zurück? Relationale Soziologie und Systemtheorie«, in: Jan Fuhse / Sophie Mützel (Hg.), *Relationale Soziologie*. Zur kulturellen Wende der Netzwerkforschung, Wiesbaden 2010, S. 97–116, hier S. 104 f.; Neidhardt, »Das innere System sozialer Gruppen«, S. 438.

15 Jörg R. Bergmann, »Von der Wechselwirkung zur Interaktion. Georg Simmel und die Mikrosoziologie heute«, in: Hartmann Tyrell / Otthein Rammstedt / Ingo Meyer (Hg.), *Georg Simmels große »Soziologie«*. Eine kritische Sichtung nach hundert Jahren, Bielefeld 2011, S. 125–148, hier S. 136.

bekommen.[16] Begründet hat Goffman die »Auflösung der Nahverbindung, ja des Zusammenfallens von small groups und interaction process«[17] mit spezifischen Ordnungsproblemen, die die Interaktion zu lösen hat, etwa die Vermeidung von Peinlichkeit und das Abwechseln von Sprecherrollen.[18]

Interaktionsprobleme sind also keine Gruppenprobleme – und umgekehrt. Aus dieser Einsicht wurde jedoch bisher lediglich aufseiten der Interaktion Kapital geschlagen, die Gruppe hingegen wurde »herausgekürzt«.[19] Mit der Befreiung der Interaktion aus der Umklammerung der Gruppe sind aber *zwei* Einheiten gewonnen, deren *jeweilige* Eigenständigkeit die Frage nach ihrem Verschachtelungsverhältnis erlaubt. So kann ein Interaktionssystem einer Organisation angehören – muss es aber nicht.[20] »Interaktion in Organisation«[21] dient mir in diesem Sinn als Vorlage für die Frage nach *Interaktion in Gruppen.*

Ohne damit die Gruppe zu »einer Art Miniorganisation«[22] oder »partiellen Organisation«[23] zu erklären, gehe ich von einem strukturähnlichen[24] Bezugsproblem von Organisation und Gruppe aus: von der »Naturwüchsigkeit«[25] der Interaktion.[26] Für eine erwerbswirtschaftliche Organisation ist es problematisch, dass »frei sich bildend[e] Interaktion«[27] kaum von selbst als Arbeit vollzogen wird. Um ihre Zwecke zu erfüllen, ist sie darauf angewiesen, Interaktion zu konditionieren, also »ganz künstliche und ›unnatürliche‹ Verhaltensweisen herzustellen und zu stabilisieren«.[28] Um nun analog von Interaktion in Gruppen sprechen zu können, müsste sich plausibilisieren lassen, dass sich auch die Gruppe ihrer Interaktion nicht einfach hingeben kann.

Problematische Naturwüchsigkeit äußert sich zunächst darin, dass Gruppentreffen, anders als Interaktionen, kaum zufällig entstehen. Beim Stadt-

16 Erving Goffman, *Encounters.* Two Studies in the Sociology of Interaction, Harmondsworth 1972, S. 10.
17 Tyrell, »Interaktion, Organisation, Gesellschaft«, S. 366.
18 Goffman, *Encounters*, S. 10 f.
19 Kieserling, *Kommunikation unter Anwesenden*, S. 344.
20 Luhmann, »Interaktion, Organisation, Gesellschaft«, S. 22.
21 André Kieserling, »Interaktion in Organisationen«, in: Klaus Dammann / Dieter Grunow / Klaus-Peter Japp (Hg.), *Die Verwaltung des politischen Systems.* Neuere systemtheoretische Zugriffe auf ein altes Thema, Opladen 1994, S. 168–182; ders., *Kommunikation unter Anwesenden*, S. 335 ff.
22 Kühl, »Gruppen, Organisationen, Familien und Bewegungen«, S. 66.
23 Göran Ahrne / Nils Brunsson, »Organization outside Organizations. The Significance of Partial Organization«, in: *Organization* 18 (2011), 1, S. 83–104.
24 Robert Oppenheimer, »Analogy in Science«, in: *American Psychologist* 11 (1956), 3, S. 127–135, hier S. 129 f.
25 Gemeint ist nicht »natürlich« in Abgrenzung zu »gesellschaftlich«, sondern die Eigendynamik der Interaktion, die weder vorhersehbar noch steuerbar ist.
26 Nollmann, *Konflikte in Interaktion, Gruppe und Organisation*, S. 250.
27 Tyrell, »Interaktion, Organisation, Gesellschaft«, S. 355.
28 Ebd., S. 375.

bummel mag man vereinzelt Gruppenmitgliedern begegnen, aber man läuft sich nicht in Vollbesetzung über den Weg. Die Interaktion ist zudem insofern naturwüchsig, als sie nicht andauert. Gruppen lösen dieses »Problem der zeitlichen Diskontinuität«[29] durch die Ausbildung einer Wiederholungserwartung.[30] Die Gruppenmitglieder gehen davon aus, dass sie sich künftig wiedersehen werden – ein Merkmal, das flüchtigen Gruppierungen wie Laborgruppen nicht attestiert werden kann.[31]

Systemtheoretische Texte konzentrieren sich meist auf diese Leistung wiederholter Interaktion[32] und reduzieren Gruppen damit implizit auf ihr *time management*. Zwar kann es durchaus herausfordernd sein, einen passenden Termin zu finden, aber das Problem ist doch vergleichsweise trivial: Entweder alle haben Zeit oder nicht.

In dieser eindimensionalen Erzeugung von Erwartbarkeit erschöpft sich die Leistung der Gruppe nicht. Für die Mitglieder kommt es schließlich auch darauf an, *wer* zugegen sein wird und *was* im Rahmen des Treffens gesagt und getan wird. Soziologisch reizvoller ist daher die Frage, wie das Problem der Naturwüchsigkeit in der Sozial- und Sachdimension bearbeitet wird. Gruppen müssen – so die These – auch hier ›Management‹ betreiben und der Interaktion punktuell ihre Naturwüchsigkeit ›austreiben‹. Anders als Organisationen steht ihnen hierzu jedoch das *management tool* der Formalisierung nicht zur Verfügung.[33] Wie gelingt Gruppen der Widerspenstigen Zähmung dennoch? Dieser Frage möchte ich in der Sachdimension nachgehen.

Forcierung persönlicher Kommunikation als Grenzziehungsprinzip

Wie jedes soziale System sind Gruppen darauf angewiesen, das Verhalten ihrer Mitglieder zumindest grob erwartbar zu machen.[34] Als Mitglied einer Gruppe ist man dazu verpflichtet, über sich selbst Auskunft zu geben und die Selbstdarstellung anderer zu wahren und wohlwollend aufzunehmen.[35]

29 Luhmann, »Einfache Sozialsysteme«, S. 63.

30 Stephan Fuchs, *Against Essentialism*. A Theory of Culture and Society, Cambridge, MA 2001, S. 212.

31 Goffman, *Encounters*, S. 10.

32 Kieserling, *Kommunikation unter Anwesenden*, S. 17; Nollmann, *Konflikte in Interaktion, Gruppe und Organisation*, S. 239.

33 Niklas Luhmann, »Spontane Ordnungsbildung«, in: ders., *Der neue Chef*, hrsg. und mit einem Nachw. von Jürgen Kaube, Berlin 2016, S. 43–89, hier S. 81.

34 Neidhardt, »Das innere System sozialer Gruppen«, S. 447.

35 Jörg Bergmann, »Geheimhaltung und Verrat in der Klatschkommunikation«, in: Albert Spitznagel (Hg.), *Geheimnis und Geheimhaltung*. Erscheinungsformen – Funktionen – Konsequenzen, Göttingen 1998, S. 139–148, hier S. 144.

Stefan Kühl schlägt daher vor, Gruppen über die Erwartbarkeit persönlicher Kommunikation zu bestimmen.[36]

Eine Schwierigkeit bei der Abgrenzung sozialer Systeme über spezifische Formen der Kommunikation ist allerdings fehlende Exklusivität: Warum sollten (nur) Organisationen über Entscheidungskommunikation bestimmt werden, obwohl doch auch Freundesgruppen regelmäßig Entscheidungen treffen müssen (»Was machen wir am Wochenende?«)? Um dennoch eine Abgrenzung vorzunehmen, lässt sich das Kriterium der »Forcierung«[37] heranziehen: Für Organisation ist typisch, dass sie Entscheidungskommunikation forciert, sodass Verhalten, losgelöst von Absichten, aufgefasst werden kann, als ob es ein Entscheiden wäre.[38] Interaktion lässt sich abgrenzen, weil hier Kommunikation forciert wird,[39] etwa im Fall unwillkürlichen Kratzens am Kopf, das in einer Auktion als Gebot gewertet wird.

Und Gruppen? Sie forcieren, indem sie »personalisieren«.[40] Man kann in der Gruppe zwar über ›Gott und die Welt‹ sprechen, aber nicht ohne Zurechnung auf die Person.[41] Ohne dass man sich davon freizeichnen könnte, hat alles Mitgeteilte immer auch etwas mit der eigenen Person zu tun. Solche Personalisierungen müssen nicht kongruent sein.[42] Der andere sieht vielleicht ganz andere Beweggründe für sein Handeln und findet sich in der Unterstellung bestimmter Absichten oder Eigenschaften nicht wieder. Die persönliche Zuschreibung ist also insofern forciert, als sie unabhängig von den Intentionen des Senders erfolgt.[43]

Aber fällt die Person nicht als Nebenprodukt *jeglicher* Interaktion an?[44] Zwar kann zum Beispiel eine Sachbearbeiterin in der Tat bei der Antragstellung als besonders mürrische Person in Erscheinung treten, obwohl sie sich selbst als überaus freundlich beschreiben würde. Aber das allein konstituiert noch keinen Modus persönlicher Kommunikation als Grenzziehungsmechanismus.[45] Nicht das bloße Vornehmen kognitiver Zurechnungen ist entscheidend, sondern die erwartbare Zulassung des Persönlichen zur Kommunikation. So kann in Gruppen persönliche Selbstdarstellung auch forciert werden, indem sie *explizit eingefordert* wird.[46] Gruppenmitglieder kön-

36 Kühl, »Gruppe«.
37 Luhmann, »Ebenen der Systembildung«, S. 8.
38 Niklas Luhmann, »Organisation und Entscheidung«, in: ders., *Soziologische Aufklärung* 3. Soziales System, Gesellschaft, Organisation, Opladen 1981, S. 335–389, hier S. 354.
39 Luhmann, »Ebenen der Systembildung«, S. 8.
40 Tyrell, »Zwischen Interaktion und Organisation I«, S. 80.
41 Charles Tilly, »The Trouble with Stories«, in: Bernice Pescosolido / Ronald J. Aminzade (Hg.), *The Social Worlds of Higher Education*. Handbook for Teaching in a New Century, Thousand Oaks, CA 1999, S. 256–270, hier S. 257 f.
42 Neidhardt, »Das innere System sozialer Gruppen«, S. 445.
43 Luhmann, »Einfache Sozialsysteme«, S. 56.
44 Niklas Luhmann, »Die Form ›Person‹«, in: *Soziale Welt* 42 (1991), 2, S. 166–175, hier S. 171.
45 Kühl, »Gruppe«, S. 35.
46 Kühl, »Gruppen, Organisationen, Familien und Bewegungen«, S. 72; ders., »Gruppe«, S. 34.

nen und müssen damit rechnen, zu persönlichen Auskünften aufgefordert zu werden – die Sachbearbeiterin hingegen nicht. Wer ihr gegenüber eine Personalisierung forciert, verliert. Das ist aber nicht weiter schlimm, da die Aushändigung des Personalausweises nicht davon abhängt.

Für Gruppen hingegen ist von »personaler Orientierung«[47] als *konstitutivem* Systembildungsprinzip auszugehen. Nimmt man das ernst, müsste der Stellenwert persönlicher Selbstdarstellung allerdings auch analog zur Konformität in Organisationen verstanden werden können. Wer Mitglied einer Organisation bleiben will, hat gewisse Erwartungen zu erfüllen.[48] Hierbei handelt es sich um eine Metaregel, verstanden als »Regeln, die die Handhabung von Regeln regeln«.[49] Konformität ist in diesem Sinn inhaltsleer und wird erst ›vor Ort‹ mit spezifischen Inhalten gefüllt: Ein Kassierer und ein Feldjäger müssen völlig unterschiedlichen Erwartungen gerecht werden, um Mitglied zu bleiben.

Analog kann es sich im Fall von persönlicher Selbstdarstellung in Gruppen nicht einfach um eine Norm handeln, die manche Gruppen ausbilden und andere nicht. Solch partikulare Normen,[50] was man etwa in Gruppen üblicherweise unternimmt, was man trinkt und ob man sich dabei auch betrinkt, können Veränderungen unterliegen, ohne damit die Fortsetzbarkeit der Gruppenkommunikation infrage zu stellen. Demgegenüber könnte die Metaregel persönlicher Selbstdarstellung in letzter Konsequenz nur einem Wandel unterliegen: Man hat sich nichts mehr zu sagen und dementsprechend auch keinen Grund mehr, sich weiterhin zu sehen und als Gruppe zu verstehen. In der hier eingenommenen Perspektive wird jedoch nicht nur ausbleibende, sondern auch *stattfindende* Interaktion als Problem sichtbar.

(Un-)Brauchbare Naturwüchsigkeit

Aus Naturwüchsigkeit kann nämlich insofern Widerspenstigkeit werden, als die Interaktion gegenüber Ansprüchen, Vorgaben und Steuerungsversuchen, die aus der Umwelt an sie herangetragen werden, ein Eigenrecht[51] genießt: Die Organisationsmitglieder sollen eigentlich arbeiten, unterhalten sich aber lieber oder ›blödeln‹[52] herum. Widerspenstigkeit manifestiert sich hier als das Unterlaufen einer Konditionierung. Während man sich für Organi-

47 Niklas Luhmann, *Zettelkasten*, Bielefeld 2008, 21/3d27fc.
48 Niklas Luhmann, *Funktionen und Folgen formaler Organisation*, Berlin 1964, S. 36.
49 Udo Kelle, *Empirisch begründete Theoriebildung*. Zur Logik und Methodologie interpretativer Sozialforschung, Weinheim 1994, S. 52.
50 Tyrell, »Zwischen Interaktion und Organisation I«, S. 80.
51 Luhmann, *Funktionen und Folgen formaler Organisation*, S. 295 ff.
52 Donald F. Roy, »›Banana Time‹. Job Satisfaction and Informal Interaction«, in: *Human Organization* 18 (1959), 4, S. 158–168.

sationen auf Anhieb solche Situationen vorstellen kann, verbindet sich mit Gruppen eher die Vorstellung, dass Naturwüchsigkeit hier *Programm* sei.

Richtig daran ist: Das Abarbeiten festgelegter Themen, wie im Meeting oder Unterricht, wäre für Gruppen völlig unnatürlich: Man lässt sich einfach auf die Interaktion ein und sucht spontan ein Thema.[53] Dennoch gibt man sich auch in Freundesgruppen nicht mit *beliebiger* Interaktion zufrieden. Zwar stellen Organisationen sicherlich höhere und spezifischere Ansprüche, aber es wäre irrig anzunehmen, die Unterscheidung von »konditionierter [...] und frei sich bildender Interaktion«[54] verliefe trennscharf zwischen Organisation und Gruppe.

Um in den Blick zu bekommen, dass die Interaktion auch in Gruppen etwas Vorgesehenes unterlaufen kann,[55] muss zwischen freier, ungeregelter Interaktion und *brauchbarer* Interaktion *im Sinne der Gruppe* unterschieden werden. Brauchbar ist die naturwüchsige Interaktionsdynamik etwa dann, wenn ein Wort das andere ergibt und sich alle etwas zu erzählen haben. Das Gleiche gilt für spontane Einfälle wie den, nachts über die Freibadmauern zu klettern, um nackt zu schwimmen; ein Abend, der nicht besser hätte geplant werden können und als legendär ins kollektive Gedächtnis eingeht.

Die Naturwüchsigkeit kann sich aber ebenso gut als *unbrauchbar* erweisen: Wieder ergibt ein Wort das andere, dieses Mal aber in Form von »triggering comments«.[56] Anderslautenden Absichten und Vorsätzen zum Trotz kann die Interaktionsdynamik ihre Teilnehmer mitreißen: Vielleicht hatte man sich bewusst vorgenommen, ein bestimmtes (Reiz-)Thema zu meiden, lässt sich dann aber vom Gesprächsverlauf überwältigen,[57] und das Unheil nimmt seinen Lauf.

Problematisch kann auch die »unstrukturierte und oft langweilige, weil unbestimmte und diffuse Interaktionssituation«[58] sein. Zwar besteht eine naheliegende Lösung darin, »Interaktion mit Aktivitäten an[zu]reichern«.[59] Aber gute Ideen lassen ja manchmal auf sich warten und setzen zudem das Zusammenspiel von Führung und Gefolgschaft voraus. Wenig brauchbar ist es daher, wenn niemand so recht weiß, was man mit der Zeit anfangen könnte, und alle eher lustlos herumsitzen – ein Abend zum Vergessen. Und ein Problem für die Reproduktion der Gruppe, aber wohlgemerkt nicht für das Zustandekommen von Interaktion als solcher.

53 Kieserling, »Interaktion in Organisationen«, S. 173.

54 Tyrell, »Interaktion, Organisation, Gesellschaft«, S. 355.

55 Luhmann, »Interaktion, Organisation, Gesellschaft«, S. 15.

56 Kathleen Blee, »How Options Disappear. Causality and Emergence in Grassroots Activist Groups«, in: *American Journal of Sociology* 119 (2013), 3, S. 655–681, hier S. 670.

57 Vgl. Jean-Jacques Rousseau, *Träumereien eines einsamen Spaziergängers*, übers. von Ulrich Bossier, Stuttgart 2003, S. 71 f.

58 Nollmann, *Konflikte in Interaktion, Gruppe und Organisation*, S. 287.

59 Ebd., S. 289.

Gruppen müssen befriedigen – Interaktionen nicht

Eine Zufallsbegegnung – zur falschen Zeit am falschen Ort – genügt hierzu bereits. Das weiß jeder, der einmal in der Fußgängerzone in ein Gespräch über Spenden für den guten Zweck verwickelt wurde. Um Interaktionen als Systemtyp zu bestimmen, ist es daher erforderlich, den Befriedigungsgrad nicht als Definitionsmerkmal aufzunehmen, weil eine Vielzahl alltäglicher Interaktionen ansonsten gar nicht erfasst werden könnte. Was Luhmann zunächst[60] als »elementares« Verhalten beschreibt, welches »in direktem Kontakt unter Anwesenden unmittelbar befriedigt«,[61] gilt damit nur noch für Gruppen, deren Interaktionen von ausreichend vielen Teilnehmern und oft genug[62] als befriedigend wahrgenommen werden müssen.[63] Freie Interaktion hingegen ist davon entlastet, befriedigend zu sein. ›Gelungen‹ ist sie bereits dann, wenn bloße wechselseitige Wahrnehmung[64] vorliegt – wohlgemerkt auch dann noch, wenn sich die Auserwählte vom Flirtversuch belästigt fühlt.

Aber was ist mit *wiederholter* Interaktion? Verkürzen die Beispiele lästiger Promoter oder unerwünschter Annäherungen die Interaktion nicht künstlich? Zugegeben, in beiden Fällen bleibt es vermutlich bei dem einmaligen Erlebnis. Nichtsdestotrotz setzt der Einwand eine zu enge Kopplung von Wiederholung und Befriedigung voraus. Denn was man mag, das wiederholt man zwar für gewöhnlich, aber der Umkehrschluss ist keineswegs zwingend: Was man wiederholt, muss man nicht mögen. So ist die Teamarbeit in einem Unternehmen ja kein geringerer Fall von Interaktionswiederholung als die Treffen eines Freundeskreises in der Freizeit.

Die Wiederholung ist allerdings in erster Linie darin begründet, dass man zur Arbeit zu erscheinen hat, und nicht weil man sich mit den Kollegen eine schöne Zeit machen möchte.[65] In solch unfreiwilligen Interaktionen ist

60 Luhmann orientiert sich hier an Homans, lässt den Bezug aber später zugunsten von Goffman fallen. Hartmann Tyrell, »Zweierlei Differenzierung. Funktionale und Ebenendifferenzierung im Frühwerk Niklas Luhmanns«, in: *Soziale Systeme* 12 (2006), 2, S. 294–310, hier S. 304.

61 Luhmann, *Funktionen und Folgen formaler Organisation*, S. 333.

62 Der Zweck der Gruppe mag letztlich darin bestehen, eine ›gute Zeit‹ in Gemeinschaft zu verbringen, aber das bedeutet nicht, dass sämtliche Interaktionen von ihren Mitgliedern jederzeit als befriedigend erlebt werden. Das Mitmachen beim hektischen Lasertag in einem dunklen, stickigen Raum, obwohl man gemütliches Minigolf im Freien vorgeschlagen hatte, ist lediglich ein Beispiel dafür, dass die Gruppe einem Mitglied auch mal ›Durststrecken‹ zumuten kann.

63 Michael Hechter, *Principles of Group Solidarity*, Berkeley, CA 1987; zit. nach Gary A. Fine / Lori Holyfield, »Secrecy, Trust, and Dangerous Leisure. Generating Group Cohesion in Voluntary Organizations«, in: *Social Psychology Quarterly* 59 (1996), 1, S. 22–38, hier S. 22.

64 Jurgen Ruesch / Gregory Bateson, *Communication*. The Social Matrix of Psychiatry, New York 1968.

65 Ausnahmen, wie Freundschaften unter Kollegen bestätigen lediglich die Regel und wechseln ohnehin den Primat der Systemreferenz von der Organisation zur Beziehung oder (Freundes-) Gruppe. Harms Herbert, *Freundschaft oder Kollegialität?* Freundschaftsanbahnung in Organisationen als Kommunikationsproblem, Wiesbaden 2023.

Befriedigung für gewöhnlich nicht Sinn und Zweck der Veranstaltung. Gleiches gilt für die allmorgendliche Begegnung mit der Nachbarin an der Straßenbahnhaltestelle, eine räumlich bedingte Form wiederholter Interaktion.[66] Und auch eine »Reisegesellschaft«[67] stellt eine wiederholte Interaktion dar, die allerdings erwartbar mit dem Urlaub endet, sodass erst ein Kontakt in der Heimat Rückschlüsse auf den Befriedigungsgrad erlauben würde.

Die Einschränkungen, die vorgenommen werden müssen, um die spezifischen Bedingungen abzubilden, unter denen Interaktion in Gruppen wiederholt wird, sind also erheblich: erstens nicht unfreiwillig oder motiviert durch Bezahlung; zweitens nicht befristet; und drittens, das versteht sich von selbst, nicht mit wechselndem Personal. Für die Fälle wiederholter Interaktion, die dann noch übrig sind, stehen mit persönlichen Beziehungen und Gruppen (nur) zwei Ordnungen zur Verfügung, die sich soziologisch gehaltvoll über Befriedigung bestimmen lassen.

Allerdings ist anzunehmen, dass verschiedene Gruppen(typen) auch unterschiedliche Vorstellungen darüber ausbilden, wann eine Interaktion als *gelungen* gelten kann.[68] Schließlich kann sie – qua Naturwüchsigkeit – für bestimmte Gruppen zu gesellig, zu (mono-)thematisch oder auch zu persönlich werden.

Themenbezogene Gruppen versuchen, einen Fokus aufrechtzuerhalten, und können daher durch zu viele Wechsel gestört werden. Besonders konkurrenzbetonte Spiele können zudem davon leben, dass man sich neckende Beleidigungen an den Kopf schmeißt und so die Intensität erhöht. Diese erwünschte ›Hitze des Gefechts‹ kühlt aber schlagartig ab, wenn zwischendrin von dem Podcast erzählt wird, den ein Mitglied gern vor dem Einschlafen hört.

In dieser Beschreibung findet sich eine personenbezogene Gruppe ganz und gar nicht wieder. Sie hat nicht vorrangig das Ziel, einem Thema treu zu bleiben, sondern hinsichtlich der Befindlichkeiten und Erlebnisse ihrer Mitglieder auf dem Laufenden zu bleiben. Aber auch solchen Gruppen kann Interaktion Kummer bereiten, wenn sie zu (mono-)thematisch und sachbezogen wird. Wer einen schönen Tag mit Plaudern und Pizzabacken verbringen will, empfindet es eher als störend, wenn sich zwei Mitglieder in eine Diskussion über authentisch neapolitanischen Pizzateig verbeißen. Es fällt zunehmend schwer, einen persönlichen Bezug herzustellen, wenn verschiedene Mehlsorten diskutiert werden und eine Auseinandersetzung darüber entsteht, wie lange man den Teig gehen lassen muss, um möglichst wenig Hefe zu verwenden. Umgekehrt kann es kaum unpersönlich genommen

66 Suzanne B. Kurth, »Friendships and Friendly Relations«, in: George J. McCall / Michael M. McCall / Norman K. Denzin / Gerald D. Suttles / Suzanne B. Kurth (Hg.), *Social Relationships*, Chicago, IL 1970, S. 136–170, hier S. 139.

67 Luhmann, *Funktionen und Folgen formaler Organisation*, S. 23.

68 Nollmann, *Konflikte in Interaktion, Gruppe und Organisation*, S. 286 f.

werden, wenn man »Banause« tituliert wird, der »dann ja gleich Tiefkühlpizza essen kann«.

Und schließlich sind manche Gruppen besonders anfällig für die Störung des *too much information*. Zu denken ist etwa an Gruppen, die vor allem zusammen ›vorglühen‹ und feiern gehen. Es ist zwar durchaus möglich, in Gruppen lange und intensive Gespräche auch über ernste Themen zu führen, aber nicht in dieser. Persönliches wird hier vorzugsweise kurz und bündig mit humoriger *punchline* serviert und kommentiert.

Die Gruppentypen sind keineswegs überschneidungsfrei und durchaus wandelbar: Eine Aktivistengruppe, die sich zunächst strikt themenbezogen reproduziert, »degeneriert«[69] zum Beispiel zu einer spaßbezogenen Gruppe, die ihre Aktivitäten nun in erster Linie unter dem Gesichtspunkt auswählt, ob sie eine vergnügliche Zeit erwarten lassen. Politisches ist nicht mehr gefragt, sondern die Themen kreisen vor allem um »die letzten Partys«.[70]

Aber welche konkreten Ansprüche auch jeweils ausgebildet werden: Keine Gruppe ist in der Lage, sämtliche ›Ausflüge‹ in gruppenfremde ›Themenwelten‹ zu unterbinden. Mit dem Systembildungsprinzip persönlicher Kommunikation geht einher, dass Gruppen »jenseits spezifischer Themen für ihre Kommunikation relativ offene Horizonte und vielschichtige Ausdrucksmöglichkeiten besitzen«.[71] Bis zu einem gewissen Grad muss man Beiträge auch dann zulassen, wenn sie nicht auf Begeisterung stoßen.

Gleichzeitig berechtigt die Gruppenmitgliedschaft nicht dazu, hemmungslos alle möglichen (Sach-)Themen anzusprechen, die zwar für das einzelne Mitglied spannend sein mögen, aber niemanden sonst interessieren. Was man, frei nach Wittgenstein, nicht in einer für die Gruppe anschlussfähigen Weise sagen kann, darüber muss man schweigen – eigentlich. Weil sich daran natürlich nicht immer alle halten, kommt es zu einem »Wahrnehmungsüberschuß im Hinblick auf die Selbstdarstellung ihrer Mitglieder«.[72] Friedhelm Neidhardt identifiziert damit zwar ein zentrales Problem der Gruppe zutreffend, aber die Frage, die sein Text aufwirft, lautet: Woher stammen die (Ir-)Relevanzregeln[73] angemessener Selbstdarstellung? Da er nicht konkretisiert, welche »Indiskretion«[74] gemeint ist, könnte der Eindruck entstehen, es gehe um gesellschaftsweite Regeln darüber, was sich gehört und was nicht.

69 Luhmann, »Organisation und Entscheidung«, S. 346.
70 Blee, »How Options Disappear«, S. 672 f.
71 Neidhardt, »Das innere System sozialer Gruppen«, S. 438.
72 Ebd., S. 442.
73 Luhmann, *Funktionen und Folgen formaler Organisation*, S. 59; Goffman, *Encounters*, S. 18 ff.
74 Neidhardt, »Das innere System sozialer Gruppen«, S. 444.

Bloß Gesellschaft? Gruppenspezifische Grenzen des Sagbaren

Welchen Unterschied macht es also, ob das Problem deplatzierter Selbstdarstellung in einem Gruppenkontext entsteht oder auf einer Cocktailparty? Hier wie dort kann nicht alles kommuniziert werden. Wer unsicher ist, worüber man zu geselligen Anlässen sprechen darf, findet in der Ratgeberliteratur einen Kanon an Themen, die immer ›gehen‹, und solchen, die ein ›No-Go‹ darstellen. Fragen wie: »Welche Partei wählst du?«, »Glaubst du an Gott?« oder gar: »Welche Vorlieben hast du im Bett?«, sind verpönt, und zwar grundsätzlich auf *jeder* geselligen Veranstaltung.

Obwohl Gruppen meist einen geselligen Themenmix aufweisen und nicht selten Alkoholkonsum normieren, wären sie als Häufung von Cocktailpartys dennoch nicht treffend erfasst. So können in Freundesgruppen durchaus auch Fragen nach der Sexualität oder der politischen Einstellung ansprechbar und erwünscht sein. Interaktion in Gruppen zeichnet sich nämlich dadurch aus, dass die Grenze des Sagbaren nicht, wie im Small Talk, *unpersönlich*, sondern *hochgradig persönlich* verläuft. Daher ist in Gruppen »gute Personenkenntnis erforderlich, mit der man abschätzen kann, was der andere verstehen kann«,[75] aber eben auch womit man ihn langweilt, stört oder empört. Hat man eine Gruppe Gleichgesinnter gefunden, besteht deren Attraktivität nicht zuletzt darin, sich auch in abweichenden Ansichten bestätigt und verstanden wissen zu können. So können in rechtsradikalen Gruppen Sprüche geklopft und Witze gerissen werden, die in ihrer gesellschaftlichen Umwelt tabuisiert sind. In diesem Sinn fungieren Gruppen als »Interdependenzunterbrecher«:[76] Sie übernehmen nicht einfach gesellschaftsweite Erwartungen, sondern handeln für sich aus, was als angemessen gelten kann und was nicht.[77]

Kurzum: Interaktion in Gruppen ist nicht einfach Interaktion in Gesellschaft. Ausschlaggebender für die Plausibilisierung von Gruppen als eigenem Systemtyp ist jedoch die Abgrenzbarkeit zur Interaktion.

75 Luhmann, *Zettelkasten*, 21/3d27fC2.

76 Niklas Luhmann, *Soziale Systeme*. Grundriß einer allgemeinen Theorie, Frankfurt am Main 1984, S. 65.

77 Harry Blatterer, »Friendship and the Therapeutic Persuasion. Intimacy as Normative Freedom«, in: Kornelia Hahn / Cornelia Koppetsch (Hg.), *Soziologie des Privaten*, Wiesbaden 2011, S. 253–274, hier S. 264. Blatterer bezieht sich im Original auf die Aushandlung in Freundschaftsdyaden.

Ganz in diesem Sinne betont Neidhardt zwar das »Gruppenspezifische«[78] des Problems überbordender Selbstdarstellung. Er berücksichtigt jedoch nicht, dass es sich für Interaktion und Gruppe jeweils *unterschiedlich* stellt und gelöst wird, wenn er, neben der Steuerung über Gefühle, auch den Takt nennt.[79] Schließlich ist Takt eine »bloße Interaktionstechnik«,[80] womit Neidhardt vermengt, was hier zu differenzieren, wenn auch nicht zu trennen ist: Alles Soziale besteht ja in gewisser Hinsicht aus Interaktionen,[81] sodass auch die Möglichkeit der taktvollen Zurückweisung nicht gruppenspezifisch sein kann. Takt dient dazu, die Selbstdarstellung des anderen zu wahren, gerade auch gegenüber Unbekannten.[82] Als Ressource zur Lösung von Problemen[83] steht er immer zur Verfügung, auch in Organisationen.

Wie geht beispielsweise ein Universitätsseminar mit betagten Gasthörern um, die zwar über einen reichhaltigen Erfahrungsschatz verfügen, aber nicht immer über ein Gespür, welche Anekdoten anschlussfähig sind? Strukturell handelt es sich hier um das gleiche Problem wie die indiskrete Selbstoffenbarung eines Gruppenmitglieds unter Freunden. Worin liegt nun der Unterschied? Jedenfalls *nicht* im Verzicht auf Takt! Denn auch die Kommilitonen reagieren angesichts eines deplatzierten Monologs mit »bedeutungsvollem Schweigen«, während die Dozentin versucht, die Selbstdarstellung taktvoll abzuwürgen und damit »sozial folgenlos zu absorbieren«.[84]

Der Unterschied findet sich in der Auflistung von »Abgrenzungsmechanismen«, mithilfe derer auf »›indiskrete‹ Selbstdarstellung« und »unpassende Selbstoffenbarung«[85] reagiert werden kann. Neidhardt nennt: »Tadel, bedeutungsvolles Schweigen, die Objektivierung idiosynkratischer Bot-

78 Neidhardt, »Das innere System sozialer Gruppen«, S. 442.

79 Ebd., S. 447 ff.

80 André Kieserling, »Vertrauen. Ein Mechanismus der Reduktion sozialer Komplexität (1968)«, in: Oliver Jahraus / Armin Nassehi / Mario Grizelj / Irmhild Saake / Christian Kirchmeier / Julian Müller (Hg.), *Luhmann-Handbuch*. Leben – Werk – Wirkung, Stuttgart 2012, S. 140–144, hier S. 143.

81 Kieserling, »Interaktion in Organisationen«, S. 171.

82 Georg Simmel, »Soziologie der Geselligkeit [1911]«, in: ders., *Gesamtausgabe*, hrsg. von Otthein Rammstedt, Band 12: *Aufsätze und Abhandlungen 1909–1918*. Bd. I, Frankfurt am Main 2001, S. 177–193; Helmuth Plessner, *Grenzen der Gemeinschaft*. Eine Kritik des sozialen Radikalismus [1924], mit einem Nachw. von Joachim Fischer, Frankfurt am Main 2002; Arnold Zingerle, »Der Takt im Alltag und in der Theorie. Beschreibungen und Verortungen«, in: Alfred Bellebaum / Robert Hettlage (Hg.), *Unser Alltag ist voll von Gesellschaft*. Alltagssoziologische Betrachtungen, Wiesbaden 2014, S. 125–148.

83 Irmhild Saake, »Bedeutungen und ihre Borniertheit. Zur systemtheoretischen Methodologie«, in: René John/ Anna Henkel / Jana Rückert-John (Hg.), *Die Methodologien des Systems*. Wie kommt man zum Fall und wie dahinter, Wiesbaden 2010, S. 55–79, hier S. 67 f. und S. 75.

84 Neidhardt, »Das innere System sozialer Gruppen«, S. 443.

85 Ebd.

schaften ins Unverbindlich-Allgemeine, der abrupte Themenwechsel«.[86] Aber wer taktvoll maßregelt, will ja gerade *nicht* tadeln – und umgekehrt. Tadel sticht als Handlungsoption eigener Art heraus, während die übrigen Punkte unter dem Gesichtspunkt von Takt austauschbar sind. Schweigen mag bedeutungsvoll sein, aber welche Bedeutung es hat, lässt sich nicht eindeutig festmachen; genau darin liegt das Taktvolle. Und auch ein Themenwechsel oder ein Räuspern erzielen keineswegs immer die erwünschte (Sanktions-)Wirkung. Vielmehr gibt die Indirektheit der zurechtgewiesenen Person die Möglichkeit, das Räuspern so zu behandeln, als ob es lediglich der unwillkürliche Hinweis auf einen trockenen Hals sei.

Tadel hingegen kommuniziert *explizit*, dass eine Regel[87] verletzt wurde, deren Kenntnis und Geltung (voraus-)gesetzt wird. Ein Tadel senkt so zwar das Risiko, missverstanden zu werden, auf ein Minimum, birgt dafür aber andere Risiken. Schließlich werden ausdrückliche Zurückweisungen meist als unangemessen und übergriffig wahrgenommen, vor allem unter Freunden. Etwa wenn ein Mitglied aufgrund idiosynkratischer Genervtheit die Fassung verliert und herausplatzt: »Kannst du nicht mal über was anderes reden?« Einem anderen Mitglied derart über den Mund zu fahren, ist keine Kleinigkeit und hat zumindest vorübergehend eine atmosphärische Störung zur Folge.

Wer also *in* der Interaktion auf Takt verzichtet, benötigt dafür eine Legitimation, die nicht *aus* dieser Interaktion stammt. Als ›Legitimationszulieferer‹ kommen insbesondere Organisationen in Betracht. In genau diesem Sinn steht der Dozentin mehr Spielraum für Tadel zur Verfügung: »Danke für den Beitrag, aber wir müssen zum Text zurückkommen.« Selbstverständlich wird hier nicht mit dem Rausschmiss gedroht, aber ›durch die Blume‹ wird letztlich eine Mitgliedschaftsregel zitiert[88] und mitkommuniziert, dass die Wortmeldung des Senioren diese Regel verletzt. Auch ein Lehrer ist nicht auf taktvolle Intervention angewiesen, sollten die Schülerinnen dem Unterricht nicht folgen. Vermutlich wird zwar auch er es zunächst mit Räuspern und eindringlichen Blicken versuchen. Sofern dies die gewünschte Wirkung verfehlt, ist er jedoch berechtigt, fachfremde Themen zu markieren und mit genau dieser Begründung zurückzuweisen: »Wir behandeln jetzt Algebra, besprecht das in der Pause.«

86 Ebd.

87 An Familien lassen sich zwei Typen von Tadel auseinanderhalten. Zum einen hinsichtlich allgemeiner Regeln, wie »Bitte« und »Danke« sagen. Deren Missachtung bringt Tadel vom Typ »Das gehört sich nicht!« ein. Zum anderen verdeutlicht der Spruch: »Solange du deine Füße unter meinen Tisch stellst…«, dass auch partikulare Erwartungen beachtet werden müssen, um sich in einer konkreten Familie zurechtzufinden. Nicht alle Familien legen auf gemeinsames Essen wert. Nicht alle Kinder müssen im Haushalt helfen, pünktlich zu Hause sein oder ihre Freunde einer elterlichen Musterung unterziehen lassen: »Der kommt mir nicht ins Haus!«

88 Kieserling, »Interaktion in Organisationen«, S. 179 f.

Wichtig für die Verschachtelung von Systemen ist, dass die Interaktion eine Wahl hat: Sie kann sich an selbstgewählten oder an fremden Prämissen orientieren. Unterricht nach Lehrplan stellt eine Orientierung an einer »organisatorisch vorentschiedenen Prämisse«[89] dar, und das Lehrpersonal ist gewissermaßen der Garant dafür, dass der Unterricht als Interaktion in Organisation erkennbar bleibt. Ohne die Möglichkeit zu tadeln, würde die Interaktion, noch häufiger als ohnehin schon, in Geselligkeit ausufern. Dies funktioniert jedoch – wenn überhaupt – nur, solange eine Aufsichtsperson auch *anwesend* ist.[90] Sobald die Lehrerin den Raum während des Unterrichts verlässt, ist die Schule nicht mehr in der Lage, durchzusetzen, dass die Schüler in stiller Einzelarbeit das Programm der Organisation ausführen. Die Schule ist und bleibt also in hohem Maße auf die Ressourcen der Interaktion angewiesen – und dennoch im systemtheoretischen Sinne von ihr abgrenzbar. Inwiefern trifft dies auch auf Gruppen zu?

Störung oder Irrelevanz?

Als Ausgangspunkt dient uns die Erkenntnis, dass es keine »Präferenz [gibt], die die Interaktion ohnehin hat«.[91] Sie legt keinen Wert darauf, in einer bestimmten Form vollzogen zu werden, schließlich müssen Kampf und Konflikt nicht weniger interaktiv sein als Kuscheln und Kaffeekränzchen. Um nun plausibel zu machen, dass Gruppen sich nicht einfach auf Interaktion zurückführen lassen,[92] kommt es darauf an, Gruppenprobleme von Interaktionsproblemen zu unterscheiden.

Die Interaktion kann nicht mehrere Themen gleichzeitig bearbeiten.[93] Diese Restriktion bedingt die Notwendigkeit, ein Aufmerksamkeitszentrum aufzubauen und gegen Ablenkung zu verteidigen.[94] Ihr Problem mit zu viel Selbstdarstellung ist damit gewissermaßen ein *technisches* Problem. Ein Beispiel: Eine Freundesgruppe hat sich versammelt, weil der gemeinsame Urlaub geplant werden soll. Während in der Runde gerade die Vorteile einer Blockhütte in Norwegen gegenüber einer Finca auf Mallorca diskutiert werden, beginnen zwei Mitglieder ein Nebengespräch. Das ist primär deshalb ein Problem, weil es (akustisch) stört. Das Aufmerksamkeitszentrum ist be-

89 Kieserling, *Kommunikation unter Anwesenden*, S. 338.

90 Christel Hopf, »Normen in formalen Organisationen. Theoretische und methodische Probleme der empirischen Analyse«, in: *Zeitschrift für Soziologie* 16 (1987), 4, S. 239–253, hier S. 246.

91 Tyrell, »Interaktion, Organisation, Gesellschaft«, S. 377.

92 Luhmann, *Zettelkasten*, 21/3d27fc.

93 Niklas Luhmann, »Die Organisierbarkeit von Religionen und Kirchen«, in: Jakobus Wössner (Hg.), *Religion im Umbruch*. Soziologische Beiträge zur Situation von Religion und Kirche in der gegenwärtigen Gesellschaft, Stuttgart 1972, S. 245–285, hier S. 272.

94 Luhmann, »Einfache Sozialsysteme«, S. 55 f.

reits mit der Urlaubsplanung besetzt, weshalb das Nebengespräch einen ›Eindringling‹ darstellt, den es abzuwehren gilt.

Sobald das Zentrum wieder frei ist, spricht aber seitens der Interaktion nichts dagegen, auch die Nebenthemen zu besprechen. Denn: »Die Systemgrenzen sind als bloße Grenzen der Anwesenheit und des Wahrnehmungsraumes nur roh und wenig ›sinnvoll‹ festgelegt. Sie geben nur wenig Anhaltspunkte für die selektive Behandlung von Umweltereignissen.«[95] Und hier kommt die Gruppe ins Spiel: Sie »liefert den Kontext bzw. die maßgebliche soziale Umwelt, um die jeweilige Interaktionssituation einzuordnen«.[96] Aus der Sicht der Interaktion zerfällt »die Welt da draußen«[97] in verschiedenste Umwelten, wie Organisationen, Beziehungen[98] oder eben Gruppen. Diese können als unterschiedliche »Ordnungsvorgaben der Umwelt«[99] verstanden werden, an denen die Interaktion sich orientiert.

Das *Gruppenproblem* deplatzierter Selbstdarstellung besteht damit in der Verletzung kontextabhängiger Relevanzregeln, weshalb Beiträge selbst dann zurückgewiesen werden können, wenn das Aufmerksamkeitszentrum nicht oder nur flüchtig besetzt ist. Sie werden nicht als störend, sondern als *unpassend* empfunden und gegebenenfalls auch so markiert. Sexualität beispielsweise ist zwar immer privat, aber nicht für jede Gruppe *zu* privat. Die inhaltsgleiche Selbstoffenbarung kann in der einen Gruppe mit eisigem Schweigen quittiert und in einer anderen freudig aufgenommen werden.[100] Welche Themen zum Repertoire einer Gruppe gehören, welche erwünscht sind und welche nicht, ist eine empirische Frage und variiert von Gruppe zu Gruppe.

In jedem Fall ist es erforderlich, Kontingenz durch Einschränkung von Kommunikationsmöglichkeiten zu reduzieren. Zwar kann man in der Gruppe zum Beispiel durchaus seine Begeisterung über Smartphones teilen, aber es gibt Grenzen der Plausibilität: Die »Kommunikation muss letztlich immer auch mit einer Referenz auf eine ›personale Orientierung‹ legitimierbar sein«.[101] Dieses Kriterium erfüllt ein Monolog über die Vorzüge des neuen Samsung-Smartphone gegenüber dem iPhone nur bedingt.

95 Luhmann, »Interaktion, Organisation, Gesellschaft«, S. 9.

96 Holzer, »Von der Beziehung zum System«, S. 104.

97 Louis A. Zurcher, »The ›Friendly‹ Poker Game. A Study of an Ephemeral Role«, in: *Social Forces* 49 (1970), 2, S. 173–186, hier S. 181.

98 Erving Goffman, *Das Individuum im öffentlichen Austausch*. Mikrostudien zur öffentlichen Ordnung, übers. von Renate und Rolf Wiggershaus, Frankfurt am Main 1974, S. 256; Holzer, »Von der Beziehung zum System«.

99 Luhmann, »Die Organisierbarkeit von Religionen und Kirchen«, S. 272.

100 Insofern gilt hier analog, was Jörg Bergmann für Klatsch festhält: Es kommt nicht auf bestimmte Inhalte an, weil ein und dieselbe Geschichte erst in Abhängigkeit davon zum Klatsch wird, wer sie wem erzählt und von wem beziehungsweise was sie handelt. Siehe ders., »Geheimhaltung und Verrat in der Klatschkommunikation«, S. 140.

101 Kühl, »Gruppen, Organisationen, Familien und Bewegungen«, S. 72.

Auch hierzu können und müssen für Interaktion und Gruppe unterschiedliche Problembezüge auseinandergehalten werden. Aus der Sicht der Interaktion sind technische Details einer Fachsimpelei unproblematisch. Ein unpersönliches Sachthema ist für Interaktionen grundsätzlich genauso geeignet wie jedes andere auch – einen passenden Kontext, wie ein Beratungsgespräch im Elektronikfachhandel, vorausgesetzt.

Allerdings erzeugt das Halten eines Monologs eine problematische Asymmetrie: Wer von seiner neuesten technischen Errungenschaft in aller Ausführlichkeit und Detailverliebtheit schwärmt, verdammt die anderen zum Zuhören, zu einem Zustand, der nur begrenzt zugemutet werden kann.[102] Es sei denn, er ist *legitimiert*, dann allerdings *interaktionsextern*, wie im Falle des Unterrichts, in dem die einseitige Gesprächsführung des Lehrers aufgrund seiner Rolle erwartbar ist.[103] Auch in Vorträgen, Gesangsdarbietungen oder Predigten ist institutionalisiert, dass sich eine Mehrheit andächtig oder ekstatisch, jedenfalls rezeptiv verhält, während ein Einzelner hemmungslos die Aufmerksamkeit auf sich zieht.

Demgegenüber dienen Gruppenveranstaltungen ihren Mitgliedern dazu, das Bedürfnis *eigener* Selbstdarstellung[104] zu stillen, indem die Gruppe »individuelle Wahrnehmungen, Gefühle und Motivationen möglichst authentisch und sympathetisch aufnimmt«.[105] Die Monopolisierung von Redeanteilen stellt damit in Gruppen sehr wohl ein Problem dar. Schließlich beansprucht jede Selbstdarstellung über Gebühr (Rede-)Zeit, und auch der längste Abend geht einmal zu Ende.

Die Gruppe muss also *content management* betreiben und dafür sorgen, dass die Selbstdarstellung weder inhaltlich noch zeitlich überzogen wird. Welche Mittel stehen ihr dazu zur Verfügung? Einen Einblick gewährt die teilnehmende Beobachtung in einer Pokergruppe.

Zurückweisung von Selbstdarstellung: Keine Interaktionsgeschichte und kein Fall von Organisation

Was die Mitglieder während des Spiels interessiert, beziehungsweise zu interessieren *hat*, ist ausschließlich Poker. Erlaubt sind »teasing«, »game talk« und Anekdoten über den Opa, aber nur sofern sie sich unmittelbar auf das Pokern beziehen.[106] Um diesen für Gruppen ungewöhnlich engen The-

102 Dirk Baecker, *Form und Formen der Kommunikation*, Frankfurt am Main 2007, S. 110 f.

103 Raf Vanderstraeten, »The School Class as an Interaction Order«, in: *British Journal of Sociology of Education* 22 (2001), 2, S. 267–277, hier S. 271 f.

104 Roy F. Baumeister / Mark R. Leary, »The Need to Belong. Desire for Interpersonal Attachments as a Fundamental Human Motivation«, in: *Psychological Bulletin* 117 (1995), 3, S. 497–529.

105 Neidhardt, »Das innere System sozialer Gruppen«, S. 435.

106 Zurcher, »The ›Friendly‹ Poker Game«, S. 181.

menfokus aufrechtzuerhalten, ist Management erforderlich: Louis Zurcher beobachtet, dass die Gruppe auf taktvolle Mittel wie ungeduldiges Fingerklopfen auf dem Tisch oder genervtes Räuspern zurückgreift.[107] Das Ignorieren eines Beitrags, also eine Form taktvollen Schweigens, bezeichnet Zurcher als die »schwerwiegendste Sanktion«.[108]

Die Gruppe ist jedoch nicht auf diese taktvoll-indirekten Zurückweisungen beschränkt: Themen jenseits von Poker, wie Fragen zum Berufs- oder Familienleben, werden, humorvoll zwar, aber dennoch unmissverständlich zurückgewiesen: »Jetzt gerade ist er ein Pokerspieler und außerdem ist er dran!«[109] Auch aktuelle Ereignisse, Berichte aus den Massenmedien, werden – zumindest während des Spiels[110] – als unpassend angesehen.[111] So erfährt ein Mitspieler, der sich erdreistet, über den Vietnamkrieg sprechen zu wollen, eine schroffe Zurechtweisung: »Ich bin nicht hier, um einen Vortrag von dir zu hören, sondern um Poker zu spielen.«[112] Bei dem gerügten ›Plappermaul‹ handelt es sich um einen Gast, über dessen Aufnahme erst noch entschieden wird. Einem festen Mitglied gegenüber fällt der Tonfall zwar deutlich milder aus: »Warum bist du denn heute so gesprächig?«[113] Aber die Botschaft ist nicht minder eindeutig: »Behalt das für dich!«

Zwei Einwände müssen adressiert werden. Erstens ist fraglich, inwiefern hier nicht einfach beschrieben wird, dass sich ein »harter Kern von Lieblingsthemen«[114] ausbildet. Dass das beobachtbare Phänomen über eine Interaktionsgeschichte hinausgeht, wird jedoch an der Testfrage sichtbar, ob aus einem bewährten Thema auch eine *Vorzugsbehandlung* abgeleitet werden kann.

Die Interaktionsgeschichte einer etablierten Gruppe erlaubt recht zielsicher, das Gespräch in Gang zu bringen und zu halten. Ihre Funktion ist insofern »nicht Differenzierung oder Abgrenzung, sondern die Aufrechterhaltung der Kommunikation«.[115] Erwartbar anschlussfähige Themen genießen aber – so die These – keinen einklagbaren Vorzug: »Darüber haben wir doch noch nie geredet!« stellt in Gruppen keine legitime Begründung dar, um Beiträge ›abzuwürgen‹. Das Erinnern an die gemeinsame Schulzeit

107 Ebd., S. 176.
108 Ebd.
109 Ebd., S. 181 (meine Übers., H.H.).
110 Vor und insbesondere nach dem Spiel können aber beim gemeinsamen Essen auch persönliche Belange und Interessen besprochen werden. Ebd., S. 185. Ohne diese Gelegenheit zur persönlichen Selbstdarstellung könnte sich die Gruppe – so die Vermutung – nicht lange aufrechterhalten.
111 Ebd., S. 181.
112 Ebd.
113 Ebd., S. 185.
114 Kieserling, »Interaktion in Organisationen«, S. 175.
115 Alan Schink, *Verschwörungstheorie und Konspiration*. Ethnographische Untersuchungen zur Konspirationskultur, Wiesbaden 2020, S. 148. Schink bezieht sich im Original auf die Funktion populären Wissens.

in einer Abi-Clique ist beispielsweise insofern ein Joker, weil Anekdoten über die schrulligen Lehrer von damals immer gut ankommen. Insbesondere themenbezogene Gruppen sind aber in der Lage, darüber hinaus auch eine Vorfahrtsregel auszubilden: Ihr Thema ist ebenfalls ein Joker, aber einer, der *sticht*. Mit ihm lässt sich – legitimerweise[116] – Irrelevanz markieren und überschüssige persönliche Selbstdarstellung zurückweisen: »Wir müssen weiterproben.« Musik in einer Band oder Poker in einer Pokerrunde sind Themen, die über unerschütterliche Legitimität verfügen und nicht in Zweifel gezogen werden können, ohne sich als Gruppenmitglied unmöglich zu machen.[117]

Angesprochen ist damit bereits ein zweiter Einwand: Wer sich in der Pokergruppe nicht an die Themenselektivität hält, scheint kein Mitglied sein beziehungsweise werden zu können. Haben wir es nicht mit einem Fall von Organisationswerdung zu tun? Meines Erachtens lässt sich an dem Fall vielmehr nachvollziehen, dass Gruppen »den ungeregelten, interaktiven Sozialzusammenhang in Richtung Organisation qua Mitgliedschaft übertreffen, gleichzeitig jedoch die organisierte Mitgliedschaft noch deutlich verfehlen«.[118] Gruppen können zwar Normen ausbilden, sie aber nicht als Mitgliedschaftsbedingung auszeichnen.[119] Fehlende Formalisierung bedeutet aber nicht, dass die Notwendigkeit entfällt, das kommunikative Geschehen zu regeln: Auch Gruppen verfügen über »order without law«.[120]

Um den Unterschied hervorzuheben, dient wieder der Schulunterricht als Kontrastfolie. Des Lehrers Tadel stellt die ausdrückliche Androhung von (mehr oder weniger) abschreckenden Konsequenzen dar. Wenn die Kinder sich nicht an die Regeln halten, dann gibt es einen Eintrag ins Klassenbuch, eine Strafaufgabe, ein Elterngespräch und im äußersten Fall einen Schulverweis. Die Formalisierung verknüpft die Möglichkeit eines Rauswurfs mit Bedingungen, die dafür erfüllt sein müssen und »als solche explizit in vergleichsweise verbindlicher Form an Situationsteilnehmer adressiert werden«.[121] Die Aufkündbarkeit von Mitgliedschaft setzt also die »Artikulation und Spezifikation von Erwartungen und Aufgaben«[122] voraus.

116 Ein wesentliches Kriterium dürfte darin bestehen, ob die Zurückweisung lediglich einem Mitglied dient oder dem sozialen System der Gruppe.

117 Kieserling, »Interaktion in Organisationen«, S. 179.

118 Nollmann, *Konflikte in Interaktion, Gruppe und Organisation*, S. 240.

119 Luhmann, »Spontane Ordnungsbildung«, S. 81.

120 Robert C. Ellickson, *Order without Law*. How Neighbors Settle Disputes, Cambridge, MA 1991; zit. nach Fine/Harrington, »Tiny Publics«, S. 348; Tyrell, »Zwischen Interaktion und Organisation I«, S. 79.

121 Hendrik Vollmer, »Stress und soziale Differenzierung«, in: Heintz/Tyrell (Hg.), *Interaktion – Organisation – Gesellschaft revisited*, S. 408–424, hier S. 413.

122 Ebd.

Das notiert auch Jo Freeman, aber ihre Formulierung lässt zudem die Lesart[123] zu, dieser Zusammenhang gelte in beide Richtungen.[124] Für die Bestimmung von Gruppen in Abgrenzung zu Organisationen ist es aber wichtig zu sehen, dass die Ausdrücklichkeit einer Regel gerade *nicht* ihre Durchsetzbarkeit bis zum Ausschluss voraussetzt. Explizite Regeln bedürfen nicht der Formalisierung. Wie Familien können Gruppen Regeln aussprechen, aber ihre Mitglieder kaum ausschließen, wenn sie sich nicht daran halten. Eine Gruppe von Besetzern etwa kann die Regel »keine Drogen« aufstellen, um handlungsfähig zu sein, falls die Polizei plötzlich eine Räumung durchführt.[125] Was aber passiert, wenn ein Mitglied durch regelmäßiges Betrinken dagegen verstößt? In dem empirischen Fall wird der Verstoß in der Gruppenöffentlichkeit wiederholt diskutiert und der Regelbrecher immer wieder getadelt. Da er sich trotzdem nicht fügt, soll er die Gruppe schließlich verlassen – eine Forderung, die sich kaum gegen seinen Willen durchsetzen lässt.

Der Hinweis auf die *Möglichkeit,* auf Takt zu verzichten, liefert in erster Linie ein *theoretisches*[126] Argument, warum Gruppen nicht sinnvoll als »Interaktionshäufung«[127] bezeichnet werden können. In der *Praxis* ist Gruppen allerdings nicht unbedingt damit gedient, davon auch Gebrauch zu machen. In einer Pilgergruppe[128] wird einem Mitglied unmissverständlich mitgeteilt, dass es zu viel (Selbstdarstellungs-)Raum einnimmt. Wenig überraschend hält sich der Brüskierte am Folgetag auffällig bedeckt. Das kann zum Problem für die Gruppe werden, nicht zuletzt, weil ein beleidigtes Mitglied auch den anderen den Spaß verdirbt. Zu vermuten ist daher, dass sich gruppenförmiges *content management* weitgehend taktvoll vollzieht.

123 Die Möglichkeit einer Fehlinterpretation meinerseits kann natürlich nicht ausgeschlossen werden. In diesem Fall würde es sich aber zumindest um ein produktives Missverständnis handeln.

124 Jo Freeman, »The Tyranny of Structurelessness«, in: *Berkeley Journal of Sociology* 17 (1972–1973), S. 151–164, hier S. 157.

125 Lisa Muckelberg / Mariska Lief, »7 Tage … unter Besetzern«, Dokumentation, Hessischer Rundfunk 2021; online verfügbar unter: https://www.youtube.com/watch?v=1LZJslbMEio [1. 8. 2023].

126 Dennoch handelt es sich nicht lediglich um ein analytisches Artefakt: Es macht einen Unterschied, ob man sich über ein Verhalten zwar ärgert, aber auf die Zunge beißen muss, oder seinem Ärger Luft machen und dabei auf die Zustimmung Dritter hoffen darf. Als Verkäuferin kann man sich zum Beispiel bei den Kolleginnen darüber empören, wenn Kunden nicht »Hallo« und »Tschüss« sowie »Danke« und »Bitte« sagen. Aber die Übeltäter selbst dafür zu tadeln, ist etwas ganz anderes und steht als Option legitimerweise nicht zur Verfügung.

127 Luhmann, *Zettelkasten,* 21/3d27fC5.

128 Susanne Bohlmann, »Schritt für Schritt in die Freiheit«, Dokumentation, ZDF 2020.

Fazit: Gruppen und ihr spezifisches ›Dazwischen‹

Ist man vom Charme eindeutiger Grenzziehungen eingenommen, hat die Gruppe gegenüber Interaktion und Organisation schlechte Karten. Das kann man als Absage an Gruppen als eigenen Systemtypus verstehen – oder aber umso mehr als Herausforderung, Grenzziehungen nachzuzeichnen.

Mit Tadel als Explizierung gruppenspezifischer (Kommunikations-)Regeln zur Lösung des Problems naturwüchsiger Interaktion verfügen Gruppen über eine spezifische Ressource, die über Interaktion hinausgeht und doch hinter den Möglichkeiten der Organisation zurückbleibt: Sie sind in der Lage, Beiträge ausdrücklich als unpassend zurückzuweisen, ohne die Mitgliedschaftsfrage daran knüpfen zu können.

Gleichwohl ›lebt‹ das Gruppenklima davon, dass die Treffen in geregelten Bahnen verlaufen. Damit es also gar nicht erst nötig ist, zu tadeln, werden Mitglieder benötigt, die die jeweils gruppenspezifischen Grenzen des Sagbaren verinnerlicht haben. Insbesondere angesichts neuer Mitglieder oder Gäste, die die etablierten Erwartungen infrage stellen, ist damit die Frage problematischer Naturwüchsigkeit in der Sozialdimension aufgeworfen. Deren Beantwortung muss jedoch an anderer Stelle erfolgen.

Harms Herbert ist Lehrbeauftragter im Bereich Organisationssoziologie an der Universität Bielefeld.
harms.herbert@uni-bielefeld.de

Charlotte Renda

Funktionen und Folgen emotionaler Stabilisierung von Gruppen

Gruppen und Emotionen – Zur Bestimmung des Themas

Welche Rolle spielen Emotionen in und für Gruppen als soziale Gebilde? In der soziologischen Betrachtung von Gruppen kommt Gefühlen seit jeher ein erheblicher Stellenwert zu. Anders als in der Organisationssoziologie, die sich erst relativ spät einer systematischen Erforschung von Emotionen zuwandte, galten Gruppen früh sozusagen als Paradestück einer emotionalen Ordnung. Anhand von Emotionen wurde einerseits, systemtheoretisch gesprochen, der emergente Systemcharakter der Gruppe erfahrbar, der in Ansteckungs- und Polarisierungsdynamiken zum Ausdruck kommt, in deren Verlauf Gruppen »Unterschiede im emotionalen Erleben der Individuen einebnen und an die Stelle dieser Unterschiede ihre eigenen [...] emotionalen Dynamiken setzen«.[1] Soziologische und sozialpsychologische Konzepte wie kollektive Emotionen[2] oder *group mood*[3] haben sich darum verdient gemacht, die Ansteckungsmechanismen herauszuarbeiten, die diesen emotionalen Dynamiken zugrunde liegen. Die Grundgedanken dieser Ansätze reichen bis zu den Anfängen der Massenpsychologie im ausgehenden 19. Jahrhundert zurück,[4] die mittels der Unterscheidung von Affekt und

1 Vgl. Sigal G. Barsade / Donald E. Gibson, »Group Emotion. A View from Top and Bottom«, in: Margaret A. Neale / Elizabeth A. Mannix (Hg.), *Research on Managing Groups and Teams*, Bd. 1, Stamford, CT 1998, S. 81–102 (meine Übersetzung, Ch.R.). Ein kognitivistisches Äquivalent dieses Interesses in der Sozialpsychologie bilden die Konzepte des Groupthink und der Gruppenpolarisierung. Diese betonen, dass das System der Gruppe Informationen und Wahrnehmungen selektiv gemäß eigener Strukturen (z. B. in Abhängigkeit von ausdifferenzierten Führungsrollen) und Vorzugseinstellungen handhabt und damit über Pfadabhängigkeiten zu fehlgeleiteten Sacheinschätzungen sowie zu radikalen Entscheidungen gelangen kann, die jedes Mitglied einzeln für sich abgelehnt hätte. Siehe dazu u. a. Bertram H. Raven, »Groupthink, Bay of Pigs, and Watergate Reconsidered«, in: *Organizational Behavior and Human Decision Processes* 73 (1998), 2–3, S. 352–361.

2 Das Interesse an kollektiven Emotionen kreist oftmals um die Frage, wie die Synchronisation der Gefühle von mehreren Menschen, die ein Ereignis gemeinsam erleben, funktioniert. Vgl. Christian von Scheve / Sven Ismer, »Towards a Theory of Collective Emotions«, in: *Emotion Review* 5 (2013), 4, S. 406–413; Elaine Hatfield / John T. Cacioppo / Richard L. Rapson, »Emotional Contagion«, in: *Current Directions in Psychological Science* 2 (1993), 3, S. 96–100.

3 Siehe dazu etwa Janice R. Kelly / Sigal G. Barsade, »Mood and Emotions in Small Groups and Work Teams«, in: *Organizational Behavior and Human Decision Processes* 86 (2001), 1, S. 99–130.

4 David Gaertner, »Propaganda und Emotionen. Die Gefühle der Masse und mediale Gemeinschaftsbindung«, in: Hermann Kappelhoff / Jan-Hendrik Bakels / Hauke

Vernunft die Eigenrealität des Systems (Emotionsdynamik) im Gegensatz zu den versammelten Individuen (Vernunftbegabte) zu bestimmen suchte.[5] Allerdings war das Thema der Emotionen nicht nur in Bezug auf die Frage, ob und wie Gruppen individuelles Erleben mit eigenen Dynamiken überformen, von Interesse. Für Vertreter:innen der Kleingruppenforschung bildeten Gefühle unverzichtbare »Bedingungen und Ingredienzien sozialer Beziehungen« auf der Ebene der Gruppenstrukturen.[6] George Homans betrachtete Gefühle (*sentiments*) neben Aktivität (*activity*) und Interaktion (*interaction*) als eines der drei Elemente, die das Gruppenverhalten ausmachen und deren Wechselwirkungen es soziologisch zu analysieren gilt.[7] Demnach können Gefühle Interaktionsstrukturen nicht nur konstituieren, beispielsweise indem sie die Interaktionsdichte und -häufigkeit bestimmen, sondern als Folge gruppeninterner Beziehungs- und Interaktionsmuster auch aus diesen resultieren.[8] Das Aufdecken von Beziehungen der Sympathie beziehungsweise Antipathie zwischen Gruppenmitgliedern und die Analyse ihrer handlungsleitenden Wirkungen stellte das Hauptanliegen von Jacob Morenos soziometrischen Studien dar,[9] und für Robert Bales bildeten sozioemotionale und aufgabenorientierte Probleme die zwei idealtypischen Grundbezugspunkte von Interaktionen in Kleingruppen, die es auszubalan-

Lehmann / Christina Schmitt (Hg.), *Emotionen*. Ein interdisziplinäres Handbuch, Berlin 2019, S. 385–394.

5 Einflussreich war hier insbesondere die frühe Massentheorie Gustave Le Bons, dem zufolge vernunftbegabte Individuen in der Masse zu irrationalem Verhalten tendieren und dabei auch gegen ihre Interessen und ihren Eigennutz handeln. Individuelle Unterschiede in Bezug auf Bildung und Charakter würden dabei eingeebnet und Gefühle so umgeformt, dass eine übersteigerte, »einseitige« Affektlage entstehe: »Alle Gefühle, gute und schlechte, die eine Masse äußert, haben zwei Eigentümlichkeiten; sie sind sehr einfach und sehr überschwenglich. […] Der Überschwang der Gefühle in der Masse wird noch dadurch verstärkt, daß er sich durch Suggestion und Übertragung sehr rasch ausbreitet.« Ders., *Psychologie der Massen*, übers. von Rudolf Eisler, Stuttgart 1911, S. 19 und S. 30. Dieser übersteigerte Affekt sollte später nicht nur Sigmund Freud als das »wichtigste Phänomen der Massenbildung« gelten. Sigmund Freud, *Massenpsychologie und Ich-Analyse* [1921], Frankfurt am Main 1989, S. 39. Es bleibt anzumerken, dass eine quantitative Bestimmung der Masse nicht unumstritten war. So bezeichnete Freud die Hypnosesitzung als »Masse zu zweit« und stellte damit vorrangig auf die zwanghafte Zwanglosigkeit und die Empfänglichkeit für Unbewusstes als Bestimmungskriterien der Masse ab. Freud, *Massenpsychologie und Ich-Analyse*, S. 142. Gruppentheoretisch ist in Bezug auf Theorien der Masse zudem die Frage relevant, ob beziehungsweise wann man es mit Gruppenhandeln und wann mit (Groß-)Interaktionen zu tun hat.

6 Friedhelm Neidhardt, »Das innere System sozialer Gruppen. Ansätze zur Gruppensoziologie«, in: *Kölner Zeitschrift für Soziologie und Sozialpsychologie* 31 (1979), 4, S. 639–660, hier S. 650.

7 George C. Homans, *The Human Group*, New York 1950 (dt.: ders., *Theorie der sozialen Gruppe*, übers. von Rolf Gruner, Köln/Opladen 1960).

8 George C. Homans, »A Conceptual Scheme for the Study of Social Organization«, in: *American Sociological Review* 12 (1947), 1, S. 13–26.

9 Jacob Levy Moreno, *Who Shall Survive?*, Washington, D.C. 1934 (dt.: ders., *Die Grundlagen der Soziometrie*. Wege zur Neuordnung der Gesellschaft, übers. von Grete A. Leutz, bearb. von Gustav Specht, Köln/Opladen 1953).

cieren gilt.[10] Diese wenigen Schlaglichter auf ausgewählte Grundlagenwerke der Kleingruppenforschung mögen ausreichen, um die Relevanz des Zusammenhangs von Gruppe und Gefühl zu verdeutlichen und die Bedeutung von Emotionen als Strukturkomponenten des gruppeninternen Beziehungsgefüges zu unterstreichen.

Dass das Nachdenken über Gruppen in vielen Fällen auch eine Betrachtung von Emotionen nach sich zieht, mag nun einerseits konzeptionell begründet sein, ist aber andererseits konstitutiv für den empirischen Gegenstand. Je nachdem, worauf sich der Begriff Gruppe erstrecken soll, ob auf leistungsbezogene Arbeitsteams, Sportklubs oder Freundschaftscliquen, auf religiöse Sekten, Trachtenvereine oder Experimentalgruppen aus Psychologiestudierenden, rücken andere Beziehungsweisen zwischen Gefühl und Gruppe in den Vordergrund. Mit der Wahl der Begrifflichkeiten schränkt sich folglich der Gegenstandsbereich in einer Art ein, welche die Antwort auf die Frage, wie das *spezifische* Verhältnis von Gruppen und Gefühlen beschrieben werden kann, entscheidend mitbestimmt.

Anknüpfend an systemtheoretische Überlegungen sollen Gruppen im Folgenden als soziale Gebilde gefasst werden, deren »Sinnzusammenhang durch unmittelbare und diffuse Mitgliederbeziehungen sowie durch relative Dauerhaftigkeit bestimmt ist«.[11] Kennzeichnend für diffuse Mitgliederbeziehungen ist, dass in ihnen nicht nur ein spezifisches Rollenhandeln sozial relevant ist, sondern dass prinzipiell alle Rollen von Personen (neben ihrer Gruppenmitgliedschaft) thematisierungsfähig sind. Damit ist »im Prinzip [...] fast alles, was eine Person betrifft, für Kommunikationen zugänglich«.[12] Von Gruppenmitgliedern wird also erwartet, dass sie bereit sind, Auskunft über diverse (wenn auch nicht über sämtliche) persönliche Belange zu geben, dass sie mit einer »persönlich zurechenbare[n] Meinung« aufwarten und dass sie für Kommunikation über unterschiedliche Themen offen sind.[13] Das schließt nicht aus, dass Gruppen instrumentelle Ziele verfolgen können, dass es womöglich einen straffen Zeitplan für Gruppentreffen mit eng umrissenen Aktivitäten gibt, wie beispielsweise die Bowlingabende der Gangs in William F. Whytes *Street Corner Society*.[14] Es bedeutet nur, dass die »personale Orientierung«,[15] der zwanglose Zwang zur persönlichen Selbstdar-

10 Robert F. Bales, *Interaction Process Analysis*. A Method for the Study of Small Groups, Cambridge 1950.

11 Neidhardt, »Das innere System sozialer Gruppen«, S. 642.

12 Stefan Kühl, »Gruppe. Eine systemtheoretische Bestimmung«, in: *Kölner Zeitschrift für Soziologie und Sozialpsychologie* 73 (2021), 1, S. 25–58, hier S. 32.

13 Ebd., S. 33.

14 William F. Whyte, *Die Street Corner Society*. Die Sozialstruktur eines Italienerviertels, übers. von Reinhard Blomert und Joachim Kalka, Berlin / Boston, MA 1996, S. 18 ff.

15 Kühl, »Gruppe«, S. 33.

stellung und Selbstfestlegung,[16] in der Gruppe auch dann nicht verloren geht, wenn Sachdebatten oder Sporttätigkeiten auf der Tagesordnung stehen, bei denen man eben auch etwas über die Gruppenmitglieder als Personen lernen kann.[17]

Wählt man den hier im Anschluss an Neidhardt umrissenen, durch die Unmittelbarkeit der Mitgliederverhältnisse gekennzeichneten Gruppenbegriff zum Ausgangspunkt,[18] wird schnell deutlich, inwiefern Expressivität und Gefühle in Gruppen eine elementare Rolle spielen. Leitend für die folgenden Überlegungen soll nun die Frage sein, inwieweit die Besonderheiten des Systemtyps Gruppe das emotionale Erleben der Mitglieder prägen. Auf welche ihnen eigentümliche Art und Weise evozieren und bearbeiten Gruppen Gefühle und worin unterscheiden sie sich dabei von anderen sozialen Systemen? Zur Beantwortung dieser Frage rekurriert der Beitrag auf die zentrale Bedeutung der Personenorientierung in Gruppen und plädiert dafür, Gruppen als eine besondere Form »emotional stabilisierter« Systeme[19] zu verstehen. Emotional stabilisierte Systeme verknüpfen soziale Erwartungsordnungen und persönliche Identitätskonstruktionen auf eine Weise, die Gefühle für den Strukturerhalt von Gruppen in eine zentrale Stellung rückt. Neben dieser wichtigen Funktion[20] werden dabei aber auch Risiken und Folgeprobleme erkennbar.

16 David Riesman, »Geselligkeit, Zwanglosigkeit, Egalität«, in: ders., *Wohlstand wofür?* Essays, übers. von Gert H. Müller, Frankfurt am Main 1966, S. 115–149.

17 Insbesondere in Männergruppen können gemeinsame Aktivitäten ein »Beziehungsträger« sein und »einen Handlungsrahmen für persönlich-gehaltvolle Gespräche sowie eine emotionale Selbstöffnung« schaffen. Steve Stiehler, »Männerfreundschaft – mehr als eine Beziehung zweiter Klasse«, in: Karl Lenz (Hg.), *Frauen und Männer.* Zur Geschlechtstypik persönlicher Beziehungen, Weinheim/München 2003, S. 207–228, hier S. 226.

18 Vgl. Neidhardt, »Das innere System sozialer Gruppen«, S. 650.

19 Niklas Luhmann, *Funktionen und Folgen formaler Organisation*, Berlin 1964, S. 374.

20 Gefühle konzipiert Luhmann funktional: Sie ermöglichen – auf psychische Systeme bezogen – Selbstbestätigung über positive/negative Valenzen und Lust-/Unlustempfinden sowohl gegenüber der Welt als auch hinsichtlich unserer Erwartungen gegenüber der Welt. Gefühle »intensivieren diejenigen Erlebnisse, in denen [...] das eigene Ich sich konstituiert. Ohne Gefühle würde man gegenüber den Verlockungen der Welt zerfließen; es ist also gerade umgekehrt, als es der Rationalismus sah. Gefühle sichern also zunächst einmal eine stabile Kontinuität bestimmter Vorzugseinstellungen (unter Ausschluss anderer) und geben damit dem eigenen Ich eine prägnante Gestalt, die zugleich Wahrnehmungen und Erinnerungen dirigiert.« Niklas Luhmann, *Zettelkasten*, Bielefeld 2008, 57,4e7b1a35a26. Sozial gesehen wird das eigene Ich als soziales Image (im Sinne Erving Goffmans) sichtbar, und die Gefühle, die es stützen, können dann von anderen als Gefühlsausbrüche oder Ausdruckshandeln beobachtet und zum Gegenstand eigener Rücksichtnahme beziehungsweise eigener Erwartungs- und Normbildung gemacht werden – was wiederum Folgen für die sich darstellenden Individuen zeitigt (auch diesen Punkt hat Goffman in Bezug auf Techniken der Imagepflege herausgearbeitet).

Gleichzeitigkeit von Persönlichkeits- und Systemstabilisierung: Emotionale Folgen der Interdependenz von Selbstdarstellungen

Wie Neidhardt mit Recht anmerkt, ist nicht jede Handlung einer Person, die Mitglied einer bestimmten Gruppe ist, allein deshalb als Gruppenphänomen zu werten. Wenn innerhalb einer Freundesclique zwei Mitglieder miteinander liiert sind, so ist etwa deren private Verständigung über ihre persönlichen Vorlieben im Schlafzimmer normalerweise kein Fall von Gruppenkommunikation. Genauso wenig sind alle Emotionen, die in einer Person brodeln und vielleicht irgendwann zum Ausbruch kommen, automatisch Gruppenphänomene, bloß weil die Person Mitglied einer Gruppe ist oder weil sich ihre Gefühle auf ein Mitglied oder mehrere Mitglieder einer Gruppe richten.[21]

Den Ausgangspunkt der folgenden Betrachtungen bildet daher auch nicht die Frage nach den subjektiven emotionalen Empfindungen einzelner Personen, sondern die Frage, »in welchen Formen die Gruppe dem Einzelnen gestattet, sich selbst zu definieren, sich zu verteidigen, sich zu entdecken, sich einzureihen«.[22] Betrachtet man die Problematik aus dieser Perspektive, gerät vor allem die Verquickung von Selbstdarstellungen in den Blick. Die Selbstdarstellungen der Gruppenmitglieder spielen sich aufeinander ein, sie bauen aufeinander und der Erwartungsordnung der Gruppe auf und begrenzen dadurch nicht nur die jeweils aktuellen Möglichkeiten des Ausdrucks, sondern auch die Veränderungen, die man an einer einmal etablierten und seither gepflegten Selbstdarstellung noch vornehmen kann.[23]

Folgt man Goffman, so ist die eigene Selbstdarstellung stets mit besonderen emotionalen Bindungen und folglich auch mit entsprechenden Kränkungspotenzialen verknüpft. Das soziale Bild, das man von sich selbst zeichnet, sucht man in der Regel aufrechtzuerhalten und vor Beschädigungen zu schützen; die Interdependenz der Selbstdarstellungen führt dazu, dass auch

21 Insbesondere Morenos soziometrische Netzwerke, die Beziehungen von Sympathie und Antipathie in einem bestimmten Untersuchungsfeld aufschlüsseln (zum Beispiel unter Mädchen in einem Schulwohnheim), sind in dieser Hinsicht nicht ganz eindeutig. Die Formulierungen machen es nicht immer leicht, Gefühle, die innerhalb von Gruppen entstehen und diese prägen, von solchen zu unterscheiden, die ohne Konsequenzen für das Handeln der Gruppe bleiben, weil sie nur einzelne Mitglieder betreffen oder von diesen heimlich genährt werden. Ein wenig differenzierter ist in dieser Hinsicht Homans, der unter Gefühlen zunächst einmal sämtliche Triebe, Motive, Affekte und Leibesregungen fasst, die eine Person haben kann. Mit der Unterscheidung zwischen dem »äußeren System« der Gruppe, das die Gefühle der Mitglieder umfasst, die sie in die Gruppe hineintragen (also die personale Umwelt der Gruppe betrifft), und dem »inneren System«, das die Strukturierung der Mitgliederbeziehungen innerhalb der Gruppe betrifft, liefert er zumindest einen Ansatzpunkt, um mehrere Referenzen für Emotionen zu unterscheiden.

22 Riesman, »Geselligkeit, Zwanglosigkeit, Egalität«, S. 116.

23 Vgl. ebd.

die Darstellungen anderer in der Interaktion einen gewissen Schutz genießen. »Das eigene Image und das der anderen sind Konstruktionen derselben Ordnung; die Regeln der Gruppe und die Definition der Situation legen fest, wieviel Gefühl jemand für das Image allein aufbringen und wie dieses Gefühl sich auf die Beteiligten verteilen muß.«[24]

In dem Ausmaß des Gefühls, das jemand für das Image der anderen Gruppenmitglieder aufbringt, kann man einen möglichen Indikator für die Kohäsion der Gruppe sehen, jenseits von der (individuell verschiedenen) Attraktivität der Gruppenzugehörigkeit oder der psychischen Identifikation mit der Gruppe.[25] Eine Gruppe mit starkem Wir-Gefühl wäre demnach eine, in der man als Mitglied das Image der anderen (insbesondere gegenüber Außenstehenden) verteidigt und die Reaktionen der anderen zur Maßgabe für das eigene Image macht. Das Ich ist in diesem Fall nicht auf die eigene Person beschränkt, sondern wird quasi auf die anderen Gruppenmitglieder ausgedehnt. In einer solchen Gruppe reagieren die Mitglieder nicht nur emotional auf Verletzungen der eigenen Person, sondern auch auf Angriffe, die sich gegen andere Mitglieder richten.[26] Die dabei zwischen den Gruppenmitgliedern wirksamen persönlichen Beziehungen beschreibt Karl Lenz folgendermaßen:

> Die Beziehungspersonen »stehen einander nahe«, »sorgen« oder »freuen« sich füreinander oder »leiden« miteinander. Auch wenn für eine »freiwillige« Fortsetzung positive Emotionen (z. B. Liebe, Zuneigung, Vertrauen) besonders wichtig erscheinen, ist der Emotionen-Haushalt in einer persönlichen Beziehung nicht darauf zu begrenzen. Negative Emotionen (z. B. Hass, Rachegefühle oder Eifersucht) können parallel auftreten, vorübergehend oder auch längerfristig dominant werden.[27]

24 Erving Goffman, »Techniken der Imagepflege«, in: ders., *Interaktionsrituale*. Über Verhalten in direkter Kommunikation, übers. von Renate Bergsträsser und Sabine Bosse, Frankfurt am Main 1971, S. 10–53, hier S. 11.

25 Zur Kritik des Kohäsionskonzepts vgl. Neal Gross / William E. Martin, »On Group Cohesiveness«, in: *American Journal of Sociology* 57 (1952), 6, S. 546–564.

26 Siehe Eliot R. Smith / Diane M. Mackie, »Intergroup Emotions«, in: Michael Lewis / Jeannette M. Haviland-Jones / Lisa Feldman Barrett (Hg.), *Handbook of Emotions*, 3. Aufl., New York / London 2008, S. 428–439, hier S. 433. An der Verteidigungsbereitschaft der Images anderer hängt vermutlich auch die Frage, wie leicht man die Gruppe als Gefolgschaft für eigene Fehden mobilisieren kann.

27 Karl Lenz, »Persönliche Beziehungen«, in: Herbert Willems (Hg.), *Lehr(er)buch Soziologie*. Für die pädagogischen und soziologischen Studiengänge, Bd. 2, Wiesbaden 2008, S. 681–701, hier S. 689.

Für Außenstehende wiederum bietet das Ausmaß, in dem Mitglieder einer Gruppe emotional ähnlich reagieren, ein gutes Indiz für die Stärke der Gruppenkohäsion.[28]

Gefühle sind aber nicht nur für die Beziehungen zwischen den aktuellen Gruppenmitgliedern wichtig, sie spielen auch eine zentrale Rolle bei der Aufnahme neuer Mitglieder. Durch die Personenorientierung in Gruppen wird die personale Passung von Anwärtern auf Gruppenmitgliedschaft wesentlich und das Kriterium der Sympathie beziehungsweise Antipathie zum Rekrutierungsmechanismus.[29] Anders als in Organisationen, in denen die formale Mitgliedsrolle als »Substitutionsregel« fungiert, das heißt Personal im Hinblick auf festgelegte zu leistende Pflichten ausgetauscht werden kann, bildet die Mitgliedschaft in Gruppen eine »Ausschließungsvorschrift«: »Dort schließt man den aus, der sich den herrschenden Ausdrucksgepflogenheiten nicht fügt, der Sympathien und Antipathien nicht teilt und dadurch stört. Die Mitgliedsrolle selbst hat emotionalen Charakter.«[30] Wie Neidhardt anmerkt, können Gefühle in Gruppen folglich als äquivalenter Mechanismus zur Formalisierung von Mitgliedschaftspflichten und -rechten in Organisationen wirken.

Das Hinzutreten neuer oder der Rollenwechsel bestehender Gruppenmitglieder – insbesondere des Gruppenführers, so es einen gibt – haben das Potenzial, den Charakter einer Gruppe tiefgreifend zu verändern.[31] So mag etwa eine Schülerinnenclique durch ein neues Mitglied, das eine besonders rebellische und draufgängerische Art hat, zu riskanten Mutproben verleitet werden und unter dem Einfluss der neuen Anführerin ein bis dato ungeahntes kriminelles Potenzial entwickeln. Weil sich mit neuen Mitgliedern das Gefüge der persönlichen Darstellungen in einer Gruppe verschieben kann und weil man die Neuen als Personen für gewöhnlich noch nicht so genau kennt und daher nicht immer genau weiß, wen man sich ›ins Boot holt‹, bergen Momente des Wechsels oder der Neuaufnahme von Mitgliedern häufig Unsicherheiten und ein erhöhtes Potenzial zur Emotionalisierung. Bisweilen mögen diese Unwägbarkeiten gar dazu führen, dass eine Gruppe sich beim Austritt einiger ihrer Mitglieder lieber auflöst, als das Wagnis einer Aufnahme neuer Mitglieder einzugehen.[32] Besonders emotional gestalten

28 Vgl. dazu Joe C. Magee / Larissa Z. Tiedens, »Emotional Ties that Bind. The Roles of Valence and Consistency of Group Emotion in Inferences of Cohesiveness and Common Fate«, in: *Personality and Social Psychology Bulletin* 32 (2006), 12, S. 1703–1715.

29 Neidhardt, »Das innere System sozialer Gruppen«, S. 650; Kühl, »Gruppe«, S. 36.

30 Luhmann, *Funktionen und Folgen formaler Organisation*, S. 377.

31 Lenz, der darin keine besondere Eigenschaft von Gruppen, sondern eine allgemeine Eigenschaft von persönlichen Beziehungen sieht, verwendet hierfür den Begriff der Interdependenz. Vgl. ders., »Persönliche Beziehungen«, S. 689.

32 Tory Butterworth, »Detroit String Quartet«, in: J. Richard Hackman (Hg.), *Groups that Work (And Those that Don't)*. Creating Conditions for Effective Teamwork, San Francisco, CA 1990, S. 207–224.

sich Mitgliederwechsel in der Regel dann, wenn die Gruppe im Leben ihrer Mitglieder eine zentrale Stellung einnimmt oder die Gruppenaktivität mit besonderen Risiken verbunden ist. So schildert beispielsweise Whyte für die von ihm untersuchten Gangs, dass »unabhängig von der Position eines *corner boy* in der Gruppe« dieser leidet, »wenn das Interaktionsschema drastischen Veränderungen unterliegt«, wobei die Symptome von deutlicher Beunruhigung bis hin zu Alpträumen und »Todesangst« reichen.[33]

Da die Zusammensetzung einer Gruppe im Verlauf der Zeit fast nie konstant bleibt, kennen sich die Mitglieder zumeist unterschiedlich gut und lange, mit entsprechenden Auswirkungen auf das gruppeninterne Handlungs- und Kommunikationsgefüge. Die Veränderungen im Interaktionsschema, die das Hinzutreten eines oder mehrerer neuer Mitglieder mit sich bringt, betreffen unter anderem die Struktur und den Einfluss möglicher Allianzen innerhalb der Gruppe sowie die Häufigkeit und Vertraulichkeit der Kommunikation. Auch mit Blick auf die Breite der kommunizierten Themen und die Tiefe ihrer Behandlung spielen die persönlichen Beziehungen zwischen den verschiedenen Gruppenmitgliedern eine Rolle, kann doch das Wissen, das dem einen gestern anvertraut wurde, morgen als Vertrauensbruch an die anderen weitererzählt werden.[34] Das Problem widerstreitender Loyalitäten, das der französische Philosoph Michel de Montaigne mit Blick auf die Freundschaft so treffend beschrieben hat, kann auch unter den Mitgliedern einer Gruppe akut werden:

> Wenn zwei Freunde gleichzeitig Beistand erbäten, welchem würdest du zu Hilfe eilen? Und wie würdest du, wenn sie von dir bestimmte sich ausschließende Dienste verlangten, die Sache regeln? Wenn der eine dir unter dem Siegel der Verschwiegenheit etwas anvertraute, das zu wissen für den anderen nützlich wäre, wie würdest du dich da aus der Klemme ziehn?[35]

Nicht zuletzt zur Vermeidung dieses Problems stehen in Freundesgruppen überwiegend gemeinsame Aktivitäten und allgemeine Gesprächsthemen im Vordergrund, während der Austausch von vertraulichen und intimen Informationen eher in Zweierfreundschaften gepflegt wird.[36]

33 Whyte, *Die Street Corner Society*, S. 269.

34 Eva Breitenbach, *Mädchenfreundschaften in der Adoleszenz*. Eine fallrekonstruktive Untersuchung von Gleichaltrigengruppen, Opladen 2000.

35 Michel de Montaigne, »Über die Freundschaft«, in: ders., *Essais*, übers. von Hans Stilett, Frankfurt am Main 1998, S. 98–104, hier S. 103.

36 Ralph B. Taylor / Clinton B. de Soto / Robert Lieb, »Sharing Secrets. Disclosure and Discretion in Dyads and Triads«, in: *Journal of Personality and Social Psychology* 37 (1979), 7, S. 1196–1203; Stephen R. Marks, »The Gendered Contexts of Inclusive Intimacy. The Hawthorne Women at Work and Home«, in: Rebecca G. Adams / Graham Allan (Hg.), *Placing Friendship in Context*, Cambridge 1998, S. 43–70. Vgl. dazu auch den Beitrag von Harry Blatterer in diesem Heft.

Darüber hinaus macht es für Gruppen einen Unterschied, ob sie Anwärter auf der Grundlage eines anderen Systems kennenlernen können, wie es etwa bei Freundesgruppen unter Arbeitskollegen der Fall ist, oder nicht; ob ein vollwertiges Mitglied seine anderweitigen Bekanntschaften in die Gruppe ›hineinzieht‹ und für sie bürgt; und ob der Wechsel unter Bedingungen hoher Mitgliederfluktuation passiert oder nicht. Immer aber geht es darum, dass eine gemeinsame Grundlage zwischen denen, die dazugehören, und denen, die dazugehören wollen, erst ausgelotet werden muss – ein Vorgang, der nach Luhmann sowohl den Reiz als auch das Wagnis des Kennenlernens ausmacht.[37] Heutzutage ist längst nicht mehr auf Anhieb ersichtlich, welche Rollen eine Person auf sich vereint, der man begegnet: Eine Frau mittleren Alters könnte eine ganze Bandbreite möglicher Berufe ausüben, und sie muss nicht verheiratet sein; ist sie es, so muss der Ehepartner nicht zwangsläufig ein Mann sein.

In der Regel geht die Aufnahme neuer Mitglieder daher mit einem Prozess des gegenseitigen Kennenlernens einher, in dessen Verlauf sich die Beteiligten durch vorsichtige gegenseitige Selbstenthüllungen und Nachfragen einander annähern und allmählich Vertrautheit herstellen.[38] Hierin liegt freilich auch immer ein gewisses Risiko. Erstens, weil Selbstenthüllungen, wie die sozialpsychologische Forschung zeigt, zwar sowohl beim Absender als auch beim Adressaten der persönlichen Informationen Sympathie auslösen, dieser Effekt aber beim Adressaten ins Gegenteil umschlägt, wenn zu früh zu intime Informationen mitgeteilt werden.[39] Damit rückt das Problem der Auswahl des richtigen Zeitpunktes und der richtigen Dosis an privaten oder intimen Informationen ins Zentrum. Zweitens lässt sich aus normenkonformem, Höflichkeitserwartungen bedienendem Handeln wenig über eine Person lernen, weshalb sich kleine Devianzen anbieten, um sich als Person zu zeigen.[40] Die Kommilitonin in der Prüfung abschreiben zu lassen, schwarzen Humor zu schätzen oder ein Outfit zu wählen, das aus den vorherrschenden Kleidungsstilen heraussticht, kann dabei ebenso geeignet sein, als Person sichtbar und für andere interessant zu werden, wie Auskünfte über besondere Interessen, Marotten oder ungewöhnliche Hobbys. Partyspiele wie »Wahrheit oder Pflicht« oder »Tabu«, aber auch Veranstaltungen wie Maskenbälle oder Cocktailpartys haben nicht zuletzt den Zweck, die einander zumeist nicht allesamt persönlich bekannten Anwesenden zu unverfänglichen Selbstenthüllungen zu motivieren. Dabei kann frei-

37 Luhmann, *Funktionen und Folgen formaler Organisation*, S. 157.

38 Siehe dazu wiederum Neidhardt, »Das innere System sozialer Gruppen«.

39 Eine gute Zusammenfassung zahlreicher Studien bieten Kathryn Greene / Valerian J. Derlega / Alicia Mathews, »Self-Disclosure in Personal Relationships«, in: Anita L. Vangelisti / Daniel Perlman (Hg.), *The Cambridge Handbook of Personal Relationships*, Cambridge 2006, S. 409–427.

40 Gerald D. Suttles, »Friendship as a Social Institution«, in: George J. McCall / Michal M. McCall / Norman K. Denzin / Gerald D. Suttles / Suzanne B. Kurth (Hg.), *Social Relationships*, Chicago, IL 1970, S. 95–135.

lich nicht ausgeschlossen werden, dass der ein oder andere der Beteiligten das Verhalten der anderen missbilligt oder nicht gewillt ist, etwas über sich preiszugeben. Sind die Bemühungen jedoch von Erfolg gekrönt und stoßen die Selbstenthüllungen auf Akzeptanz, können sie bei den Anwesenden ein gewisses Hochgefühl hervorrufen, das Suttles mit dem vielsagenden Begriff der »Flitterwochenphase« (*honeymoon period*) umschrieben hat.[41]

Unter Bedingungen hoher Fluktuation von Gruppenmitgliedern, die wenig Zeit für längere Prozesse des Kennenlernens lassen, kann es vorkommen, dass sich die Phase des Vertrauensaufbaus verkürzt und der Umgang mit privaten oder intimen Informationen offener wird. So stellten Phillip Fellin und Eugene Litwak fest, dass unter Bedingungen hoher regionaler und sozialer Mobilität, in deren Rahmen sich der Bezug zur Herkunftsfamilie und zu Jugendfreunden infolge wiederholter Umzüge in bessere (oder schlechtere) Wohngegenden abschwächte, die Thematisierungsschwellen für persönliche und private Belange in Nachbarschaftskontakten sanken und sich eine Norm der Lockerheit im Umgang mit Selbstenthüllungen etablierte. Die Bereitschaft, persönliche Themen mit weitgehend fremden Personen zu besprechen, eröffnete einen breiten Möglichkeitsbereich für Konversationen und wirkte wie ein Katalysator für Freundschaftsbeziehungen.[42] In dem von Fellin und Litwak beschriebenen Fall führte die aufgrund privater Karriereentscheidungen gesteigerte Mobilität zu einer Form der Ungezwungenheit im Umgang, die sonst durch Taktgefühl oder persönliches Geschick im Timing von Selbstenthüllungen sehr viel umständlicher hätte vorbereitet werden müssen. Ähnliche Beobachtungen lassen sich in Studentenwohnheimen machen.[43]

Normierung von emotionalem Welterleben – die Feeling Rules der Gruppe

Unser Welterleben, unsere Sicht auf die Dinge und unsere Reaktionen auf das, was uns widerfährt, sind immer schon eingebettet in einen sozialen Kontext. Um sicher zu sein, dass Selbstdarstellungen überhaupt die gewünschte Wirkung erzielen können und nicht etwa missverstanden werden, braucht es daher einen gemeinsamen oder doch zumindest hinreichend ähnlichen Erlebenshorizont. Im Fall von Gruppen, in denen Selbstdarstellungen miteinander verflochten und die Mitglieder in ihrem Erleben wechselseitig für-

41 Ebd., S. 107.

42 Phillip Fellin / Eugene Litwak, »Neighborhood Cohesion under Conditions of Mobility«, in: *American Sociological Review* 28 (1963), 3, S. 364–376, hier S. 372. Zum »Lehren von Soziabilität« (*teaching of sociability*) siehe auch William H. Whyte, *The Organization Man*, New York 1956, S. 302.

43 Sandra Walter, *Persönliche Beziehungen im Studentenwohnheim*, Dresden 2012.

einander relevant sind, ist das eigene Erleben maßgeblich durch die anderen mitgeprägt.[44] Gefühle als diffuse und partikularistische Orientierungsmuster, welche »die Einordnung der eigenen Persönlichkeit in die Erfahrungswelt erleichtern«,[45] fächern die Welt[46] ausgehend vom Individuum auf in positive und negative Valenzen, in persönlich Erstrebenswertes und zu Vermeidendes. An welche Objekte und Erwartungen ein Individuum seine Gefühle heftet, ist höchst verschieden und für andere oft überraschend. In sozialen Zusammenhängen führt es zu der Frage, unter welchen Bedingungen das subjektive Weltempfinden einer Person von anderen mitgetragen beziehungsweise nachempfunden oder zum Gegenstand sozialer Normierung gemacht wird. Während in Liebesbeziehungen für gewöhnlich die Bestätigung der idiosynkratischen Sichtweise des oder der Geliebten erwartet wird, stellen Gruppen dem spezifischen Welterleben des Einzelnen, das in seine Selbstdarstellung einfließt, häufig eine eigene Weltprojektion, einen gemeinsamen Erlebenshorizont entgegen oder zur Seite. Je nach der Dichte dieses gemeinsamen Horizontes[47] operieren Gruppen auf der Unterstellung eines geteilten Glaubensbodens,[48] normieren Relevanzstrukturen und den Ausdruck legitimer emotionaler Befindlichkeiten. So entstehen in Gruppen oftmals Konsensfiktionen über die Gefühle ihrer Mitglieder, die einen starken Einfluss auf das emotionale Empfinden der Einzelnen haben.[49]

44 Luhmann, *Zettelkasten*, 45,6C1a.

45 Luhmann, *Funktionen und Folgen formaler Organisation*, S. 373.

46 Den Umstand, dass Emotionen eine besondere Form des *Welt*erlebens sind, hat insbesondere Jean-Paul Sartre an Gefühlen hervorgekehrt: »›Der Ekel ist nicht in mir: ich spüre ihn *dahinten* auf der Wand, auf den Hosenträgern, überall um mich herum. Er ist eins mit dem Café, und ich bin in ihm.‹ […] Und genauso wie der Ekel das Totale, das Umfassende ist, worin die erlebende Person als separate Entität verschwindet, können auch die anderen Emotionen als Weisen eines totalen Welterlebens verstanden werden.« Jean-Pierre Wils, »Sartre. Emotionen als Urteile«, in: Hilge Landweer / Ursula Renz (Hg.), *Handbuch Klassische Emotionstheorien*. Von Platon bis Wittgenstein, Berlin / Boston, MA 2008, S. 661–680.

47 Aus diesem Grund sind bereits geteilte Erfahrungskontexte, wie sie etwa unter Organisationskollegen oder Angehörigen eines spezifischen Berufsstandes vorkommen, besonders gut geeignet, um Prozesse der Gruppenbildung zu beschleunigen und dabei ein vergleichsweise hohes Maß an Vertrautheit zu realisieren. Vgl. Erving Goffman, *Presentation of Self in Everyday Life*, New York 1959, S. 162 (dt.: ders., *Wir alle spielen Theater*. Die Selbstdarstellung im Alltag, übers. von Peter Weber-Schäfer, Frankfurt am Main 1969). In ähnlicher Weise kann auch ein gemeinsam geteiltes Rollenschicksal wirken. Goffman zitiert in diesem Zusammenhang eine Bemerkung von Simone de Beauvoir zum Thema Frauenfreundschaften: »Women are confined within their general feminine lot and bound together by a kind of immanent complicity. And what they look for first of all among themselves is the affirmation of the universe they have in common.« Ebd., S. 161.

48 Luhmann, *Zettelkasten*, 45,6C1a.

49 Gruppenmitglieder, denen im Rahmen von Tests suggeriert wurde, sie fühlten anders als der Rest ihrer Gruppe, bemühten sich daraufhin, ihr eigenes Gefühlsempfinden dem (vermeintlichen) Konsens wieder anzupassen. Eliot R. Smith / Diane M. Mackie, »Group-Based Emotion in Group Processes and Intergroup Relations«, in: *Group Processes & Intergroup Relations* 20 (2017), 5, S. 658–668.

Die Normierung des legitimen emotionalen Erlebens durch die Gruppe begrenzt somit einerseits die »soziale Relevanz der individuellen Erlebnissphäre« der Mitglieder,[50] bietet aber andererseits die Welt zugleich auch als gemeinsame Welt in einer bestimmten Erscheinung und Interpretation dar und schafft damit eine wichtige Orientierungsmöglichkeit für die eigene Selbstverortung (also eine individuelle Relevanz sozialer Erlebnissphären). Doch nicht alles, was die einzelnen Mitglieder fühlen oder wahrnehmen, »gilt« auch auf der Ebene der Kommunikation.[51] Damit stellt sich die Frage, wie eine Gruppe Normen über Gefühle ausbildet, was sie als emotional definiert und wie sie bewertet, wann welche Gefühle angemessen, übertrieben oder gänzlich fehl am Platz sind. In der Regel werden derartige Normen in Gruppen nicht explizit festgelegt, sondern entwickeln sich »schleichend« im Laufe der Interaktionen,[52] wobei mitunter eine eigene Gruppenkultur entstehen kann, die von gesellschaftlichen Vorstellungen über den angemessenen Ausdruck von Gefühlen divergiert.[53]

Doch auch wenn die Gruppenkultur den normativen Rahmen für Gefühlsdeutungen und -darstellungen abstecken mag, so stößt sie als Orientierungsgröße doch spätestens dann an Grenzen, wenn es um den offenen sozialen Horizont der Situation geht.[54] Die Gefühlsordnung einer Gruppe gibt eingespielte Erwartungen für bekannte, typische Situationen an die Hand, sie ist aber überfordert, wenn es um neuartige, unbekannte Situationen geht, also um Momente, in denen die Frage, mit welcher Art von Situation man es eigentlich zu tun hat, von den Mitgliedern allererst ausgehandelt werden muss.

Neben der Gruppenkultur gilt es deshalb zwei weitere Positionen zu berücksichtigen, die für das emotionale Erleben der Gruppe und für die Orientierung ihrer Mitglieder von Bedeutung sind, nämlich die Positionen des Gruppenanführers und des Abweichlers. Der Anführer einer Gruppe dient aufgrund seiner herausgehobenen Stellung nicht nur als Bezugs- und Kristallisationspunkt für die individuellen Gefühle der Gruppenmitglieder,[55] sondern fungiert infolge seines Verhaltens auch als Symbolfigur für »Gefühlsregeln« (*feeling rules*),[56] also jener Normen, welche die Angemessenheit des Ausdrucks von Gefühlen regeln. Schon Homans schrieb, zum Anführer

50 Heinrich Popitz, »Soziale Normen«, in: *Europäisches Archiv für Soziologie* 2 (1961), S. 185–198, hier S. 189.

51 Ebd.

52 Kühl, »Gruppe«, S. 43.

53 Friedhelm Neidhardt, »Themen und Thesen zur Gruppensoziologie«, in: ders. (Hg.), *Gruppensoziologie*. Perspektiven und Materialien (= Sonderheft der *Kölner Zeitschrift für Soziologie und Sozialpsychologie*), Opladen 1983, S. 12–34.

54 Siehe dazu Luhmann, *Zettelkasten*, 45,6C6.

55 Ebd., 21,5b4

56 Vgl. Arlie R. Hochschild, »Emotion Work, Feeling Rules, and Social Structure«, in: *American Journal of Sociology* 85 (1979), 3, S. 551–575.

werde derjenige, »der den Gruppennormen und -idealen am besten entspreche« (*most fully lives up to the ideals of the group*). Homans zufolge ist es vor allem dieser Umstand, der es dem Anführer erlaubt, die Gruppe zu repräsentieren und die übrigen Mitglieder ›mitzuziehen‹.[57] Mit anderen Worten: Der Anführer verkörpert die eingelebte Ordnung. Er »verdichtet die Nähe der Gemeinschaft zur [...] Einheit des gemeinsamen Handelns« und macht durch sein Auftreten deutlich, »was ohnehin schon gilt«.[58] So mag in einer Freundschaftsclique unter Jungen vielleicht das Ideal männlicher Coolness vorherrschen, wonach der Ausdruck von Gefühlen wie Angst oder Fürsorge verpönt ist und besondere emotionale Kaltschnäuzigkeit zur Führung qualifiziert.[59] Dieser Sichtweise zufolge ist es also – anders als in klassischen Führungstheorien, die den Anführer insbesondere durch die ihm eigene Autorität zu bestimmen suchten – vor allem seine Fähigkeit, das emotionale Erleben der Gruppe zu organisieren, die den Anführer auszeichnet.[60]

In Bezug auf den Anführer stellt sich damit das Paradox, dass er als Repräsentant eines Gemeinschaftszusammenhangs einerseits in besonders hohem Maß an die Normen der Gruppe gebunden ist, während er andererseits als herausstechende Persönlichkeit einen größeren Handlungs- und Ermessensspielraum genießt als andere Gruppenmitglieder, weil er in Situationen der Unsicherheit und des Neuen eine Klärung herbeiführen muss. Treffend heißt es dazu bei Whyte: »Der Anführer ist der Mann, der handelt, wenn die Situation ein Handeln verlangt. [...] Die Erfahrungen der Vergangenheit haben gezeigt, daß seine Ideen richtig waren. In diesem Zusammenhang bedeutet ›richtig‹ einfach: befriedigend für die Mitglieder.«[61] Diesen Vertrauensvorschuss genießt der Anführer folglich auf der Basis seiner Normloyalität und unter dem Vorbehalt, dass er seine Entscheidungen unter Berücksichtigung der (Selbstdarstellungs-)Bedürfnisse der Gruppenmitglieder trifft. Tut er dies nicht oder nur unzureichend, läuft er Gefahr, seine Legitimität und womöglich auch seine Stellung über kurz oder lang zu verlieren.[62] Solange er jedoch das Vertrauen der anderen Gruppenmitglieder genießt, dienen seine Interpretation der jeweiligen Situation – insbesondere unter Bedingungen der Unsicherheit – sowie seine emotionale Reaktion der Gruppe als Vorbild.[63]

57 Homans, *The Human Group*, S. 492.
58 Luhmann, *Zettelkasten*, 45,6C1.
59 Matthew Oransky / Jeanne Marecek, »›I'm Not Going to Be a Girl‹. Masculinity and Emotions in Boys' Friendships and Peer Groups«, in: *Journal of Adolescent Research* 24 (2009), 2, S. 218–241.
60 Siehe dazu (im Anschluss an Mary Parker Follett) auch Luhmann, *Zettelkasten*, 21,3 h.
61 Whyte, *Die Street Corner Society*, S. 263.
62 Vgl. Charlotte Renda, »Watching ›Insidious‹. On the Social Construction of Fear«, in: *The Qualitative Report* 24 (2019), 7, S. 1784–1804.
63 Anthony T. Pescosolido, »Emergent Leaders as Managers of Group Emotion«, in: *The Leadership Quarterly* 13 (2002), 5, S. 583–599.

Führerlose Gruppen müssen an diesen Stellen in Aushandlungsprozesse über Gefühlsnormen eintreten, die – je nach Zusammensetzung der Gruppe – zu mehr oder weniger starken Konflikten führen und schlimmstenfalls, etwa im Fall »widerstreitender Koalitionen« (*deadlocked coalitions*),[64] zu einer Zersplitterung der Gruppe führen können. Alternativ können sie die Unsicherheit auch unbearbeitet lassen, indem sie den Umgang mit der Situation individualisieren und statt einer Erwartungsklärung Spannungen auf die Ebene der psychischen Coping-Strategien ihrer Mitglieder verlagern.[65] Eine weitere Möglichkeit bietet schließlich eine fluktuierende Führung in Bezug auf Gefühlsnormen, die sich auf bestimmte Themen konzentriert, aber nicht situationsübergreifend ausdifferenziert ist, sondern von Situation zu Situation wechselt.[66] Dies dürfte für die meisten Gruppen den Normalfall darstellen.

Im Folgenden möchte ich dennoch einen näheren Blick auf den zuerst genannten Fall werfen, in dem der Anführer das emotionale Erleben der Gruppe in ausdifferenzierter Form organisiert. Dieser Fall ist nicht zuletzt deshalb interessant, weil sich an ihm ein klassischer Ansatz gruppensoziologischer Analysen studieren lässt, der auf die Konsequenzen einer affektiven Verankerung des Anführerstatus in Sympathie (und dargestelltem Empathievermögen) abstellt. Im Anschluss an Bales wurde dem expressiven Anführer vor allem die Rolle zugeschrieben, Folgeprobleme gesteigerter Aufgabenorientierung zu bearbeiten, die oft nicht im Einklang mit den Selbstdarstellungs- und Bewahrungsinteressen von Gruppenmitgliedern stehen.[67] Meist wird diese Rolle dem beliebtesten Gruppenmitglied zugeschrieben. Der Umstand, dass seine Stellung maßgeblich auf Sympathie gegründet ist, unterwirft ihn jedoch einer Reihe von Einschränkungen im Vergleich zu anderen Gruppenmitgliedern. So unterliegt der Anführer aufgrund seiner Stellung erstens höheren Sachlichkeitszwängen, insofern er sich persönlichen Groll, Wut und Impulsivität gegenüber anderen Gruppenmitgliedern nicht erlauben kann. »Während es zwischen manchen seiner Anhänger Feindseligkeiten geben kann, kann der Anführer gegen keinen Mann der Gruppe einen Widerwillen hegen.«[68] Je mehr der Status des Anführers auf

64 Tanya Menon / Katherine W. Phillips, »Getting Even or Being at Odds? Cohesion in Even- and Odd-Sized Small Groups«, in: *Organization Science* 22 (2011), 3, S. 738–753.

65 Vgl. ebd.; Renda, »Watching ›Insidious‹«.

66 Siehe dazu Pescosolido, »Emergent Leaders as Managers of Group Emotion«.

67 Dieser Ansatz fand zum Beispiel Ausdruck in der Idee, instrumentell ausgerichtete Gruppen (z. B. Teams) benötigten eine Doppelführung (manchmal auch in Personalunion des *great man* bzw. der *great woman*): Leitung in Sachfragen müsse ergänzt werden durch Spezialrollen für das Eingehen auf Selbstdarstellungsinteressen und emotionale Befindlichkeiten. Bales, *Interaction Process Analysis*, S. 8. Zur Unterscheidung von instrumenteller und expressiver Orientierung von Gruppen siehe auch Philip M. Marcus, »Expressive and Instrumental Groups. Toward a Theory of Group Structure«, in: *American Journal of Sociology* 66 (1960), 1, S. 54–59.

68 Whyte, *Die Street Corner Society*, S. 263.

Sympathie beruht, desto eingeschränkter ist zweitens seine Sanktionsgewalt gegenüber der Gruppe.[69] Schon Niccolò Machiavelli schrieb mit Blick auf die Bedeutung des Empfindens von Liebe und Furcht für die Stabilität politischer Herrschaft: »Da es vom Belieben der Menschen abhängt, ob sie Zuneigung empfinden, und vom Willen des Herrschers, ob sie Furcht empfinden, darf ein kluger Herrscher sich nur auf das verlassen, worüber er zu bestimmen hat, und nicht auf das, worüber andere bestimmen.«[70] In diesem Sinne ist hoher Status, der auf Zuneigung beruht, ein begrenzender Mechanismus, der den Anhängern ein gewisses Maß an Macht über den Anführer verleiht:[71] Sie können ihm den Status entziehen, wenn er seine Macht überreizt; sein Status zwingt ihn, nach den Regeln der Gruppe, statt nur nach seinen Eigeninteressen zu handeln. Drittens ist ein expressiver Anführer weniger umweltorientiert – anders als ein instrumenteller, der seine Stellung seinen herausragenden Fähigkeiten verdankt, für die er auch außerhalb der Gruppe Anerkennung finden und damit wiederum seinen Status innerhalb der Gruppe festigen kann.[72] Starke Außenbeziehungen können seiner Stellung wegen des Verdachts geteilter Loyalitäten gefährlich werden, weshalb vor allem dann Außenkontakte über ihn abgewickelt werden, wenn andere Mitglieder diese an ihn herantragen oder ihn beauftragen.

Den Counterpart des Anführers bildet die Gruppenfigur des sozialen Abweichlers,[73] genauer: des emotionalen Abweichlers (zum Beispiel die Mimose, die Memme, der Hitzkopf, der Kaltherzige). Das Erleben des Abweichlers ist als Orientierungsgröße für die Gruppe deshalb relevant, weil es gewissermaßen einen Erwartungsstandard unter umgekehrten Vorzeichen markiert.[74] Wenn zum Beispiel dem Hasenfuß der Gruppe ein Film zu

69 Luhmann, *Zettelkasten*, 21,5a10e1.

70 Niccolò Machiavelli, *Der Fürst* [1532], übers. und hrsg. von Rudolf Zorn, Stuttgart 1978, S. 71.

71 Richard M. Emerson, »Power-Dependence Relations«, in: *American Sociological Review* 27 (1962), 1, S. 31–41.

72 Marcus, »Expressive and Instrumental Groups«, S. 59.

73 Heinrich Popitz, »Der Begriff der sozialen Rolle als Element der soziologischen Theorie«, in: ders., *Soziale Normen*, hrsg. von Friedrich Pohlmann / Wolfgang Eßbach, Frankfurt am Main 2006, S. 117–157, hier S. 128.

74 Das macht den Abweichler in besonderen Situationen zum besten Gewährsmann für ein angemessenes Verhalten, nämlich in Situationen, die er konträr zu seiner sonst üblichen Einstellung bewertet: Wenn selbst der Hasenfuß unbekümmert bleibt, dann gibt es wirklich nichts zu fürchten; wenn selbst der abgebrühte Draufgänger sagt, die Situation sei brenzlig, dann ist sie es tatsächlich. Damit ist das Urteil des emotionalen Abweichlers unter bestimmten Umständen vertrauenswürdiger als das des Anführers, der Gruppennormen exzeptionell bedient und damit vielleicht Situationsdefinitionen und Gefühlsregeln vorgibt, gemäß derer sich andere Gruppenmitglieder als abweichend erleben (was sich negativ auf die Position des Anführers auswirken kann, wenn er keine entrückte Heldenfigur, sondern eben als *primus inter pares* ein Repräsentant des Gemeinschaftszusammenhangs ist). Zumindest ist es ein Urteil, das kein Gespür für und Verhandeln von individuellen Besonderheiten und die Pluralität des Erlebens der Mitglieder voraussetzt. Es markiert quasi die normative *bottom line* der Gruppe.

gruselig ist, dann versteht es sich, dass jedes andere Mitglied, das etwas auf sich hält, den Film in Gegenwart der anderen als wenig angsteinflößend einstuft. Doch auch diese Variante der Orientierung am Erleben des Abweichlers hat ihre eigenen Folgeprobleme. Vor allem führt sie zu der Frage, was denjenigen, dessen Erleben auf diese Art wiederholt abgewertet wird, weiterhin in der Gruppe hält. Sofern nicht die Gruppenmitgliedschaft selbst attraktiv genug ist, um niedrigen Status aufzuwiegen – man mag zwar intern verlacht werden, kann sich aber nach außen rühmen, ein Mitglied der angesagtesten Clique der Schule zu sein –, so spricht dies gegen die Ausdifferenzierung einer dauerhaften Abweichlerposition und dafür, sie themen- oder situationsspezifisch zu handhaben. Damit wird eine Art Ausgleich möglich, also ein Wechsel zwischen Situationen, in denen man die Situationsdefinition des Abweichlers ablehnt und in ihr Gegenteil verdreht, und solchen, in denen er glänzen darf. Eine Pluralität von Statusordnungen kann folglich eine emotional ausgleichende Funktion in Gruppen haben, was allerdings für den Sonderfall, dass es außerdem eine ausdifferenzierte Führungsposition gibt, das Einziehen von *inviolate levels* erforderlich macht, also eine Absicherung des Anführers gegen Momente der Statusinkongruenz.[75]

Gefühle als Stabilisierungsmechanismus von Gruppenstrukturen und die Folgen emotionaler Stabilisierung

Die bisherigen Überlegungen zeigen, dass Gruppen, mit Luhmann gesprochen, als »emotional stabilisierte« Systeme gelten können.[76] Während manche Systeme auf Umweltveränderungen mit dem Austausch von Erwartungsstrukturen reagieren, so »daß sich eine funktional äquivalente Anpassungslage ergibt« – Luhmann nennt dies »funktionale Stabilisierung« –,[77] sind emotional stabilisierte Systeme mit ihrer Struktur identifiziert und halten gegen Veränderungsdruck an ihr fest. So kann ein Unternehmen beispielsweise seinen Zweck ändern, etwa von Maschinenbau auf Rüstungsproduktion umstellen, wenn wirtschaftliche oder politische Entwicklungen eine solche Anpassung nahelegen, doch kann eine religiöse Gruppe nicht in gleicher Weise den Gott, den sie verehrt, durch einen anderen ersetzen. Emotional stabilisiert im Sinne Luhmanns ist also eine Ordnung, die feste Verhaltenserwartungen hervorbringt und diese »zugleich so einverseelt, daß

75 Das klassische Beispiel dafür ist Whytes Analyse der Bowlingabende der Norton Street Gang, bei denen jene Mitglieder, die leistungsstark im Bowlen waren, aber niedrigen Gruppenstatus besaßen, durch Verunsicherungstaktiken aktiv davon abgehalten wurden, den Anführer im Bowling zu überflügeln.

76 Luhmann, *Funktionen und Folgen formaler Organisation*, S. 374.

77 Ebd., S. 378.

sie der Persönlichkeitsstabilisierung dienen«.[78] Dadurch, dass die Erwartungsordnung mit persönlichen Identitätskonstruktionen verknüpft ist, gerät das Individuum bei einem Verstoß gegen das erwartete Verhalten in Konflikt mit dem eigenen Gewissen. Soziale Erwartungen werden folglich in besonderem Maße durch Scham und Beschämungspraktiken gestützt. In der psychischen Umwelt des Sozialsystems entstehen damit sozialkomplementäre Motivationsstrukturen, durch die das Sozialsystem eine anhaltende Bereitschaft zu erwartungskonformem Handeln aufrechterhalten kann, die sich auf anderen Wegen nur schwer sicherstellen ließe.

Aus der emotionalen Stabilisierung von Gruppen ergeben sich jedoch auch Grenzen der Variierbarkeit.[79] Das folgt bis zu einem gewissen Grad schon aus der Personenorientierung der Gruppe: Das Geflecht verschiedener, im Laufe der Zeit gewachsener und aufeinander eingestellter Selbstdarstellungen sowie die emotionale Rückbindung des Images und der Erwartungsordnung lassen sich in der Regel nur schleichend (oder mit einem krachenden, verstörenden Bruch) verändern. Erfahrbar werden diese Grenzen etwa anhand des Problems der Akzeptanzbeschaffung oder dem des ›Widerstands‹ gegen persönliche Vorlieben. Erstens lässt sich in Gruppen nicht alles Mögliche durchsetzen; es braucht einen harten Kern an Befürwortern oder wenigstens einen, der sich engagiert und Zustimmung sicherstellt. In diesem Zusammenhang hielt Bales die Rolle des expressiven Führers für wichtiger als die des instrumentellen, weil jener nicht nur sachliche Entscheidungen verantwortet, sondern innerhalb der Gruppe überhaupt erst die nötige Akzeptanz bestimmter Themen und Entscheidungen zu gewährleisten vermag. Zweitens macht die Personenorientierung der Gruppe ein Mindestmaß an Wissen und wechselseitiger Rücksichtnahme bei der Kommunikation unter den Mitgliedern erforderlich. Einerseits, weil »Verstehensschwellen personalisiert« sind,[80] man also eine Vorstellung vom Vorwissen und den Verstehenskapazitäten einer Person haben muss, wenn man mit ihr über ein bestimmtes Thema kommunizieren möchte. Wenn etwa in einer Freundesclique ein Mitglied über seine Arbeitskollegen lästert, so gelingt dies nur dann ohne Irritationen und Missverständnisse, wenn die Freunde zumindest bruchstückhaft mit den betreffenden Personen und Zusammenhängen vertraut sind. Andererseits sind bei der Themenwahl die jeweiligen Interessen, Empfindlichkeiten oder gar Tabus der einzelnen Gruppenmitglieder zu berücksichtigen. Gerade wenn es gilt, Akzeptanz für Entscheidungen oder Vorschläge einzuwerben, ergeben sich hieraus für den Initiator Selbstbindungseffekte. Wer sich als Erster für etwas starkmacht, exponiert sich selbst. Die Ablehnung oder Disqualifizierung eines bestimmten Themas

78 Ebd., S. 374.
79 Ebd., S. 341 ff.
80 Luhmann, *Zettelkasten*, 21/3d27fC1.

kann deshalb nur allzu leicht als Ablehnung der Person erscheinen.[81] Themen und Tabus bestimmen sich im Hinblick darauf, woran die jeweiligen Interessen und Schmerzgrenzen der beteiligten Personen hängen. Die Kommunikation in Gruppen droht damit leichter den Lieblingsthemen ihrer Mitglieder zum Opfer zu fallen (und damit zwischenzeitlich einige der übrigen Angehörigen zu entfremden[82]), als etwa die Kommunikation in Organisationen (die wiederum ihre eigenen Entfremdungseffekte kennt).

In der Sozialdimension zeigen Gruppen die Tendenz, Konflikte und den Ausdruck negativer Emotionen nach innen abzudämpfen und diese stattdessen nach außen zu richten.[83] Aus der Literatur zu Inter-Gruppen-Emotionen ist der Effekt bekannt, dass Wut und Ärger, die sich auf Außenstehende richten, den Grad der Zufriedenheit und des Zusammenhalts im Inneren erhöhen.[84] Die negative Korrelation zwischen Gruppenidentifikation und dem Ausdruck negativer Emotionen innerhalb der Gruppe verstärke sich selbst, so Eliot Smith und Diane Mackie,[85] durch die Art, wie die Selbstdarstellung und der Einfluss der Gruppe auf die Sinngebungsprozesse und Deutungen ihrer Mitglieder ineinandergreifen: Starke Identifikation mit der Gruppe dränge dazu, Ereignisse zugunsten der Gruppe neu zu interpretieren und zu bewerten, um Momente der Inkonsistenz in der eigenen Selbstdarstellung zu vermeiden. Wie sehr eine Gruppe dabei den Ausdruck negativer Emotionen nach innen ermöglicht, hängt dabei auch mit der Gruppengröße zusammen. Offene Feindseligkeiten sind demnach vor allem in größeren Gruppen wahrscheinlich, während Spannungen, die aus latentem Unmut oder dem Zurückhalten der eigenen Meinung resultieren, eher bei kleineren Gruppen auftreten.[86] Darüber hinaus kann eine Ziel/Mittel-Differenzierung, die es in themenspezifischen Gruppen wie Kammermusikgruppen, Buchclubs oder Skatrunden gibt, dazu beitragen, den Ausdruck negativer Gefühle und Konflikte um *Mittel* zuzulassen, ohne dass diese Auseinandersetzungen zwangsläufig die Qualität persönlicher Konflikte annehmen, sofern sich die Beteiligten zum gemeinsamen *Ziel* bekennen beziehungsweise eine entsprechende Ausrichtung außer Frage steht.[87]

81 Jane J. Mansbridge, »Time, Emotion, and Inequality. Three Problems of Participatory Groups«, in: *Journal of Applied Behavioral Science* 9 (1973), 2–3, S. 351–368, hier S. 358.

82 Vgl. Riesman, »Geselligkeit, Zwanglosigkeit, Egalität«.

83 Luhmann, *Funktionen und Folgen formaler Organisation*, S. 374 f.

84 Smith/Mackie, »Intergroup Emotions«, S. 434.

85 Ebd., S. 433.

86 Jerry W. O'Dell, »Group Size and Emotional Interaction«, in: *Journal of Personality and Social Psychology* 8 (1968), 1, S. 75–78.

87 J. Keith Murnighan / Donald E. Conlon, »The Dynamics of Intense Work Groups. A Study of British String Quartets«, in: *Administrative Science Quarterly* 36 (1991), 2, S. 165–186; Hannes Guenter / Hetty van Emmerik / Bert Schreurs / Tom Kuypers / Ad van Iterson / Guy Notelaers, »When Task Conflict Becomes Personal. The Impact of Perceived Team Performance«, in: *Small Group Research* 47 (2016), 5, S. 569–604.

Schließlich hat Luhmann in Bezug auf die Zeitdimension festgehalten, dass Gruppen beim Aufbau neuer Strukturen aufgrund ihres begrenzten »emotionalen Fassungsvermögens« Wachstumsbeschränkungen unterliegen.[88] Emotionale Stabilisierung ist auf Erlebensnähe angewiesen, wie ja auch der Anführer als Repräsentant der Gruppe in seiner Person Gemeinschaft und Nähe verdichtet. Damit ist die Erwartungsordnung der Gruppe nicht beliebig ausdehnbar. Eben weil Neulinge erst ihren Platz in der etablierten Erlebensordnung finden müssen, vollziehen sich Anpassungs- oder Gewöhnungsprozesse in Gruppen oft nur allmählich und langsam. Eventuell aufwallende Gefühle müssen bearbeitet werden und entsprechende Prozesse brauchen Zeit. Sie sind nur »so schnell wie der Langsamste in der Gruppe«.[89] Ähnlich verhält es sich mit Entscheidungsprozessen. Auch hier gilt: Konsensbeschaffung ist zeitraubend. Werden Entscheidungen nicht autoritär durch einen Anführer, sondern paritätisch getroffen, werden Verhandlungen und Änderungen – insbesondere unter Zeitdruck – leicht zu einem Problem. Nicht selten setzt sich dann derjenige durch, der am stärksten auf seiner Position beharrt und so den größten Druck auf die anderen ausübt.[90] Ganz ohne Risiko ist ein solches Vorgehen nicht, kann es doch zu Entfremdungseffekten bei den derart unter Druck gesetzten Mitgliedern führen und Momenten der *Situations*dominanz bleibendes Gewicht verleihen: Man ordnet sich dem situativen Übergewicht eines besonders energischen Gruppenmitglieds unter, muss dann aber eine auf diesem Weg entstandene Entscheidung unter Umständen längerfristig mittragen.[91]

So sehr Grenzen an Variierbarkeit mit Folgeproblemen behaftet sind, sie haben doch ihre Vorteile. Emotionale Stabilisierung einer Ordnung hält diese Ordnung fest und zeichnet sie gegenüber Alternativen aus. Für lokale Aktivistengruppen hat Jane Mansbridge beispielsweise herausgearbeitet, dass es gerade die persönliche Nähe zwischen den Mitgliedern ist, die Expressivität und emotionale Ordnung ermöglicht und in einer Gesellschaft, in der (viele) Mitgliedschaften frei gewählt werden können und diverse konkurrierende Angebote bestehen, den Zusammenhalt der Gruppe sicherstellt und sie vor dem Verlust ihrer Mitglieder an verfügbare Alternativen bewahrt. So mag es, rein instrumentell betrachtet, viele Schafkopf-Gruppen geben, aber diffus-emotional betrachtet ist eben keine wie diese eine, der man seit

88 Luhmann, *Funktionen und Folgen formaler Organisation*, S. 374 f.

89 Mansbridge, »Time, Emotion, and Inequality«, S. 356.

90 Ebd.

91 Interessant sind die Hinweise von Mansbridge, dass Respekt als Mechanismus wirkt, der Ungleichheiten aufgrund von Situationsdominanz und Engagement wieder egalisiert. Respekt bedeutet, dass die Situationsdominanz freiwillig anderen überlassen wird. So hielten sich diejenigen, welche in den von Mansbridge untersuchten Gruppen zu dominieren pflegten, in manchen Phasen ganz aus Gesprächen heraus oder nahmen gar an ein paar Treffen nicht teil, um die Bühne für andere freizumachen. Ebd., S. 367.

Jahren angehört. Ähnlich fungiert Treue als Mechanismus der zeitlichen Stabilisierung, der einsetzt, wenn ursprüngliche Beitrittsmotive sich verflüchtigen.[92] Durch Treue schaffen Gruppen es, auch Durststrecken zu überwinden, in denen man sich länger nicht sehen kann, oder Phasen der Langeweile zu überbrücken, in denen Treffen einseitig und nicht für alle Mitglieder unterhaltsam verlaufen. Emotionale Stabilisierung schneidet also Vergleichsfälle zu anderen (möglichen) Mitgliedschaften ab und begrenzt auch in diesem Sinne Variationsmöglichkeiten.

Verschachtelungsverhältnisse von Stabilisierungsformen – jenseits einer Typologie von Gruppen

Gruppen bilden wegen ihrer Personenorientierung als »soziales System besonderer Art gerade an diesem Frontabschnitt, also gegenüber ihrer Innenwelt, spezifische Merkmale und dann auch besondere Chancen und Probleme« aus.[93] An die eingespielte Ordnung von Erwartungen und Selbstdarstellungen heften sich Gefühlslagen, die (zumindest abrupten) Änderungen dieser Ordnung einen gewissen Widerstand entgegensetzen. In diesem Widerstand (statt einer reaktiven Strukturanpassung) liegt für das System sowohl die Möglichkeit, gegenüber einer sich verändernden Umwelt autonom zu bleiben, als auch die Gefahr, zu erstarren und notwendige Variationen und Anpassungen an sich ändernde Umweltverhältnisse nicht vorzunehmen.

Für Luhmann bilden emotionale und funktionale Stabilisierung »unvereinbare Bauprinzipien [...], so daß man bei Strukturentscheidungen zwischen ihnen wählen muß«.[94] Emotionale Stabilisierung bleibt den Bedürfnissen der Personen verhaftet; die Grenze zur »inneren Umwelt« der Mitglieder als Persönlichkeiten[95] bildet ihre primäre Orientierung, während funktionale Stabilisierung »von selbständig konzipierten Bestandsproblemen eines sozialen Systems aus[geht]«[96] und gemäß dieser Probleme funktional äquivalente Lösungen austauscht (und damit manche persönliche Bedürfnislagen verletzt oder systematisch übergeht).

Dennoch hat Luhmann andernorts deutlich gemacht, dass sich die Forschung »nun aber nicht mit einer solchen Kontrastierung der Typen« funktionaler und emotionaler Stabilisierung begnügen dürfe.[97] Die Arbeit

92 Vgl. dazu Birgitta Nedelmann, »Georg Simmel. Emotion und Wechselwirkung in intimen Gruppen«, in: Neidhardt (Hg.), *Gruppensoziologie*, S. 174–209.

93 Neidhardt, »Das innere System sozialer Gruppen«, S. 641.

94 Luhmann, *Funktionen und Folgen formaler Organisation*, S. 376.

95 Siehe dazu Homans, *The Human Group;* sowie Neidhardt, »Das innere System sozialer Gruppen«.

96 Luhmann, *Funktionen und Folgen formaler Organisation*, S. 376.

97 Luhmann, *Zettelkasten*, 28,10j45.

beginne erst, wenn man sich klarmache, dass »auch eine funktional stabilisierte Sozialordnung Gefühle ansetzt, die nicht einfach periodisch abgekratzt werden können, daß die funktionale Sozialordnung vermutlich sogar selbst emotionale Stabilisierungen braucht, weil Träger aller Leistungen immer der individuelle Mensch mit seinen Persönlichkeitsbedürfnissen ist«. Betrachtet werden müsse daher insbesondere die »Verschachtelung von emotionalen und funktionalen Stabilisierungen«.[98]

Nimmt man den Gedanken möglicher Verschachtelungen (mit den aus ihnen folgenden Reibungen und Konfliktlagen zwischen beiden Typen der Stabilisierung) ernst, so ließe sich fragen, inwieweit Teile der Erwartungsordnung einer Gruppe emotional stabilisiert sind. Selbst Systeme mit »einverseelter« Ordnung als quasi »primärer Stabilisierungsform« können in Bezug auf gewisse Gesichtspunkte auf Substitution setzen, und Gruppen variieren vermutlich in dem Grad, in dem sie dies tun. Es mag dann Gruppen geben, in denen bestimmte Aktivitäten emotional belegt sind und den »Identifikationskern« der Gruppe ausmachen, zum Beispiel bei Fußballfans, und die entsprechend nur bedingt auf eine andere Zeitgestaltung ausweichen können, falls ihnen, aus welchen Gründen auch immer, die gemeinsame Aktivitätsverfolgung nicht mehr gelingt; es gibt Gruppen, wie etwa Gangs, die in ihrer Umwelt eine andere Gruppe als geschworenen Todfeind betrachten; es gibt solche, die Gegnerschaft und Freundeslagen je nach Thema und Erfordernis verschieben können, um ihre Stellung und Stabilität in einer Umwelt anderer Gruppen und Bezugsakteure zu sichern. Und es gibt Gruppen, die den Bezug zu ihrer eigenen Geschichte über Traditionsbildung einer besonderen Emotionalisierung unterwerfen und durch Nostalgie invariant halten.

Eine Analyse der Verschachtelungen emotional und funktional stabilisierter Aspekte der Gruppenordnung sollte jedoch nicht bei einer derart typisierenden Unterteilung von Gruppen stehen bleiben – wenngleich sie als Ausgangspunkt einer Gruppentypologie dienen kann –, sondern zudem Mischformen und Wechselwirkungen ins Auge fassen. Wie gestaltet sich beispielsweise die Mitgliederauswahl im Fall einer Gruppe, deren Einheit auf der Identifikation mit einem emotional stark besetzten Objekt beruht, etwa einem Fußballverein, deren Mitgliederkreis sich aber in einen ›harten Kern‹ und in eine Peripherie eher fluktuierender, gelegentlicher Teilnehmer differenziert, hier also auf Substitutionsmöglichkeiten setzt? Wenn die Gruppe die Aufnahme neuer Mitglieder von deren emotionalem Commitment abhängig macht, kann sie unter Umständen die Ablehnung von ›wahren‹ Fans nur schwer vermitteln, muss also zu einem gewissen Grad darauf bauen, dass daraus folgende interne Antipathien und Konflikte durch das übergeordnete gemeinsame Ziel der Gruppe aufgewogen werden. Doch

98 Ebd.

auch jenseits dessen bleibt sie anfällig für die Abspaltung kleinerer Grüppchen, die sich nach Sympathie oder der Ernsthaftigkeit des Interesses zusammenfinden. Wie sich die Integrationsfähigkeit einer gemeinsam geteilten Leidenschaft, in diesem Fall die Verehrung für einen Fußballverein, zu den Anziehungskräften in einer Freundschaftsgruppe, in der man gewissermaßen Fan voneinander ist, verhält, ist nur eine von vielen offenen Fragen zum Verhältnis emotionaler und funktionaler Stabilisierung in Gruppen, die Gegenstand zukünftiger empirischer Untersuchungen sein können. Der Gruppensoziologie eröffnen sich hier Perspektiven für weitere Forschungen, die zu verfolgen sich sicherlich lohnen dürfte.

Charlotte Renda ist wissenschaftliche Mitarbeiterin an der Fakultät für Soziologie der Universität Bielefeld.
charlotte.renda@uni-bielefeld.de

Felix Maximilian Bathon

Zwischen Nähe und Distanz

Wohngemeinschaften als soziale Ordnungen

Seit circa zwei Generationen sind Wohngemeinschaften ein wesentlicher Bestandteil westlicher (Wohn-)Biografien. Eine freiwillig geteilte Lebensführung ohne familiäre Verknüpfung und (in manchen Fällen) persönliche Sympathien kann zugleich als hoch unwahrscheinliche und historisch kontingente soziale Ordnung betrachtet werden. Davon legen zahlreiche Ratgeber, Erfahrungsberichte und massenmediale Reflexionen Zeugnis ab, ebenso wie die Tatsache, dass Wohngemeinschaften (bisher) nicht in jeder Gesellschaft zu finden sind. Im Gegensatz zur deutschsprachigen Forschung, die in den 1980er-Jahren zu enden scheint,[1] genießt die Wohngemeinschaftsforschung international seit den 1990er-Jahren ein anhaltendes Interesse. Dies ist vermutlich deshalb der Fall, weil sie weniger historisch arbeitet, sich nicht an der Bewegungs-, sondern vielmehr an der Wohnungs- und Jugendforschung orientiert und daher konzeptionell vielfältiger ist.[2] Die folgende

1 Vgl. Johann A. Schülein (Hg.), *Kommunen und Wohngemeinschaften.* Der Familie entkommen? Eine Textsammlung, Gießen 1978; Gudrun Cyprian, *Sozialisation in Wohngemeinschaften.* Eine empirische Untersuchung ihrer strukturellen Bedingungen, Stuttgart 1978; Johann A. Schülein (Hg.), *Vor uns die Mühen der Ebenen.* Alltagsprobleme und Perspektiven von Wohngemeinschaften, Gießen 1980; ders., »Konstitution und Dynamik ›offener‹ Primärgruppen. Zur Situation von Wohngemeinschaften«, in: Friedhelm Neidhardt (Hg.), *Gruppensoziologie.* Perspektiven und Materialien (= Sonderband der *Kölner Zeitschrift für Soziologie und Sozialpsychologie*), Wiesbaden 1983, S. 391–419; Ernst Haider, *Wohngemeinschaften in Österreich.* Daten und Tendenzen einer gegenkulturellen »Institution«, Frankfurt am Main / New York 1984; Sven Reichardt, *Authentizität und Gemeinschaft.* Linksalternatives Leben in den siebziger und frühen achtziger Jahren, Frankfurt am Main 2014; Joachim C. Häberlen, »Feeling at Home in Lonely Cities. An Emotional History of the West German Urban Commune Movement during the Long 1970s«, in: *Urban History* 48 (2021), 1, S. 143–161; Annett Steinführer / Annegret Haase, »Flexible – Inflexible. Socio-Demographic, Spatial and Temporal Dimensions of Flat Sharing in Leipzig (Germany)«, in: *GeoJournal.* Spatially Integrated Social Sciences and Humanities 74 (2009), 6, S. 567–587.

2 Vgl. Sue Heath / Elizabeth Cleaver, *Young, Free and Single.* Twenty-Somethings and Household Change, New York 2003; Sue Heath / Katherine Davies / Gemma Edwards / Rachael M. Scicluna, *Shared Housing, Shared Lives.* Everyday Experiences across the Lifecourse, London 2018. Einen ausgezeichneten Überblick geben auch Vicky Clark / Keith Tuffin / Natilene Bowker / Karen Frewin, »A Fine Balance. A Review of Shared Housing among Young Adults«, in: *Social and Personality Psychology Compass* 12 (2018), 10, S. 1–12; Vicky Clark / Keith Tuffin / Natilene Bowker, »Managing Conflict in Shared Housing for Young Adults«, in: *New Zealand Journal of Psychology* 49 (2020), 1, S. 4–13. Die AutorInnen untersuchen Wohngemeinschaften primär sozialpsychologisch anhand von qualitativen Interviews, Diskursanalysen, Gruppendiskussionen und Surveys. Siehe für eine netzwerktheoretisch informierte Perspektive Megan Nethercote, »Caring Households. The Social Ties that House«, in: *Housing, Theory and Society* 36 (2019), 3,

einführende Beschreibung der Wohngemeinschaft als Fall einer Kleingruppe umfasst deren soziokulturelle Entwicklung sowie ihre gesellschaftlichen Leistungszusammenhänge und die Untersuchung einiger Funktionen und Folgen der Ausgestaltung der Mitgliedschaft und der Praktiken, die das Erleben und Handeln in Wohngemeinschaften prägen. Der Beitrag schließt an die Perspektive einer systemtheoretisch informierten Gruppenforschung an, wie sie derzeit im deutschsprachigen Forschungskontext an verschiedenen Stellen diskutiert wird.[3]

Die ökologische Nische der Wohngemeinschaft resultiert in den 1960er- und 1970er-Jahren aus Veränderungen des Wohnungsmarktes, Individualisierungstendenzen und der 68er-Bewegung. Im Zuge der Ausdifferenzierung einer Vielfalt an Wohngemeinschaftstypen haben sich verschiedene Leistungsbeziehungen zur Gesellschaft entwickelt, die heute den Status der Wohngemeinschaft als revolutionäres Projekt überziehen. Als Kleingruppe unterscheidet sich die Wohngemeinschaft von anderen Kleingruppentypen, wie etwa Freundes-, Spiel- oder Freizeitgruppen, durch den geteilten Wohnraum. Er ist Anlass der geteilten Lebensführung und Kooperationsanforderungen der nicht verwandten Personen. Wohngemeinschaften können die Unsicherheit und Unbestimmtheit der geteilten Lebensführung durch die sachliche Ausgestaltung der Mitgliedschaftsrolle, der des Mitbewohners, und der Zurechnung der Mitgliedschaft als (freiwillige) Entscheidung mehr oder weniger strukturieren. Abgesehen davon, dass der Zweck der Zusammenkunft meist latent bleibt, kann die geteilte Lebensführung nicht in allen Aspekten festgelegt werden; ein Problem, auf das Wohngemeinschaften mit einer diffus-partikular-affektiv orientierten Erwartungsstruktur, das heißt dem Aufbau von persönlichem Vertrauen, reagieren. Dies ist mit zahlreichen (latenten) Konfliktchancen verbunden, die die Beteiligten als Belastung erleben können. Der zusammenfassende letzte Abschnitt fragt danach, was eine Kleingruppen- und Freundschaftssoziologie von der Untersuchung der Wohngemeinschaft als Kleingruppe lernen kann.

S. 257–273; Lucy Foulkes / Ariyana Reddy / Juliette Westbrook / Elizabeth Newbronner / Dean McMillan, »Social Relationships within University Undergraduate Accommodation. A Qualitative Study«, in: *Journal of Further and Higher Education* 45 (2021), 10, S. 1469–1482; Heath/Cleaver, *Young, Free and Single*, S. 89–108; sowie Sue Heath, »Peer-Shared Households, Quasi-Communes and Neo-Tribes«, in: *Current Sociology* 52 (2004), 2, S. 161–179, die sich an Michel Maffesolis Neo-Tribes-Konzept orientiert.

3 Vgl. Stefan Kühl, »Soziologie der Gruppen. Zu den Möglichkeiten und Grenzen einer theoretischen und empirischen Gruppenforschung«, in: *Soziologie* 50 (2021), 1, S. 26–45; ders., »Gruppen. Eine systemtheoretische Bestimmung«, in: *Kölner Zeitschrift für Soziologie und Sozialpsychologie* 73 (2021), 1, S. 25–58; jüngst Dirk Baecker, »Die gesellschaftliche Funktion der Gruppe«, Manuskript zum Impulsvortrag »Gruppe 4.0« auf dem Festakt »Die ÖGGO wird 50: Dynamische Prozesse – Handeln in unsicheren Zeiten«, Wien, 16. Juni 2023. Dass die Wohngemeinschaft mehr als die Summe ihrer Teile, Wohnraum und BewohnerInnen ist, ist auch international beachtet worden. Siehe Heath et al., *Shared Housing, Shared Lives*.

Gesellschaftstheoretische Überlegungen zur Wohngemeinschaft

Die Verhaltensanforderungen, die das Erleben und Handeln in Wohngemeinschaften prägen, erklären sich erst durch eine Kulturgeschichte, die im Folgenden als soziokulturelle Entstehung der Wohngemeinschaft rekonstruiert wird.[4] Veränderungen der modernen Stadt, die Auflösung traditioneller Herrschafts- und Versorgungszusammenhänge und eine katalytisch wirkende Protestbewegung bedingten in den 1960er-Jahren die Verbreitung und Akzeptanz der Wohngemeinschaft. Mit Blick auf die Vielfalt der Wohngemeinschaftstypen scheint diese Entwicklung bis heute nicht abgeschlossen zu sein.

Zur soziokulturellen Entstehung der Wohngemeinschaft

Die Ökologie der Wohngemeinschaft ist die Stadt: ein begrenzter Wohn- und Lebensraum mit geringen Eigentümeranteilen sowie ein mehr oder weniger flexibler Lifestyle, der die Nähe zum Arbeitsplatz, zu Bildungs- und Freizeitangeboten impliziert. Als Submarkt des Vermietungsmarktes entsteht die Wohngemeinschaft erst durch Entwicklungen, die unter Begriffen wie Gentri- und Studentifizierung, (Re-)Urbanisierung und Diversifizierung der Städte und steigende Mieten diskutiert werden.[5] Auch wenn der Wandel des Wohnens im Allgemeinen eng mit diesen Bedingungen verknüpft ist, handelt es sich bei den genannten Faktoren nur um notwendige, nicht aber hinreichende Bedingungen für die Entstehung von Wohngemeinschaften. Hinzu treten komplex verflochtene Prozesse, die bereits im 18. Jahrhundert begannen: Destandardisierung, Detraditionalisierung und Individualisierung der Lebensläufe sowie die Entstehung des Wohlfahrtsstaates. Längere Ausbildungszeiten, ein steigendes Bildungs- und Lohnniveau sowie flexiblere Arbeitswelten sorgen für eine Verlängerung der (Post-)Adoleszenz, während die Wahlmöglichkeiten von den Ansprüchen traditionaler biografischer Verläufe zunehmend entlastet werden. Diese gesamtgesellschaftlichen Entwicklungen, die im Anschluss an Ulrich Beck und Anthony Giddens insbesondere im internationalen Forschungskontext hervorgehoben werden,

4 Grundlegend Hartmut Häußermann / Walter Siebel, *Soziologie des Wohnens.* Eine Einführung in Wandel und Ausdifferenzierung des Wohnens, Weinheim 2000; Eva Wonneberger, *Neue Wohnformen.* Neue Lust am Gemeinsinn?, Wiesbaden 2015; Susanne Schmid, *Eine Geschichte des gemeinschaftlichen Wohnens.* Modelle des Zusammenlebens, Basel 2019.

5 Elizabeth Kenyon / Sue Heath, »Choosing this Life. Narratives of Choice amongst House Sharers«, in: *Housing Studies* 16 (2001), 5, S. 619–635, hier S. 619 ff. und S. 632; Steinführer/Haase, »Flexible – Inflexible«, S. 570 f.

sind als hinreichende Bedingungen für die Entstehung der Wohngemeinschaft zu interpretieren.[6]

Letztlich wird, vor allem im deutschsprachigen Forschungskontext, die Studenten- und Protestbewegung der 68er-Jahre als Entstehungsbedingung betont.[7] Sie verstand den Wohnraum als Gegenentwurf zur Familie, zu traditionellen (Privat-)Besitz- und Konsumstrukturen, zu exklusiven Paarbeziehungen und zur geschlechtsspezifischen Arbeitsteilung, zur biederen Privatsphäre und zu autoritären Strukturen. Die Ausdifferenzierung dieser Bewegung in verschiedene Subkulturen ging mit der Entideologisierung ihrer Ansprüche einher. Zudem rückten mehr und mehr pragmatische Motive in den Vordergrund, allen voran die Senkung der Lebenshaltungskosten, was die massenhafte Verbreitung der Wohngemeinschaft begünstigte.

Die soziokulturelle Entstehung der Wohngemeinschaft erscheint angesichts dieser kursorischen Darstellung historisch kontingent. Dennoch ist sie weder ein nationales noch ein statisches Phänomen, es handelt sich also um wiederkehrende und veränderliche Ermöglichungsbedingungen.

Wohngemeinschaftstypen und ihre gesellschaftlichen Leistungen

Wir können die Gegenwart der Wohngemeinschaft nur hinreichend erfassen, wenn wir nicht von *der* Wohngemeinschaft ausgehen: Von lockeren Zusammenschlüssen mit unspezifischer Zielsetzung und hoher Fluktuation bis hin zu hoch integrierten Formen mit ausgeprägter Umweltanbindung finden sich – unter Bezeichnungen wie Zweck-, Studenten-, Business-, Mehrgenerationen- oder Seniorenwohngemeinschaften sowie Wohngemeinschaften für körperlich und geistig Beeinträchtigte oder für Ex-Häftlinge – eine Vielzahl an Wohngemeinschaftstypen, von denen einige bereits wieder an Relevanz verloren haben. Das gilt etwa für die sogenannten Roten Klöster, deren Ziele in marxistischen Lektüren und politischer Arbeit bestanden.[8]

Jeder Wohngemeinschaftstyp verfügt über eigene Mitgliedschaftsbedingungen, die mehr oder weniger transparent sind. Die Zweckwohngemeinschaft, die sich in den 1980er-Jahren durchsetzte und häufig abwertend be-

6 Vgl. Sue Heath, »Young Adults and Household Formation in the 1990s«, in: *British Journal of Sociology of Education* 20 (1999), 4, S. 545–561, hier S. 546 ff. et passim; Heath/Cleaver, *Young, Free and Single*, S. 27–53 et passim.

7 Schülein, »Konstitution und Dynamik ›offener‹ Primärgruppen«, S. 396–399; Reichardt, *Authentizität und Gemeinschaft*, S. 351–572.

8 Schülein (Hg.), *Vor uns die Mühen der Ebenen*, S. 16 und S. 18. Heath/Cleaver, *Young, Free and Single*, S. 89–108, insbes. S. 92 ff., unterscheiden Wohngemeinschaften nach den Eigentumsverhältnissen, nach dem Vertrauensgrad und nach dem Maß an Geselligkeit. Siehe auch Sue Heath, »Balancing the Formal and the Informal. The Relational Challenges of Everyday Practices of Cooperation in Shared Housing Co-Operatives in the UK«, in: *Social & Cultural Geography* 22 (2021), 9, S. 1256–1273.

trachtet wird, ist bis heute die am weitesten verbreitete Form.[9] Die Ambivalenz des Mottos »Alles kann, nichts muss« verdeutlicht die Unbestimmtheit der Kooperationsanforderungen, ein Rückzug der Mitglieder ins Private ist erlaubt, ohne dass sie dies thematisieren oder begründen müssen. Demgegenüber stehen die BewohnerInnen in Studenten- und jungen Erwachsenenwohngemeinschaften häufig in einem fürsorglichen Kontakt zueinander. Ähnlich wie in Seniorenwohngemeinschaften selektiert in diesen Fällen die biografische Passage vorab und legt einige Erwartungen offen: Derjenige, der nicht studiert, sich nicht in der Ausbildung befindet respektive nicht in Rente ist und vor allem offenkundig kein Interesse an einem flexiblen familienähnlichen Alltag hat, dürfte es hier schwer haben.

Es wäre verkürzt, die Motivationen des Zusammenwohnens und die Bedeutung der Wohngemeinschaft bei allen Typen auf den bezahlbaren Wohnraum (in der Ausbildungsphase) zu reduzieren.[10] Auch Wohngemeinschaften, die keine dezidierten Inklusionsaufträge erfüllen,[11] übernehmen Überbrückungsfunktionen innerhalb biografischer Passagen und scheinen an den individualisierten Lebensstil der modernen Postadoleszenz angepasst zu sein.[12] Zudem werten sie den prekären gesellschaftlichen Status, selbst noch keine eigene Familie gegründet zu haben, ein Stück weit auf.[13] Aufgrund ihrer Familienähnlichkeit, die Fürsorglichkeit, Nähe, (ökonomischen) Schutz, Egalität, Anteilnahme und Autonomie verspricht, kann die Wohngemeinschaft zugleich als Sozialisationsinstanz fungieren.[14] Ohne mit schwerwiegenden Konsequenzen (in anderen Rollenzusammenhängen) rechnen zu müssen, sammeln die Mitglieder Erfahrungen mit der Aushandlung von Kooperationserwartungen und Beziehungsformen.[15] Die frühe deutschsprachige Forschung, die die Entstehung der Wohngemeinschaft insbesondere

9 Herrad Schenk, *Wir leben zusammen, nicht allein.* Wohngemeinschaften heute, Köln 1984, S. 219–265; Lothar Bertels, *Gemeinschaftsformen in der modernen Stadt*, Opladen 1990, S. 85 ff.

10 So etwa Rowan Arundel / Richard Ronald, »Parental Co-Residence, Shared Living and Emerging Adulthood in Europe. Semi-Dependent Housing across Welfare Regime and Housing System Contexts«, in: *Journal of Youth Studies* 19 (2016), 7, S. 885–905.

11 Felix Baur-Pantoulier, »Therapeutische Wohngemeinschaft. Ein Projekt zur Wiedereingliederung psychisch Kranker in die Gesellschaft«, in: Henrik Kreutz (Hg.), *Pragmatische Soziologie.* Beiträge zur wissenschaftlichen Diagnose und praktischen Lösung gesellschaftlicher Gegenwartsprobleme, Opladen 1988, S. 471–477.

12 Vgl. Heath, »Young Adults and Household Formation in the 1990s«, S. 546 ff. et passim.

13 Schülein, »Konstitution und Dynamik ›offener‹ Primärgruppen«, S. 393 und S. 395.

14 Ebd., S. 393 ff. und S. 414 f.; Sasha Roseneil / Shelley Budgeon, »Cultures of Intimacy and Care beyond ›the Family‹. Personal Life and Social Change in the Early 21st Century«, in: *Current Sociology* 52 (2004), 2, S. 135–159; Nethercote, »Caring Households«.

15 Johann A. Schülein, »Intimität und neue Formen des Zusammenlebens. Das Beispiel Wohngemeinschaft«, in: Michael B. Buchholz (Hg.), *Intimität.* Über die Veränderung des Privaten, Weinheim 1989, S. 149–164, hier S. 163 f.; Clark/Tuffin/Bowker, »Managing Conflict in Shared Housing for Young Adults«, S. 11; Jade Aguilar, »Situational Sexual Behaviors. The Ideological Work of Moving toward Polyamory in Communal Living Groups«, in: *Journal of Contemporary Ethnography* 42 (2013), 1, S. 104–129.

auf die 68er-Bewegung bezog, begriff die Wohngemeinschaft – im Anschluss an soziale Bewegungen – zudem als Experimentierraum und Suchbewegung der Gesellschaft schlechthin.[16] In Bezug auf rezente Wohngemeinschaften wäre dies sicherlich noch zu prüfen.

Die skizzenhafte Darstellung der soziokulturellen Entwicklung der Wohngemeinschaft, ihrer Typen und der gesellschaftlichen Leistungen zeigt, dass die Entstehung und Ausdifferenzierung der Wohngemeinschaft Folgen eines gesellschaftlichen Wandels sind. In diesen Prozessen geht es immer auch um Verhaltensschwierigkeiten, die sich zum einen aus den Kooperationserfordernissen und zum anderen aus den strukturellen Möglichkeiten, diese zu kontrollieren, ergeben.

Erleben und Handeln in Wohngemeinschaften

Die materielle Bedeutung des Wohnraumes erschließt sich nicht nur in seiner quantitativen Bestimmtheit für die Gruppe, er fungiert auch als Mitgliedschaftsgrenze, als Medium der Interaktion und Gruppenidentität. Die Bewirtschaftung des Wohnraums und die gemeinsame Lebensführung können als Zweck der Zusammenkunft bezeichnet werden, den Wohngemeinschaften spezifizieren können, auch wenn sie in hohem Maße auf Konsensfiktionen und persönliches Vertrauen zurückgeworfen sind. Daraus kann die besondere Qualität der sozialen Ordnung »Wohngemeinschaft« abgeleitet werden, deren Folgen anhand klassischer Konfliktthemen und ihrer Abwicklungsmöglichkeiten sichtbar werden.

Raumgemeinschaft – Gemeinschaftsraum

Anders als andere Kleingruppen, insbesondere Freundesgruppen, verfügen Wohngemeinschaften über spezifische Räumlichkeiten.[17] Der Wohnraum verspricht eine gewisse zeitliche Stabilität der Gruppe und legt über die Anzahl der verfügbaren Wohnräume die Gruppengröße fest. Zugleich stellt er eine Mitgliedschaftsgrenze dar und ermöglicht eine eindeutige Zurechnung der Mitgliedschaft als Entscheidung. Symbolisiert wird diese Entscheidung durch den Einzug und die Unterschrift des Mietvertrags respektive durch die Kündigung desselben und den damit besiegelten Auszug. Daran gekoppelt sind die Übernahme beziehungsweise Abgabe der Mitgliedschaftsrolle und der zugehörigen Vor- und Nachteile der Mitgliedschaft. Als Ausgangspunkt der Bildung geteilter Erwartungen sind der Ein- und Auszug mit Prak-

16 Schülein, »Konstitution und Dynamik ›offener‹ Primärgruppen«, S. 415; ders., »Normalität und Opposition. Über Ursachen und gesellschaftliche Funktionen der ›Alternativbewegung‹«, in: *Leviathan* 11 (1983), 2, S. 252–274.

17 Cyprian, *Sozialisation in Wohngemeinschaften*, S. 1 f.

tiken des *homemaking* sowie mit Verhandlungen der Gemeinschaftsflächen, wie Kühlschrankfach oder Abstellmöglichkeiten im Bad, verbunden.[18] Abgesehen davon, dass an den mitgliederspezifischen Strategien des *homemaking* Gemeinsamkeiten und Unterschiede sichtbar werden, geben sie Anlass zu wechselseitiger Hilfe, etwa bei gemeinsamen Renovierungsarbeiten oder dem Ein- und Auszug. Dies sorgt in der Regel für einen ersten Tausch von Dankespflichten und Anerkennung und stiftet erstes Vertrauen.

In seinem Innern führt der Wohnraum eine Grenze zwischen privat und öffentlich ein.[19] Die individuell ausgestalteten (Schlaf-)Zimmer dienen dem Rückzug und sind Ausdruck persönlicher Identität. Mit dem Übertritt der Grenze zwischen privaten und öffentlichen Räumen sind Verhaltensanpassungen verbunden. Auf der Hinterbühne, dem privaten Zimmer, verhalten sich die BewohnerInnen anders als in der Gruppenöffentlichkeit. Nicht selten lassen sich die Sinnesgrenzen nicht hinreichend trennen, die BewohnerInnen können etwa durch Gerüche und Geräusche auch in ihrer Abwesenheit füreinander anwesend sein und demnach das Verhalten wechselseitig moderieren.[20]

Die Gemeinschaftsräume – Flur, Küche, Bad und möglicherweise ein geteilter Garten oder Balkon – unterstehen demgegenüber dem Vorbehalt der Gruppe. Dekorative Ordnungen wie die obligatorische Diskokugel oder Insiderwitze, angebracht an Tafeln und Whiteboards, überdauern nicht selten die aktuelle Besetzung, sie weisen auf eine Gruppenidentität und -geschichte hin und können als Teil der räumlichen Vergesellschaftung interpretiert werden.[21] Die Gemeinschaftsräume spezifizieren die Kooperationsanforderungen und auch große Teile der Konfliktthemen. Der Wohnraum hat darüber hinaus eine zentrale Bedeutung für die Dynamik der Gruppe: als Ort

18 Didi Han, »Turning a Home into the Common. The Micro-Politics of Subjectivations in a Cohousing Community in Seoul«, in: *Inter-Asia Cultural Studies* 19 (2018), 3, S. 372–385; Zahra Nasreen / Kristian J. Ruming, »Shared Room Housing and Home. Unpacking the Home-Making Practices of Shared Room Tenants in Sydney in Australia«, in: *Housing, Theory and Society* 38 (2021), 2, S. 152–172; Jürgen Hasse, *Wohnungswechsel.* Phänomenologie des Ein- und Auswohnens, Bielefeld 2020.

19 Karsten Mause, »The Tragedy of the Commune. Learning from Worst-Case Scenarios«, in: *The Journal of Socio-Economics* 37 (2008), 1, S. 308–327, hier S. 311; Heath, »Peer-Shared Households, Quasi-Communes and Neo-Tribes«, S. 173.

20 Craig M. Gurney, »Trangressing Private-Public Boundaries in the Home. A Sociological Analysis of the Coital Noise Taboo«, in: *Venereology.* The Interdisciplinary International Journal of Sexual Health 13 (2000), 1, S. 39–46.

21 Sue Heath / Elizabeth Cleaver, »Mapping the Spatial in Shared Household Life. A Missed Opportunity«, in: Caroline Knowles / Paul Sweetman (Hg.), *Picturing the Social Landscape.* Visual Methods and the Sociological Imagination, London 2004, S. 65–78; Mark Holton, »A Place for Sharing. The Emotional Geographies of Peer-Sharing in UK University Halls of Residences«, in: *Emotion, Space and Society* 22 (2017), S. 4–12, hier S. 7 ff. Siehe zur sozialen Dimension von Gegenständen in Wohngemeinschaften auch Liz Kenyon, »A Home from Home. Students Transitional Experience of Home«, in: Tony Chapman / Jenny Hockey (Hg.), *Ideal Homes?* Social Change and Domestic Life, London 1999, S. 84–95. In Bezug auf westdeutsche kommuneähnliche Wohngemeinschaften

der wechselseitigen Wahrnehmung und des zeitlichen aufeinander Bezogenseins sowie als Ausgangspunkt der Bildung gemeinsamer Erwartungen und eines Gruppengedächtnisses.[22] Die materiellen und räumlichen Gegebenheiten bestimmen die Vergemeinschaftungschancen sowie die Häufigkeit, Dichte und Qualität der Interaktionen: Eine Stehküche schränkt rituelle Institutionen wie WG-Partys oder Einweihungsfeiern ein, die Ausgangspunkte (erster) gemeinsamer Erlebnisse sein können oder sogar einen geteilten Freundeskreis anstoßen, während eine große Wohnküche mit Sofa oder ein Wohnzimmer zahlreiche Begegnungsmöglichkeiten bietet. Ob solche Interaktionschancen immer mit positiven Folgen verbunden sind, ist soziologisch jedoch fraglich: Die unterschiedlichen Lebensentwürfe werden gerade in Interaktionen unter Anwesenden wahrnehmbar, allerdings kann auch die abwesende Anwesenheit des anderen Fantasien über dessen (feindselige) Handlungsgründe wecken.

Erwartungen in der Wohngemeinschaft

Die Mitglieder der Wohngemeinschaft sind durch den geteilten Wohnraum im praktischen Lebensvollzug, in ihren individuellen Vorlieben und Bedürfnissen qualitativ wie quantitativ aufeinander bezogen.[23] Das legt den Vergleich mit der Familie nahe. Die geteilte Lebensführung stellt (neben finanziellen Einsparungen) den mal mehr, mal weniger explizit gemachten Zweck der Zusammenkunft dar und ist zugleich wesentliches Unterscheidungsmerkmal zu Freundesgruppen.[24] Aufgrund anfänglichen Unbekanntseins und fehlender anderer Rollenverflechtungen kann die geteilte Lebensführung als Zumutung und Unsicherheit erlebt werden. Das sagt sich leichter, als es sich erträgt, denn eine unglückliche Wohnungssituation stellt unter Umständen den Schutzraum des Zuhauses und damit die persönliche Integrität infrage.

spricht Häberlen, »Feeling at Home in Lonely Cities«, S. 155 et passim, von einem ästhetischen Nihilismus, der vermutlich als Summe der Vereinbarkeiten und Homemaking-Strategien zu deuten ist.

22 Clark et al., »A Fine Balance«, S. 5 und S. 7 f.; Holton, »A Place for Sharing«, S. 6 f.; Steinführer/Haase, »Flexible – Inflexible«, S. 577 f. und S. 583; Matthew J. Easterbrook / Vivian L. Vignoles, »When Friendship Formation Goes Down the Toilet. Design Features of Shared Accommodation Influence Interpersonal Bonds and Well-Being«, in: *British Journal of Social Psychology* 54 (2014), 1, S. 125–139.

23 Schülein, »Konstitution und Dynamik ›offener‹ Primärgruppen«, S. 407.

24 In Deutschland ist das Verhältnis der BewohnerInnen zueinander im Bürgerlichen Gesetzbuch geregelt. Sie bilden danach eine Innengesellschaft, deren Gesellschaftszweck in der Anmietung der Wohnung zur Bewohnung und gemeinschaftlichen Bewirtschaftung (Mietzahlung, Renovierungspflichten und Durchsetzung der Hausordnung) liegt, ein stillschweigend geschlossener Gesellschaftsvertrag, aus dem sich die gesamtschuldnerische Haftung im Außenverhältnis, aber auch wechselseitige Schutzpflichten ergeben. Marco Staake / Tobias von Bressensdorf (Hg.), *Rechtshandbuch Wohngemeinschaften*, München 2019.

Je nach Wohngemeinschaftstyp lassen sich grundlegende Lebensunterschiede und damit Konfliktmöglichkeiten und Unsicherheitsgrade der potenziellen BewohnerInnen vorab, nämlich über die Ausgestaltung des Zwecks, absorbieren: In eine Studentenwohngemeinschaft kann nur derjenige einziehen, der sich auch in der entsprechenden biografischen Passage befindet und an einem spontanen Alltag interessiert ist; in eine Zweckwohngemeinschaft nur diejenige, die ein geregeltes Einkommen nachweisen kann und es mit der Geselligkeit nicht übertreibt; in eine Öko-WG nur derjenige, der ökologisch bewusst lebt und dies plausibel darstellen kann. Ein gewisses Maß an Toleranz gegenüber den verschiedenen Lebensentwürfen wird aber in jedem Fall (latent) erwartet. Im Zuge eines Mitgliederwechsels handeln die verbleibenden BewohnerInnen solche Mindestbedingungen der Mitgliedschaft konstellationsspezifisch aus und reflektieren das Gruppengeschehen und die -geschichte – mal mehr, mal weniger. Wie das alltägliche Miteinander (in Zukunft) aussehen soll, wie Privatbesitz geteilt und die Gemeinschaftsräume gepflegt werden sollen oder wie viel Rückzug noch erträglich ist, wird jedoch selten aufgeschrieben. Wesentlich sind daraufhin WG-Castings, denen in der Regel eine Ausschreibung und Bewerbungsschreiben vorausgehen.[25] Entgegen der Selbstbeschreibung der meisten Wohngemeinschaften sind die WG-Castings ein äußerst konservativer, an Einstellungs- und Vorstellungsgesprächen in formalen Organisationen erinnernder Mechanismus der Passungsprüfung potenzieller MitbewohnerInnen.

Die Chance auf sachliche Begründungen bei der Abstimmung und Herstellung von Konsensfiktionen darf keinesfalls unterschätzt werden. Dennoch entscheidet sich die Mitgliedschaft nur in Extremfällen, etwa einer zeitlichen Befristung oder wenn die Besetzung Vermietersache ist, nach rein sachlichen Kriterien, allen voran der Fähigkeit, die Miete zu zahlen. Die Grenzen einer reinen Zweckorientierung liegen zum einen in der Unbestimmtheit der gemeinsamen Lebensführung, die es unmöglich und unattraktiv macht, spezifische Verhaltensweisen vorab festzulegen, für alle Eventualitäten und potenzielle Konfliktfälle eine Abmachung zu treffen; zum anderen sind die Vorlieben und Wünsche der BewohnerInnen selbst zu diffus, weshalb es äußerst schwierig ist, über sachliche Verhaltenskriterien abzustimmen.

25 Siehe zu den Rekrutierungsprozessen auch Schülein (Hg.), *Vor uns die Mühen der Ebenen*, S. 207 ff.; ders., »Konstitution und Dynamik ›offener‹ Primärgruppen«, S. 400 f. Zur Analyse von Wohngemeinschaftsinseraten und den Prozessen der Entscheidungsfindung vor der Ausschreibung vgl. entfernt auch Martin Abraham / Per Kropp, »Die institutionelle und soziale Einbettung von Suchprozessen für wirtschaftliche Transaktionen. Das Beispiel der Wohnungssuche«, in: Regina Metze / Kurt Mühler / Karl-Dieter Opp (Hg.), *Normen und Institutionen: Entstehung und Wirkungen*. Theoretische Analysen und empirische Befunde, Leipzig 2000, S. 415–431. Vicky Clark / Keith Tuffin, »Choosing Housemates and Justifying Age, Gender, and Ethnic Discrimination«, in: *Australian Journal of Psychology* 67 (2015), 1, S. 20–28, zeigen unter anderem, dass hinsichtlich Alter, Geschlecht und Ethnizität diskriminiert wird.

In der Alltagsmoral der Wohngemeinschaft wird diese Problematik in eine normativ-solidarisch verstandene gemeinschaftliche Lebensführung übersetzt, die mit der Erwartung einhergeht, dass aus Fremden Freunde oder zumindest persönlich Bekannte werden. Die Einzelnen sollen sich als individuelle Personen darstellen, das Handeln wird dem anderen als Person zugerechnet. Dies zeigt sich bereits darin, dass die Mitgliedschaft in der Regel nicht mit dem Verweis auf den günstigen Wohnraum oder dem ästhetisch ansprechenden Zimmer begründet wird, sondern damit, dass man authentisch ist und persönlich gut zusammenpasst.[26] Abgesehen davon, dass sich im alltäglichen Lebensvollzug, beim Kochen[27] oder Wäschewaschen, kaum Distanz zur eigenen Person herstellen lässt, gelten die Darstellung von Unpersönlichkeit und der Rückzug ins Private schnell als Leidenschaftslosigkeit und Kälte. Um solche Abweichungen abzuwickeln, werden nicht selten Sonderrollen, wie die des »eigenartigen Mitbewohners«, eingerichtet.

Im Anschluss an Niklas Luhmann, insbesondere dessen Untersuchungen zu Vertrauen und Gewissen, sowie an Erving Goffmans Selbstdarstellungstheorie können Personen als Erwartungsbündel und in diesem Sinne als soziale Strukturen begriffen werden: Ein sicheres Erwarten ist dann möglich, wenn man Menschen persönlich kennt, weil man zu wissen meint, in welchen Situationen sie wie reagieren und was man lieber nicht sagt, um den Interaktionsfluss nicht zu stören.[28] Solche personengebundenen Erwartungen sind anders als Rollenerwartungen nicht übertragbar, sondern auf

26 Die materiellen und nicht materiellen Gründe, die als Motive für den Einzug in eine Wohngemeinschaft angegeben werden können, wurden umfänglich untersucht, ohne jedoch historische Veränderungen und unterschiedliche Wohngemeinschaftstypen einzubeziehen. Vgl. etwa Sophia Maalsen, »I Cannot Afford to Live Alone in this City and I Enjoy the Company of Others. Why People Share Housing in Sydney«, in: *Australian Geographer* 50 (2019), 3, S. 315–332.

27 Rebecca Williamson, »Flat Food. Food, Sociability and the Individual in the New Zealand Flat«, in: *New Zealand Sociology* 20 (2005), 2, S. 4–17.

28 Allgemein in Bezug auf Gruppen Friedhelm Neidhardt, »Das innere System sozialer Gruppen«, in: *Kölner Zeitschrift für Soziologie und Sozialpsychologie* 31 (1979), 4, S. 639–660, hier S. 648 ff. Die Wohngemeinschaftsforschung idealisiert die Zurechnung des Handelns als persönliches Handeln als Sympathiebeziehungen. Vgl. Heath/Cleaver, *Young, Free and Single*, S. 92 ff. und S. 89–108. Darüber hinaus wird über den sozialen Sinn, die Funktionen und Folgen personaler Erwartungsbildung in großen Teilen der Freundschafts- und Kleingruppenforschung meiner Ansicht nach nicht hinreichend aufgeklärt. So etwa bei Kühl, »Soziologie der Gruppen«. Gerade dem in der deutschsprachigen Forschung zu (kleinen) Gruppen an dieser Stelle häufig platzierten Begriff der persönlichen Kommunikation fehlt ein Signifikant: Bezeichnet er das empirisch beobachtbare Verhalten, dass sich die Mitglieder kleiner Gruppen über Persönliches unterhalten, oder theoretische Probleme, etwa Probleme einer systemtheoretisch informierten Kleingruppensoziologie, wie die Frage, inwiefern eine individuell persönliche Erwartung zugleich durch das System gewährleistet werden und daher dem Prinzip nach ein Systemvertrauen sein kann, oder die Frage, welche Paradoxien durch jene spezifische Kommunikationsform verdeckt werden.

eine spezifische Person, im Falle von Kleingruppen auf eine spezifische Personenkonstellation, zugeschnitten. Das durch sie bereitgestellte (sicherere) Erwarten basiert in hohem Maße auf dem Vertrauen, dass die Beteiligten diejenigen bleiben, als die sie sich dargestellt haben, und demnach darauf, dass sie sich an ihre (vergangenen) Selbstdarstellungen gebunden fühlen.[29]

In diesem Sinne sind die Alltagsmoral der Wohngemeinschaft und einige zentrale Institutionen des Gruppengeschehens als Problemlösung zu interpretieren: So tendieren, wie Schülein beobachtet, die ersten Wochen einer neuen Konstellation zu einer Art Flitterwochen, eine Anfangssituation des Ausnahmezustands, die zu Ausnahmeverhalten führt: Jeder zeigt sich von seiner Schokoladenseite.[30] Dies begünstigt eine Reihe von Selbstdarstellungen, durch die die Beteiligten an gewisse Verhaltensweisen persönlich gebunden werden. Freundschaftsgruppen haben hier grundsätzlich mehr Zeit, Erwartungen aufzubauen, sei es etwa durch geteilte eventartige Erlebnisse, die den Geheimnistausch und damit das persönliche Vertrauen wachsen lassen, oder über geteilte Mitgliedschaften in Organisationen, wie Schulen, Universitäten oder Unternehmen, in denen sich die Beteiligten über ihre Rollendistanz hinweg persönlich begegnen können. Auch das WG-Casting begünstigt die Bindung an die Selbstdarstellungen: Selbstverständlich stellt sich das potenzielle Mitglied als sauber und leise dar oder es genießt ausschweifende Partys und lange Kochabende, wenn die Ausschreibung solche Erwartungen nahelegt und der Wohnraum hinreichend ansprechend ist. Ebenso unterliegen die Darstellungen der BewohnerInnen einem Ensembledruck, weshalb sie sich meist als hoch integrierte, konfliktfreie Gemeinschaft, die sich auch in Ruhe lassen kann, inszenieren.[31] Trotzdem kann es nach dem Einzug zu Passungsproblemen kommen: So zieht mitunter auch jemand in eine Zweck-WG ein, der die Gruppe oder einzelne Mitglieder mit seinen persönlichen Lebensproblemen terrorisiert, oder umgekehrt, ein potenzielles Mitglied gibt sich zunächst familienfreundlich, zieht sich dann aber ständig zurück.

29 Deshalb können es nur die freien Handlungen sein, die persönlich zugerechnet werden, weil Rollenhandeln immer im Auftrag einer Organisation vollzogen wird und demnach Distanzierungsmöglichkeiten bietet. Auch wenn soziale Ordnungen, die in hohem Maße auf der Bindung der persönlichen Selbstdarstellung beruhen, gemeinhin nicht als Zumutung erlebt werden, sind es zugleich keine Ordnungen, die dem Individuum höhere Freiheitgrade bereitstellen – im Gegenteil, denn der Wechsel zwischen unpersönlichem Rollenhandeln und persönlichem Handeln, um Distanz zum eigenen Handeln auszudrücken, ist hier kaum möglich. Dazu auch Niklas Luhmann, *Funktionen und Folgen formaler Organisation*, Berlin 1964, S. 382–398.

30 Schülein, »Konstitution und Dynamik ›offener‹ Primärgruppen«, S. 402 f.; ders., »Intimität und neue Formen des Zusammenlebens«, S. 159.

31 Erving Goffman, *Wir alle spielen Theater*. Die Selbstdarstellung im Alltag, mit einem Vorw. von Ralf Dahrendorf, übers. von Peter Weber-Schäfer, München 2008, S. 73–98.

Zusammenfassend lässt sich festhalten, dass Wohngemeinschaften keine strukturfreien Ordnungen sind, wie einige AutorInnen vermuten.[32] Sie können vorab über gewisse Anforderungen entscheiden und selektieren danach ihre Mitglieder, während der Alltag in hohem Maße durch persönliche Erwartungen geregelt ist. Alle Wohngemeinschaftstypen rechnen mit der Individualität sowie der persönlichen Selbstdarstellung ihrer Mitglieder, sie haben – im Vergleich zu Freundesgruppen – aufgrund ihrer Zweckgebundenheit größere Spielräume, Distanzen zuzulassen. Möglicherweise wegen der diffus orientierten Erwartungen entsteht eine kohäsive Struktur aus Unverbindlichkeit und Verbindlichkeit, Individualität und Gemeinschaft. Allgemeine Erwartungen bezüglich Gleichheit und Autonomie, Fairness und Respekt, Hierarchieverzicht und familienartiger Fürsorge lassen sich als kommunikationsfähige Derivate dieser Ausgangslage interpretieren.[33] Dass sich unter diesen Bedingungen langjährige, insbesondere dyadische Freund- oder Feindschaften entwickeln, die auch nach dem Auszug bestehen bleiben, ist kein Einzelfall.[34] Enttäuschungen sind in jedem Fall vorprogram-

32 So sprechen etwa Vicky Clark / Keith Tuffin / Karen Frewin / Natilene Bowker, »Shared Housing among Young Adults. Avoiding Complications in Domestic Relationships«, in: *Journal of Youth Studies* 20 (2017), 9, S. 1191–1207, hier S. 1201; sowie Clark/Tuffin/Bowker, »Managing Conflict in Shared Housing for Young Adults«, S. 5; und Clark et al., »A Fine Balance«, S. 9, von »unwritten rules«, von der »absence of dominant discourses«, und bezeichnen Wohngemeinschaften als »unregulated«, weil »blueprints for behaviour« fehlen würden. Heath/Cleaver, *Young, Free and Single*, S. 105, attestieren den Wohngemeinschaften aufgrund der Erwartung der Hierarchie- und Genderrollenfreiheit gar, dass gesellschaftliche Erwartungen als Sanktionsgrundlage dort kaum eine Rolle spielen, während Schülein, »Konstitution und Dynamik ›offener‹ Primärgruppen«, S. 403, vom »Fehlen kultureller Problemlösungsmuster« spricht.

33 Kristin Natalier, »Independence, Individualism & Connection among Share Householders«, in: *Youth Studies Australia* 26 (2007), 1, S. 17–24; Esther Sullivan, »Individualizing Utopia. Individualist Pursuits in a Collective Cohousing Community«, in: *Journal of Contemporary Ethnography* 45 (2016), 5, S. 602–627; Maria Törnqvist, »Living Alone Together. Individualized Collectivism in Swedish Communal Housing«, in: *Sociology* 53 (2019), 5, S. 900–915; dies., »Communal Intimacy. Formalization, Egalitarianism, and Exchangeability in Collective Housing«, in: *Social Forces* 100 (2021), 1, S. 273–292.

34 Heath/Cleaver, *Young, Free and Single*, S. 93–98. Ob Wohngemeinschaften, deren Mitglieder zugleich befreundet sind, stabiler sind als solche, in denen sich die Mitglieder nur als MitbewohnerInnen behandeln, und von welchen Faktoren die Stabilität darüber hinaus abhängig ist, müsste geprüft werden. Clark/Tuffin, »Choosing Housemates and Justifying Age, Gender, and Ethnic Discrimination«, zeigen, dass das Zusammenleben mit Fremden gegenüber Freunden bevorzugt wird, während Paare lieber mit anderen Paaren und Singles eher mit Singles zusammenleben. Möglicherweise ist Ersteres deshalb der Fall, weil die Beteiligten damit rechnen, FreundInnen in der geteilten Lebensführung neu kennenzulernen und infolgedessen Erwartungen anpassen zu müssen, was letztlich auch Entfremdungen wahrscheinlich macht, worauf auch Heath/Cleaver, *Young, Free and Single*, S. 106, aufmerksam machen. Amouröse Beziehungen unter den BewohnerInnen werden vermutlich aus ähnlichen Gründen, allen voran der Konfliktvermeidung, normativ unterdrückt. Dazu auch Vicky Clark / Keith Tuffin / Natilene Bowker / Karen Frewin, »Rosters. Freedom, Responsibility, and Co-Operation in Young Adult Shared Households«, in: *Australian Journal of Psychology* 71 (2019), 3, S. 232–240, hier S. 236; Frances

miert, da in den Anpassungsprozessen der Lebensrhythmen die (anfänglich) geschönten Selbstdarstellungen Stück für Stück bröckeln und diffuse Verhaltensverpflichtungen als Anpassungsdruck der Gruppe spürbar werden können.

Konfliktthemen und Konfliktbearbeitung

Klassische Konflikte in Wohngemeinschaften umfassen die Hausarbeit, den Konsum von Gemeingütern, der durch den prekären Zugang zu Privateigentum befeuert wird, Liebschaften zwischen den Mitgliedern und Beziehungen der Mitglieder zu Nichtmitgliedern.[35] Immer handelt es sich dabei um Spannungen zwischen verschiedenen Lebensentwürfen, Routinen und Erwartungen, also um Derivate des im Alltag persönlich aufeinander Bezogenseins. Bei allen Konfliktthemen in Kleingruppen wie Wohngemeinschaften oder Freundeskreisen zeigen die Beteiligten ihre Persönlichkeit, da die Rolle des Freundes oder die der Mitbewohnerin nicht hinreichend von der Person abstrahiert. Der andere wird im Zuge dessen konkret und persönlich als Verursacher eigener Nachteile zurechenbar – schließlich ist er es, der nie aufräumt, oder es ist sie, die zu laut ist. Die persönliche Zurechnung erschwert das Vergessen und die Beilegung von Konflikten, daraus kann eine Sogwirkung entstehen, infolge derer sich alle Mitglieder einer Wohngemeinschaft positionieren müssen.

Der Wohngemeinschaft stehen verschiedene Konfliktabwicklungsmöglichkeiten zur Verfügung, die in Bezug auf die beschriebene Ausgangslage je eigene Vor- und Nachteile mit sich bringen. Stabile Rollenverteilungen und Hierarchien, sodass das ›Familienoberhaupt‹ Kooperationsprobleme löst, sind in Wohngemeinschaften eher unwahrscheinlich, weil sie den Egalitäts- und Autonomieverständnissen widersprechen.[36] Ein funktionales Äquivalent bei der Behandlung von Kooperationsproblemen in Bezug auf

Baum, »Shared Housing. Making Alternative Lifestyles Work«, in: *Australian Journal of Social Issues* 21 (1986), 3, S. 197–212, hier S. 200. Eine Fallstudie erarbeitet Aguilar, »Situational Sexual Behaviors«.

35 Kristin Natalier, »›I'm not his Wife‹. Doing Gender and Doing Housework in the Absence of Women«, in: *Journal of Sociology* 39 (2003), 3, S. 253–269. Zusammenfassend Clark/Tuffin/Bowker, »Managing Conflict in Shared Housing for Young Adults«. Ein theoretisch anspruchsvoller Konfliktbegriff, der vollends auf die strukturellen (Un-)Möglichkeiten der Wohngemeinschaft eingeht, kann hier nicht entwickelt werden. Dies gelingt auch anderen Studien zu Konflikten in Wohngemeinschaften nur bedingt, wie etwa Clark/Tuffin/Bowker, »Managing Conflict in Shared Housing for Young Adults«, die zwischen Aufgaben-, Prozess- und Beziehungskonflikten unterscheiden und diese auf die junge Erwachsenenphase, auf Rollenfindungen, *peer pressure* und den Stress des Qualifikationserwerbs beziehen.

36 Natalier, »›I'm not his Wife‹«; Clark/Tuffin/Bowker, »Managing Conflict in Shared Housing for Young Adults«, S. 7. Das Fehlen einer Rollenkomplementarität wird in der Literatur häufig im Unterschied zur Familie diskutiert, etwa bei Heath, »Peer-Shared Households, Quasi-Communes and Neo-Tribes«, S. 173. Eltern-Kind-Beziehungen

die Sauberkeitsthematik ist ein Putzplan, der zugleich Lösung und Anlass von Konflikten sein kann.[37] Einerseits ermöglicht er einen Konsens, weil ihm meist eine Aushandlung der unterschiedlichen Sauberkeitsvorstellungen vorausgeht und weil er das Prinzip der Egalität der BewohnerInnen visuell und kommunikativ umsetzt. Andererseits bildet er die Sauberkeitsvorstellungen meist nur quantitativ, nicht qualitativ ab und löst verbleibende Differenzen nicht auf. Zugleich begünstigt der Plan Vorwurfschancen, da über eine leere Spalte direkt erkennbar wird, wer selbst diese Abmachung nicht einhält. Im äußersten Fall entsteht eine subversive Kontrollatmosphäre.

Konflikte mehr oder weniger offen zu thematisieren, um damit eine möglichst konsensstiftende Diskussion anzustoßen, ist ebenfalls eine verbreitete Form der Konfliktbearbeitung. Problematisch ist sie zum einen deshalb, weil Wahrnehmungsunterschiede nicht immer versachlicht und in Diskussionen verbalisiert werden können. Zum anderen tritt die offene Thematisierung in der Regel als moralischer Stil auf – wer nicht reden möchte, ist schuldig –, der auf legitime Distanz mit Achtungsentzug reagiert, was Kompromiss- und Toleranzbereitschaft wiederum verringern kann.[38]

Eine weitere Möglichkeit ist, Konflikte zu vermeiden oder latent zu halten.[39] Dabei kann Nachsicht mit den anderen deren Dankbarkeit evozieren und solidarisierend wirken, zudem entspricht die Konfliktvermeidung den häufig herrschenden Spontanitäts- und Autonomieerwartungen. Problematisch ist sie jedoch deshalb, weil die Einzelnen ihre Schwierigkeiten mit dem Verhalten der anderen persönlich tragen und aushalten müssen.

Neben anderen manifesten Sanktionsmöglichkeiten, wie Mobbing oder dem Entzug von Nähe und/oder Vertrauen, die in Freundesgruppen vermutlich die zentralen Formen der Verhaltenskontrolle darstellen, ist die Kündigung der Mitgliedschaft (respektive der Auszug) ein letztes Mittel. Die Möglichkeit, ein abweichendes Mitglied mit Verweis auf die Kündigung zur Anpassung zu bewegen, hängt zum einen von der Ausgestaltung der Mietverträge ab und zum anderen von Folgen des Verlustes der Mitgliedschaft. Letztere wiegen nur dann schwer, wenn kaum Mitgliedschaftsalternativen vorhanden sind, wenn der alternative Wohnraum teuer und ästhetisch nicht

würden durch geschwisterliche Verhältnisse ersetzt, was nicht zuletzt Konkurrenzerwartungen aktualisiere, so Schülein, »Konstitution und Dynamik ›offener‹ Primärgruppen«, S. 411 f.

37 Felix Maximilian Bathon, *Der Putzplan.* Ein soziologischer Versuch, München 2016; Clark et al., »Rosters«; Baum, »Shared Housing«.

38 Schülein, »Konstitution und Dynamik ›offener‹ Primärgruppen«, S. 404 und S. 412 f.; Clark/Tuffin/Bowker, »Managing Conflict in Shared Housing for Young Adults«, S. 8 f. und S. 11.

39 Clark/Tuffin/Bowker, »Managing Conflict in Shared Housing for Young Adults«, S. 8 f. und S. 11; Michael E. Roloff / Danette E. Ifert, »Conflict Management through Avoidance. Withholding Complaints, Suppressing Arguments, and Declaring Topics Taboo«, in: Sandra Petronio (Hg.), *Balancing the Secrets of Private Disclosures,* Mahwah, NJ 2000, S. 151–164; Mause, »The Tragedy of the Commune«, S. 323 f.

ansprechend ist oder wenn man mit der Kündigung der Mitgliedschaft in der Wohngemeinschaft auch einen Freundeskreis verliert.[40]

Jede der aufgeführten Konfliktabwicklungsmöglichkeiten können die Beteiligten auf Dauer als Anstrengung erleben. Der Versuch, die unterschiedlichen Lebensentwürfe vorab durch Zweckorientierung und Bewerbungsgespräche auf einen Nenner zu bringen, kann die vorgestellten Konfliktthemen ebenso wenig neutralisieren wie die aus der Struktur persönlicher Erwartungen entstehenden Selbstverpflichtungen. Die hohen Egalitäts- und Autonomieansprüche sorgen zusammen mit der geteilten Lebensführung, der bezahlten Mitgliedschaft und mehr oder weniger geringen Durchsetzungschancen der Erwartungen dafür, dass unterschiedliche Wahrnehmungseindrücke und Lebensentwürfe, wie Essgewohnheiten, Freizeitbeschäftigungen oder Ordnungsvorstellungen, fast ungebremst aufeinanderprallen.[41] Abgesehen von der nicht zu unterschätzenden integrierenden Funktion von Konflikten führt diese anspruchsvolle Lage dazu, dass Wohngemeinschaften eine Haltung der Nachsichtigkeit institutionalisieren; ein Stil, der nicht die Richtung, sondern nur die Möglichkeit einer Veränderung des Sinns der Zusammenkunft impliziert. In den meisten Fällen pendeln sich die Lebensrhythmen mit der Zeit ein, bestimmte Konflikte und ein gewisser Konfliktgrad gelten als unproblematisch.[42] Vermutlich deshalb betonen einige AutorInnen[43] die Vorteile der Homogenität und persönlichen Passung der BewohnerInnen, übersehen aber, dass es sich dabei bereits um eine selektiv hergestellte Fiktion und demnach um eine Leistung der sozialen Ordnung handelt. Denn eine Gleichheit der Beteiligten muss kommunikativ hergestellt werden, was nicht immer funktioniert.[44] Ein gewisser Heterogenitätsgrad kann demgegenüber die Chance auf komplementäre Fähigkeiten und demnach Erleichterung der Arbeitsteilung auch erhöhen sowie einen gewissen Grad an wechselseitiger Faszination mit sich bringen.[45]

40 Clark/Tuffin/Bowker, »Managing Conflict in Shared Housing for Young Adults«, S. 9, S. 11 und S. 14; Mause, »The Tragedy of the Commune«, S. 313, S. 316, Anm. 6, S. 317–319 und S. 324.

41 Schülein, »Konstitution und Dynamik ›offener‹ Primärgruppen«, S. 403 f. und S. 412 f.; Schülein, »Intimität und neue Formen des Zusammenlebens«, S. 162; Foulkes et al., »Social Relationships within University Undergraduate Accommodation«.

42 Heath/Cleaver, *Young, Free and Single*, S. 107 f.; Clark et al., »Rosters«, S. 238.

43 Clark/Tuffin/Bowker, »Managing Conflict in Shared Housing for Young Adults«, S. 10; Clark et al., »A Fine Balance«, S. 5 und S. 9; Baum, »Shared Housing«, S. 201.

44 Jüngst Laura Eramian / Peter Mallory, »Inequality, Rules of Irrelevance, and Recognition in Broken Friendships«, in: *Symbolic Interaction* 45 (2022), 3, S. 403–424.

45 Neidhardt, »Das innere System sozialer Gruppen«, S. 655.

Die Wohngemeinschaft als Kleingruppe

Der vorliegende Beitrag hatte zum Ziel, in aller gebotenen Kürze in den Facettenreichtum einer Wohngemeinschaftssoziologie einzuführen. Der Blick auf die soziokulturelle Entstehung der Wohngemeinschaft gewinnt etwa erst durch einen Vergleich der wiederkehrenden Ermöglichungsbedingungen, auch in verschiedenen Weltregionen, an analytischer und empirischer Tiefe.[46] Gleiches gilt auch für die dargestellten Einsichten in das Innenleben der Wohngemeinschaft, die durch ethnografische Einzelfallanalysen und einen Vergleich verschiedener Wohngemeinschaft(styp)en komplementiert werden müssen. Solche Studien könnten beispielsweise die verschiedenen Praktiken der Rekrutierung, der Herstellung von Gemeinschaft sowie die materiell-ästhetischen Ordnungen der Wohngemeinschaft und die idealtypischen Verlaufsformen des Zusammenlebens untersuchen.

Wohngemeinschaften unterscheiden sich von anderen Kleingruppentypen, allen voran Freundes-, aber auch Spiel- und Freizeitgruppen,[47] durch den geteilten Wohnraum und die daran gekoppelten Kooperationsanforderungen und Abhängigkeiten. Sie teilen sich mit diesen wiederum die Form, in der Erwartungen gebildet werden: persönliches Vertrauen, das auf der Bindung der Selbstdarstellung als Person beruht. Die Mitglieder können sich infolgedessen nicht derart distanzieren – voneinander und von der eigenen Rolle samt der an sie gekoppelten Erwartungen –, wie dies in Organisationen über die Institutionalisierung von Unpersönlichkeit möglich ist. Das individuelle Erleben und Fühlen der Mitglieder hat daher einen großen Einfluss auf das Gruppengeschehen.[48] Diese geringe Differenzierung zwischen sozialem und personalem System[49] kann meiner Einsicht nach als spezifische Ordnungsform menschlichen Erlebens und Handelns interpretiert werden, die im Falle der Wohngemeinschaft eine paradoxe Form annimmt: Wohngemeinschaften sind Orte der kommunikativen Aufrechterhaltung von Persönlichkeit und Gemeinschaft, sie müssen jedoch zugleich eine partielle Unpersönlichkeit und den temporären Rückzug der Mitglieder möglich machen.

46 Das könnte auch in enger Auseinandersetzung mit einer Organisationstypologie geschehen. Dazu etwa Maja Apelt / Veronica Tacke (Hg.), *Handbuch Organisationstypen*, Wiesbaden 2023.

47 Felix Maximilan Bathon, *Folie à Trois*. Die Spiel- und Freizeitgruppe, unveröff. Manuskript, Universität Bielefeld; ders., *Kleingruppen als gering differenzierte Systeme*. Funktionen und Folgen personaler Erwartungsbildung, unveröff. Manuskript, Universität Bielefeld.

48 Schülein, »Intimität und neue Formen des Zusammenlebens«, S. 156, spricht von einem Höchstmaß an »intrapsychischer [...] Dynamik«.

49 Hans Geser, »Kleine Sozialsysteme. Strukturmerkmale und Leistungskapazitäten. Versuch einer theoretischen Integration«, in: *Kölner Zeitschrift für Soziologie und Sozialpsychologie* 32 (1980), 2, S. 205–239; Niklas Luhmann, *Legitimation durch Verfahren*, Frankfurt am Main 1983, S. 249–253.

Eine Kleingruppensoziologie, die diesen theoretischen Abstraktionen folgt, ist gut beraten, die Varianz ernst zu nehmen, in der soziale Ordnungen auf persönliche Erwartungen zugreifen und dadurch einen gewissen Grad an Stabilität gewinnen. Es finden sich eben nicht nur Zweck- oder Seniorenwohngemeinschaften, und ebenso wenig sind Freundesgruppen, die an Therapiesitzungen erinnern – das heißt, in denen alles thematisiert werden kann, was die Mitglieder als Personen betrifft –, der ausnahmslose Regelfall.[50] Es liegt dann nahe, diese Varianz, auch der Umweltlagen der jeweiligen Kleingruppen, auf ihre Folgen hin zu untersuchen.

Felix Maximilian Bathon promoviert derzeit
an der Bielefelder Graduate School of History and Sociology.
felix.bathon@uni-bielefeld.de

50 In der Freundschaftsforschung, die erst einmal ohne eine Kleingruppensoziologie auszukommen scheint, findet sich hier die Unterscheidung zwischen beiläufigen, engen und besten Freundschaften, deren jeweiligen Ausprägungen sich auch auf die Muster und Ursachen des Erhalts sowie der Beendigung auswirken, wie etwa Suzanna Rose / Felicisima C. Serafica, »Keeping and Ending Casual, Close and Best Friendships«, in: *Journal of Social and Personal Relationships* 3 (1986), 3, S. 275–288, herausarbeiten.

David Schultz

Ortstermin: Im Supermarkt

Es war ein regnerischer Donnerstag im Frühjahr 2018. Einige Monate zuvor hatte hier am Rande eines pfälzischen Dorfs ein neuer Supermarkt eröffnet, gelegen an einer Umgehungsstraße, die das Ortsinnere auf Abstand hält zur ruhelosen Flüchtigkeit des Durchgangsverkehrs. Dort steht seitdem ein einstöckiges, lang gezogenes Gebäude, gebaut aus Backstein und bedeckt mit einem grauen Flachdach, wie es für Konsumräume in dieser Lage nicht unüblich ist. Über dem gläsernen Eingang leuchtet das Logo der Supermarktkette, vor dem sich ein weitläufiger Parkplatz mit mehr als hundert Buchten erstreckt, als hätte jemand ein graues Rechteck in die grünfarbene Landschaft der angrenzenden Felder und Laubbäume geschnitten und darauf ein paar automobile Farbkleckse hinterlassen.

Im Inneren des Markts herrschte an diesem Vormittag nicht viel Betrieb. Wer gegen 10.30 Uhr den Eingang und die Leergutautomaten passierte, konnte sehen, wie zwei Mitarbeiterinnen schweigend die Gemüseauslage nachfüllten, wie ein Kunde unweit der beiden wühlend nach einem Salatkopf suchte, der nicht schon von braunen Rändern gezeichnet war. Auch an anderen Stellen griffen Hände nach Waren, während im Hintergrund Herbert Grönemeyers »Kinder an die Macht« von der Stimme eines Radiomoderators abgelöst wurde. Zwischen zwei Meter hohen, mit Konservendosen befüllten Regalen fühlte ich mich für einen Moment ungestört, um in Ruhe die Beobachtungen der letzten Minuten in mein Handy zu tippen – bis ich die musternden Blicke eines Ladenmitarbeiters auf mir spürte, der bis eben noch damit beschäftigt war, Getränkekisten von einem Handhubwagen abzuladen. Noch bevor ich die Notiz fertigschreiben konnte, steuerte er geradewegs auf mich zu, um mich unter der grellen Deckenbeleuchtung zur Rede zu stellen: Ich sei ihm aufgefallen, da ich schon wesentlich länger als andere Kund:innen im Laden sei und immer wieder durch dieselben Gänge laufen würde. Er habe mich jetzt mal ansprechen müssen, weil man ja nie wisse, ob nicht schon wieder ein Ladendieb unterwegs sei.

Ich streifte bereits über eine Stunde durch die Gassen und Verkehrsadern des Supermarkts, über dessen soziales Innenleben ich eine Ethnografie schreiben wollte. Mit den Beobachtungen hatte ich drei Tage zuvor begonnen, vom Marktleiter auch die Erlaubnis dazu erhalten, offenbar aber hatte er nicht alle Mitarbeiter:innen darüber informiert. Und so fand ich mich mehrmals in Situationen wie dieser wieder: ertappt, angesprochen und überprüft. Ich fühlte mich wie ein ungebetener Gast an einem Ort, an dem nur kaufende Kundschaft erwünscht ist und Abweichungen davon mindestens mit Misstrauen begegnet wird.

Immerhin bekam ich es dabei nicht mit Jonas Schulze zu tun, dem liebenswürdigen, aber oft ungestümen Ladendetektiv aus der Serie *Die Discounter*, der manch einen tatverdächtigen Kunden mit unbeholfenem Körpereinsatz zu überwältigen versuchte. Popkulturelle Geschichten über Supermärkte, wie sie *Die Discounter* im Mockumentary-Stil erzählt, gibt es mittlerweile viele. Und ebenso zahlreich sind auch die Möglichkeiten, über den Supermarkt[1] zu schreiben. Als Alltagsorte, zu denen Menschen immer wiederkehren, an denen sie sich routiniert bewegen und die für viele, die sie bevölkern, auch von affektiver Bedeutung sind, legen Supermärkte einen sozialromantisierenden Erzählton nahe. Der Supermarkt lässt sich durchaus so erzählen: als Schauplatz einer wohltuenden Geschichte, die den lautstarken Spaltungsdiagnosen der vergangenen Jahre ruhige, ja beruhigende empirische Beschreibungen entgegenhält; Beschreibungen, die anschaulich machen, wie reibungslos und unaufgeregt gesellschaftliches Miteinander Tag für Tag im Kleinen vonstattengehen kann, wie sich Menschen unterschiedlichster sozialer Herkünfte und Milieus auf dem engen Raum der Verkaufsfläche arrangieren.

Doch im Laufe meiner ethnografischen Arbeit drängte sich mir eine andere Geschichte auf: von einem Ort, der ein enges Korsett an Verhaltenserwartungen aufweist, die von Kund:innen für gewöhnlich schon so sehr verinnerlicht sind, dass sie sich beim alltäglichen Einkaufen nicht (mehr) bemerkbar machen, deren Nichtbefolgung jedoch handfeste Vertrauensprobleme nach sich zieht. Von diesen Verhaltenserwartungen erzählt der vorliegende Text. Sie können als eine Folge kapitalistischer Rationalisierungsprozesse gesehen werden, die sich im *Selbstbedienungsprinzip* des Supermarkts materialisiert haben. Dieses Verkaufsprinzip hat Gesellschaftsdiagnostiker:innen wie Marc Augé zu kulturpessimistischen statt sozialromantisierenden Tönen verleitet. Er beschrieb Supermärkte als »Nicht-Orte«,[2] als identitätslose Durchgangsräume, durch die Menschen rastlos eilen, um einen bestimmten Zweck zu verfolgen, ohne dabei soziale Beziehungen mit den gleichzeitig Anwesenden einzugehen. Im Supermarkt bleibe man allein, im einsamen Austausch mit der Ware und den Maschinen, die immer mehr an die Stelle des Verkaufspersonals treten. Man denke nur an die vielerorts eingesetzten Selbstbedienungskassen. Augé legt somit eine Verfallsgeschichte nahe, die im Klageton von zunehmender Entfremdung und anschwellenden Vertrauensproblemen handelt und an der ich mich empirisch abgearbeitet habe.

Bevor wir jedoch in das Supermarktgeschehen der Gegenwart hineinzoomen, empfiehlt sich zunächst ein historischer Rückblick auf die Entstehung des Selbstbedienungsmodells,[3] das die Verhaltens- und Interaktionsordnung des Supermarkts ganz maßgeblich prägt. Ihre Anfänge hatte die Selbstbedienung in den Vereinigten Staaten. Dort wurden mit den Piggly Wiggly Stores in den 1910er-Jahren die ersten Lebensmittelgeschäfte eröffnet, in denen sich die Kundschaft die gewünschte Ware vornehmlich selbst nahm. In Deutschland eröffnete der Osnabrücker Kaufmann Herbert Eklöh, wohl inspiriert von einer Studienreise in die USA, 1938 den ersten Lebensmittelselbstbedienungsladen. Der

1 Supermarkt verwende ich hier als Sammelbegriff. Darunter fallen alle Lebensmittelgeschäfte, die auf dem Selbstbedienungsprinzip beruhen; in denen die Kundschaft die gewünschte Ware selbstständig aus dem ausgestellten Sortiment entnimmt und zu den Kassen transportiert. Das schließt auch Discounter ein, die sich vor allem in preislicher Hinsicht und bezüglich des Warenangebots von Supermärkten im engeren Sinne unterscheiden. *Den* Supermarkt gibt es zwar nicht, meine Beobachtungen in insgesamt elf Märkten, von denen einige ländlich und die meisten großstädtisch gelegen sind, legen aber nahe, dass das Selbstbedienungsmodell eine Reihe von sozialen Praktiken hervorbringt, die sich als typisch beschreiben lassen.

2 Marc Augé, *Orte und Nicht-Orte.* Vorüberlegungen zu einer Ethnologie der Einsamkeit, übers. von Michael Bischoff, Frankfurt am Main 1994.

3 Eine sehr lesenswerte historische Arbeit zur Einführung der Selbstbedienung in Lebensmittelläden der Bundesrepublik Deutschland hat Lydia Langer geschrieben. Dies., *Revolution im Einzelhandel.* Die Einführung der Selbstbedienung in Lebensmittelgeschäften der Bundesrepublik Deutschland (1949–1973), Köln 2013.

© picture alliance / ÖNB-Bildarchiv / picturedesk | United States Information Service

Erster österreichischer Selbstbedienungsladen des Konsums im COOP-Gebäude in Linz, 30. Mai 1950.

»Siegeszug der Selbstbedienung«[4] setzte jedoch erst zwei Jahrzehnte später ein. Gab es im Jahr 1950 in der gesamten Bundesrepublik lediglich zwanzig Selbstbedienungsläden, stieg deren Zahl in den Folgejahren rasant an und lag 1960 bereits bei über 17.000 Geschäften, die zunächst vor allem in Städten angesiedelt waren. Im wirtschaftlich aufblühenden Nachkriegsdeutschland gingen der einsetzende Massenkonsum und Rationalisierungsbestrebungen auf Händler:innenseite Hand in Hand, zusammen beförderten sie die Einführung und langfristige Etablierung des Selbstbedienungsmodells. Dieses wurde in den neuen Vertriebsformen der 1960er-Jahre weiter ausgebaut und verfeinert, insbesondere in den filialisierten Supermärkten, die zunehmend an die Stelle der umgangssprachlich oft so genannten Tante-Emma-Läden traten, denen spätestens in den 1970er-Jahren nur noch ein Nischendasein blieb.

4 Herbert Eklöh, »Der Siegeszug der Selbstbedienung«, in: Hans Rudolf Böckli (Hg.), *Neue Aspekte der Selbstbedienung*, Rüschlikon 1958, S. 9–18.

Neben baulich-technischen Veränderungen ging die Umstellung vom Bedienungs- auf das Selbstbedienungsprinzip vor allem mit Veränderungen der Verkaufsorganisation einher, was weitreichende Folgen für die Beziehung zwischen Verkäufer:innen und Kund:innen hatte. Die in Bedienungsgeschäften durch die Ladentheke markierte Trennung zwischen Kund:innen und Ware wurde aufgehoben, sodass die angebotenen Produkte für die Kundschaft frei zugänglich waren. Die Kund:in konnte sich von nun an inmitten des Warensortiments bewegen und sollte ihren Einkauf eigenständig zusammenstellen, wovon sich die Unternehmen eine signifikante Senkung der Personalkosten erhofften. Von der Kund:in wurde erwartet, Preis und Qualität der Produkte selbst zu prüfen, diese zurück ins Regal oder in den Einkaufskorb (später -wagen) zu legen, in dem sich auch größere Warenmengen bis zur Kasse transportieren ließen. Wie Stephan Voswinkel bemerkt, wurden die Kund:innen des Selbstbedienungsladens, indem sie all diese Tätigkeiten übernahmen, »in die Arbeitsorganisation einbezogen« und damit zu »aktiven Schauspielern auf der Vorderbühne«[5] des Einkaufsgeschehens, während sich das Personal hinter die Kassen und in die Lagerräume zurückzog oder die Regale auffüllte.

Diese Entwicklungen gefielen beileibe nicht allen, manche Zeitgenoss:innen blickten nostalgisch auf die alten, verschwindenden Tante-Emma-Läden, die sie bevorzugt mit Wärme und Nähe assoziierten und als soziale Treffpunkte romantisierten. Dort kannten sich Händler:innen und Kund:innen noch persönlich, so wird es bis heute gerne erzählt, und dass Menschen, die knapp bei Kasse waren, auch mal »anschreiben« lassen konnten. Im Unterschied dazu erschienen Supermärkte mit dem für sie charakteristischen Selbstbedienungsmodell als kalte und anonymisierte Räume, als Ausdruck einer um sich greifenden »Amerikanisierung«, die in Deutschland keineswegs nur Befürworter:innen hatte. So hieß es 1952 in der *Konsumgenossenschaftlichen Rundschau*: »Der Selbstbedienungsladen ist ein ›kalter‹ Laden, man wird dort nicht heimisch, alles ist automatenhaft, die menschlichen Beziehungen fehlen.«[6] In modernisierungskritisch anmutenden Kommentaren wie diesem klangen also schon vierzig Jahre vor dessen Veröffentlichung wesentliche Gedanken von Marc Augés *Non-Lieux* an, wie sein Buch über Nicht-Orte im Original heißt.

Solche Entfremdungsklagen waren besonders unter selbstständigen Einzelhändler:innen von der Befürchtung begleitet, das neue Verkaufsmodell würde das Vertrauensverhältnis zwischen Verkäufer:innen und Kund:innen auf eine harte Probe stellen. »Selbstbedienung heißt: Vertrauen gegen Vertrauen! Enttäuschen Sie uns nicht«, stand in den 1960er-Jahren auf einem Schild an der Kühltheke eines Supermarkts.[7] Das historische Artefakt führt uns heute vor Augen, wie wenig selbstverständlich das Gelingen der neuen Verkaufsform war. Obwohl Statistiken zu den ersten Selbstbedienungsgeschäften keine nennenswerte Zunahme von Diebstahldelikten verzeichneten, befürchteten viele Händler:innen, mit dem

5 Stephan Voswinkel, »Selbstbedienung. Die gesteuerte Kundensouveränität«, in: Kai-Uwe Hellmann / Dominik Schrage (Hg.), *Das Management der Kunden.* Studien zur Soziologie des Shopping, Wiesbaden 2005, S. 89–109, hier S. 95. Gerd-Günter Voß und Kerstin Rieder haben in dem Zusammenhang den Begriff des arbeitenden Kunden entwickelt, der Kund:innen als unbezahlte Arbeitskräfte begreift. Dies., *Der arbeitende Kunde.* Wenn Konsumenten zu unbezahlten Mitarbeitern werden, Frankfurt am Main / New York 2005.

6 Zit. nach Langer, *Revolution im Einzelhandel*, S. 214.

7 Stephan Voswinkel, »Kompetenz und Ratlosigkeit. Der sich selbst bedienende Kunde«, in: Peter Lummel / Alexandra Deak (Hg.), *Einkaufen!* Eine Geschichte des täglichen Bedarfs, Berlin 2005, S. 213–222, hier S. 215.

freien Warenzugriff würde häufiger und mehr gestohlen werden. Da es das Personal von Selbstbedienungsgeschäften infolge der loser gewordenen Beziehung zu den Kund:innen mit einem anonymeren Einkaufspublikum zu tun hatte, konnte es dessen Vertrauenswürdigkeit schlechter einschätzen. Deshalb kamen verschiedene Kontrollmaßnahmen zum Einsatz, um der Angst vor diebstahlbedingten Umsatzverlusten zu begegnen. Der Verkaufsraum wurde so gestaltet, dass er leicht zu überblicken war, man installierte Konkavspiegel und Drehkreuze und hielt die Kundschaft zur Benutzung von Einkaufskörben an, sodass das Personal die Ware gut im Blick hatte.

Die beschriebenen Anfänge des Supermarkts liegen weit mehr als ein halbes Jahrhundert zurück. An den Grundstrukturen hat sich seither nicht viel geändert, zumindest nichts Wesentliches. Die damals aufkommende Vertrauensproblematik ist inzwischen in der Latenz des Selbstverständlichen verschwunden, wenn nicht gerade Ladendieb:innen oder Ethnograf:innen für Verdachtsmomente sorgen. Dank meines ethnografischen Zugangs und angeregt von Erving Goffmans Interaktionssoziologie[8] konnte ich mit der Zeit deutlicher sehen, welches Verhalten das Selbstbedienungsprinzip den Menschen abverlangt, damit diese als vertrauenswürdige Kund:innen anerkannt werden und sich unauffällig, ja statistengleich, in das Supermarkt-Ensemble einfügen.

Wieder im Frühjahr 2018. Es war ein später Freitagnachmittag, Stoßzeit hier im Supermarkt. Ich hängte mich an die Fersen eines Kunden, der einen Einkaufswagen zielstrebig durch den Kaffeegang lenkte. Dabei passierte er eine Kundin, die gerade nach einer goldfarbenen Kaffeepackung griff. Unwillkürlich erinnerte ich mich an die Dallmayr-Werbemelodie und fühlte mich für einen Augenblick in die späten 90er-Jahre zurückversetzt, zu den heimeligen Fernsehvorabenden in der Wohnstube meiner Großeltern. Im Wagen des Mannes saß ein etwa drei Jahre altes Kind, das mit lauter werdender Stimme andeutete, nicht mehr länger sitzen bleiben zu wollen. Kurz durfte es dann auch die engmaschigen Gitter des Wagens verlassen. Doch da der Weg, den das Kind eingeschlagen hatte, nicht mit der geplanten Route seines erwachsenen Begleiters übereinstimmte – »aber wir müssen doch erst mal zu den Kühlsachen, so kommen wir ja gar nicht voran« –, musste es schnell wieder Platz nehmen, sodass nun wieder der Mann Richtung und Geschwindigkeit vorgab, eilig hin zu den Kühlregalen, rasch weiter zur Käsetheke. Im Hintergrund berichtete ein Nachrichtensprecher derweil, dass Markus Söder mit absoluter Mehrheit zum neuen bayerischen Ministerpräsidenten gewählt worden war und sich Angela Merkel von Horst Seehofers Aussage distanzierte, dass der Islam nicht zu Deutschland gehöre. Es fiel mir dann schwer, mit dem Tempo des Mannes Schritt zu halten und gleichzeitig immer wieder ein paar bruchstückhafte Sätze in mein Handy zu tippen, um seinen Gang durchs Geschäft ethnografisch-dicht beschreiben zu können. Bei einer Kreuzung verlor ich die beiden aus den Augen und sah sie erst bei den Kassen wieder, wo sich eine Gruppe männlicher Jugendlicher über die Schiebetür des Getränkekühlschranks Zugang zu den blauen Powerade-Flaschen verschaffte. Eine Menschenschlange bremste den Mann letztlich aus und zwang ihn erst einmal zum Stillstehen. In dem Augenblick kam eine Mitarbeiterin herbeigeeilt, um eine weitere Kasse zu öffnen: »Sie können auch bei mir auflegen.« Die 17-Uhr-Nachrichten waren inzwischen vorbei.

Insgesamt beobachtete ich über drei Monate das Geschehen in diesem und zehn weiteren Supermärkten. Dass ich Schwierigkeiten hatte, dem Kunden zu folgen, war dabei

8 Hervorzuheben ist Erving Goffman, *Interaktion im öffentlichen Raum*, übers. von Hanne Herkommer, überarb. von Hubert Knoblauch, Frankfurt am Main / New York 2009.

© picture alliance / ullstein bild | ullstein bild

Supermarkt der Herbert Eklöh KG in Köln: Blick in das Geschäft in der ehemaligen Rheinlandhalle, das bei seiner Eröffnung 1957 als der größte Supermarkt Europas galt, 26. September 1957.

keine Ausnahme, sondern der Regelfall. Wer in den Gängen unterwegs ist, schreitet meist rastlos voran und entspricht damit einer oft implizit bleibenden Erwartungshaltung, die Rainer Paris in einem Aufsatz über das »Warten auf Amtsfluren« als »Grunderwartung einer effizienten Nutzung der Zeit« bezeichnet hat.[9] Wo Zeit Geld ist, ist Verweilen teuer und bloß in Maßen erwünscht, was in Supermärkten wie unter einem Brennglas zum Vorschein kommt. Stopps legen Kund:innen für gewöhnlich nur ein, um mit der verheißungsvollen Text- und Bildwelt der angebotenen Produkte in Beziehung zu treten, so wie es Marc Augé als charakteristisch für Nicht-Orte beschrieb. Üblicherweise präsentieren sie sich voreinander und vor allem auch gegenüber dem Personal als durchweg beschäftigt. Sie suchen, greifen, lesen, riechen und transportieren Waren von den Regalen zu den Kassen; stets darum bemüht, sich als produktive Arbeitskraft darzustellen, die zu einem stockungsfreien Verkehrsfluss beitragen und möglichst wenig Zeit verlieren möchte. Dabei nutzt man häufig kleine mimische und gestische Zeichen, manchmal auch ein Vokabular, das einem aus dem Straßenverkehr vertraut ist, um an Engstellen und Kreuzungen zügig aneinander vorbeizukommen: »Rechts vor links, Sie dürfen vor« – »Danke«. In solchen Interaktionen begegnen sich Gesichter und Blicke oft nur flüchtig, während die tüchtigen Körper schnell wieder auseinanderwandern und dabei nahezu keine Schatten werfen, weil das allgegenwärtige Deckenlicht dafür wenig Raum lässt.

»Wer keinen Grund zur zügigen Fortbewegung hat, zieht in der Regel einen negativen Verhaltensverdacht auf sich«, hielt Johanna Rolshoven für das Gehen im öffentlichen Raum von Städten fest.[10] Noch mehr gilt das für den Supermarkt, der einige, meist unausgesprochene Fortbewegungsregeln aufweist. Auch wenn Einkaufen im zügigen Tempo gängige Praxis ist, sind doch Raser:innen keineswegs erwünscht. Die typische Kund:in bewegt sich innerhalb eines Geschwindigkeitsspektrums, das vom gemächlichen Schlendern bis zum gehetzten Gang der Großstädter:in reicht. Entscheidend ist, dass sie nicht zu lange an einer Stelle verweilt, dass sie nicht zu häufig in dieselben Gänge zurückkehrt. Besonders effizient arbeitende Kund:innen legen sich ihre Einkaufsroute im Vorfeld so zurecht, dass sie den üblichen »Linkslauf« des Supermarkts in einem Zug durchschreiten können, ohne größere Um- oder Rückwege in Kauf zu nehmen. Und wenn etwa ein Kind nicht mit dem Tempo der Erwachsenen mithalten kann oder abweichende Wege im Sinn hat, dann wird der Einkaufswagen auch gerne als Personentransportmittel genutzt, um die kleinen Begleiter:innen wieder auf Kurs zu bringen und auf diesem zu halten.

Gegenläufiges Verhalten kann Verdacht schüren, mindestens aber fällt es auf.[11] Im Gespräch sagte mir der Leiter einer Supermarktfiliale: »Ein Kunde, der gegen die normale Kundenlaufrichtung läuft, den sollte man auf jeden Fall ansprechen, [...] der sucht meistens was. Wenn man den Kunden dann fragt oder mal anspricht, bekommt man relativ schnell raus, was er für 'n Problem hat.« Ein solches, von der Norm abweichendes Verhalten steht zwar nicht zwangsläufig unter Verdacht, strafrechtlich relevant zu sein. Es bedeutet jedoch Interaktionsaufwand für das Personal, das in erster Linie

9 Rainer Paris, »Warten auf Amtsfluren«, in: *Kölner Zeitschrift für Soziologie und Sozialpsychologie* 53 (2001), 4, S. 705–733, hier S. 712.

10 Johanna Rolshoven, »Gehen in der Stadt«, in: Siegfried Becker / Andreas C. Bimmer / Karl Braun / Jutta Buchner-Fuhs / Sabine Gieske / Christel Köhle-Hezinger (Hg.), *Volkskundliche Tableaus.* Eine Festschrift für Martin Scharfe zum 65. Geburtstag von Weggefährten, Freunden und Schülern, Münster / New York 2001, S. 11–27, hier S. 25.

11 Das gilt mehr noch für Geschäfte im ländlichen Raum, für die ein höheres Maß an sozialer Kontrolle angenommen werden kann.

damit zu tun hat, die Einkaufsinfrastruktur am Laufen zu halten. Denn tagtäglich müssen Regale und Auslagen nachgefüllt, Kassen besetzt, Böden gewischt oder kleine Betriebsstörungen behoben werden, etwa wenn einer der Leergutautomaten wieder defekt ist. Während all diese Tätigkeiten dem reibungslosen Durchstrom von Kund:innen und Waren dienen, findet sich in manchen Geschäften zusätzliches, auf Überwachung und Sicherheit spezialisiertes Personal, das für besonders verdächtige Fälle zuständig ist.

Das Sicherheitspersonal achtet jedoch nicht nur darauf, wie Kund:innen durch das Geschäft gehen und wie lange sie sich dort aufhalten. Liest man Interviews mit Ladendetektiv:innen, erfährt man, dass sie vor allem auch das Blickverhalten potenzieller Täter:innen ins Visier nehmen. Schauen Augen auffallend oft zur Decke, schweifen Blicke zu lange durch das Geschäft, wird das als Indiz gedeutet: Will da eine sichergehen, dass sie unbeobachtet ist, sucht da nicht einer Überwachungskameras? Auch in meinem Fall verdichteten sich mehrfach die Indizien dafür, dass ich kein üblicher Kunde war; zu stark wich meine Fortbewegung von den implizit geforderten Verhaltenserwartungen ab.

Es wäre jedoch wenig ungleichheitssensibel, davon auszugehen, dass alle Gesellschaftsgruppen gleichermaßen Gefahr laufen, Verdacht zu erregen. Auch im Einzelhandel kommt das von Polizeikontrollen lange bekannte *Social* (und mitunter auch *Racial*) *Profiling*[12] zum Einsatz, sodass bestimmten Personen vor allem aufgrund diskriminierender Zuschreibungen größeres Misstrauen entgegenschlägt und ihnen in der Folge sehr viel genauer auf die Finger geschaut wird. So war vor allem im Jahr 2015 zu beobachten, dass viele Supermärkte Sicherheitspersonal einstellten, um dem größer werdenden Aufkommen geflüchteter Menschen zu begegnen.[13] Auch angesichts dieser Entwicklungen mutet es zuweilen etwas schönfärberisch an, den Supermarkt in erster Linie als Schauplatz mit sozialintegrativer Kraft zu beschreiben.

Betrachtet man diesen Ort jedoch in einem wohlwollenderen, warmen Licht, aus der privilegierten Position eines Menschen, der allen unverdächtig scheint und selten misstrauisch beäugt wird, sieht man, dass die Selbstbedienungspraxis keineswegs nur Misstrauen Vorschub leistet, sondern auch alltägliche Gelegenheiten zur gesellschaftlichen Vertrauensbildung schafft. In Supermärkten kommen Tag für Tag einander Unbekannte, Fremde zusammen, selbst in dem ländlich gelegenen Markt, den ich hauptsächlich beforschte. Und vor allem zu den Stoßzeiten sind die Anwesenden zur Zusammenarbeit angehalten – ob sie einander kennen oder nicht –, um den betriebsamen Fluss des Supermarktverkehrs aufrechtzuerhalten. Ob in den Gängen, wo sie ihre Körper in routinierten Manövern aneinander vorbeinavigieren, deren typischer Ablauf einer fein abgestimmten Choreografie ähnelt, oder beim Anstehen an der Kasse, wo man sich in höflicher Distanz zu den anderen Wartenden übt und dadurch signalisiert, dass von einem keinerlei Gefahr ausgeht. In diesem Licht treten auch Momente sozialer Wärme zutage, die das Selbstbedienungs-

12 Zum Unterschied zwischen *Racial* und *Social Profiling* siehe Rafael Behr, »Verdacht und Vorurteil. Die polizeiliche Konstruktion der ›gefährlichen Fremden‹«, in: Christiane Howe / Lars Ostermeier (Hg.), *Polizei und Gesellschaft.* Transdisziplinäre Perspektiven zu Methoden, Theorie und Empirie reflexiver Polizeiforschung, Wiesbaden 2019, S. 17–45, hier S. 26.

13 In einer nordhessischen Edeka-Filiale veranlasste der Filialleiter, dass sich nur noch zwei als geflüchtet gelesene Personen gleichzeitig im Geschäft aufhalten durften. Zuvor sei es zu zahlreichen Zwischenfällen gekommen, die laut dem Sprecher des Kasseler Regierungspräsidiums aber »nicht so massiv gewesen« seien, »wie es dargestellt« wurde. Robert Klages, »Supermarkt lässt nur zwei Flüchtlinge auf einmal rein«, in: *Tagesspiegel*, 14. 8. 2015; online unter: www.tagesspiegel.de/gesellschaft/panorama/supermarkt-lasst-nur-zwei-fluchtlinge-auf-einmal-rein-4852429 [1. 8. 2023].

modell trotz seines kalten Rufs bereithält und die den Supermarkt nicht mehr länger als Nicht-Ort dastehen lassen. So bekommt man zu sehen, wie eine ältere Kundin der Kassiererin liebevoll mitteilt, dass sie sich immer freue, wenn sie sie sehe; wie ein Kunde einem anderen unaufgefordert hilft, die schwere Getränkekiste in den Einkaufswagen zu hieven; den angeregten Smalltalk zwischen zwei Bekannten, die sich schon länger nicht mehr gesprochen haben; oder auch skurril anmutende Situationen: Jugendliche, die Aktionspreisschilder zu Punchingballs umfunktionieren und unter tosendem Gelächter Highkicks trainieren, um kurz darauf vor einem erzürnten Mitarbeiter zu fliehen. Besonders in den Jahren der zahlreichen Corona-Lockdowns zählten Supermärkte zu den wenigen Orten, in denen man noch die Erfahrung machen konnte, in Gesellschaft zu sein, in lebhafter Anwesenheit anderer. Letztlich sind sie viel mehr als nur *ein* Ort, denn neben einer Unmenge an Waren haben sie auch multiple Realitäten zu bieten. Es kommt bloß darauf an, welche man erzählt.

Der Soziologe David Schultz ist wissenschaftlicher Mitarbeiter im Forschungsprojekt Umstrittene Gewaltverhältnisse.
david.schultz@wiku-hamburg.de

Mehr wissen.
Weiter denken.
Stärker argumentieren!
Neue Gesellschaft
Frankfurter Hefte
NG/FH
Generation Krise
Die Stimmung im Osten / Politisierung von Expertise / Generation Chance? / Briefwechsel jung-alt / Rechter Nachwuchs / Loslassen ode
Festhalten? / Zukunft der Öffentlich-Rechtlichen / Eventkultur der Filmfestivals u.v.m.
9.23
Jetzt abonnieren!
NG/FH
Neue Gesellschaft
Frankfurter Hefte
Die Zeitschrift für Politik und Kultur